U0627940

大格局

变动中的中国区域发展战略布局

DAGEJU BIANDONGZHONG DE ZHONGGUO
QUYU FAZHAN ZHANLUE BUJU

黎　雨◎编著

国家行政学院出版社

图书在版编目（CIP）数据

大格局：变动中的中国区域发展战略布局／黎雨编
著. —北京：国家行政学院出版社，2013.7

ISBN 978－7－5150－0894－3

Ⅰ. ①大… Ⅱ. ①黎… Ⅲ. ①区域发展战略－研究－
中国 Ⅳ. ①F127

中国版本图书馆 CIP 数据核字（2013）第 153184 号

书　　　名	大格局——变动中的中国区域发展战略布局
作　　　者	黎　雨
责任编辑	姚敏华
出版发行	国家行政学院出版社
	（北京市海淀区长春桥路 6 号 100089）
电　　　话	（010）68920640　68929037
编 辑 部	（010）68929009　68928761
网　　　址	http://cbs.nas.gov.cn
经　　　销	新华书店
印　　　刷	北京科信印刷有限公司
版　　　次	2013 年 11 月第 1 版
印　　　次	2013 年 11 月第 1 次印刷
开　　　本	16 开
印　　　张	20.25
书　　　号	ISBN 978－7－5150－0894－3
定　　　价	48.00 元

序　言

国务院发展研究中心　　研究员
发展战略和区域经济研究部　　部长　侯永志

　　区域经济的发展，是实现中国梦的物质基础；在竞争与合作基础上的区域经济发展，是中国特色发展之路的重要内容。我国经济发展的历史表明，区域要素禀赋不同，必然导致区域经济呈现不同的阶段和结构特征。让生产要素在整个国土空间内优化配置和组合，以获得最大的经济效益，是对区域经济发展的根本要求。然而资源是有限的，怎样使得有限的资源得到优化组合，以获得尽可能多的产出，正是我们不断思考和摸索实践的重要课题。那么，区域经济到底应该如何发展？现阶段区域发展的主要任务又是什么呢？

由于时代不同，采取的区域发展战略和政策也大不相同。新中国成立以来，中国区域经济发展战略和政策不断调整、不断完善，大致经历了从均衡发展到非均衡发展再到协调发展的转变。新中国刚成立时，我国农业比重大，工业生产严重不足，现代工业在国民经济中的比重只占10%左右，并且70%集中在面积不到12%的东部沿海地带，产业体系不完善，产业链条不完整。加之，建国之初国际环境复杂严峻，为了迅速改变旧中国遗留下来的不合理的产业布局和国防建设的需要，国家利用计划经济体制，集中有限资源，重点对东北和中西部地区进行了大规模的投资和建设。这一战略思想持续20多年，改变了我国的工业布局，对中西部地区工业化过程产生了明显的促进作用。但超越发展阶段，强调均衡发展，也会带来经济效益方面的损失，也会付出一定代价。

70年代末，从国际上看，全球政治和经济环境发生了显著变化，和平与发展成为人类社会的主题；从国内看，开始了改革开放，在总结过去经验教训、借鉴各国区域开发的理论和经验的基础上，国家对区域经济发展战略和政策进行了调整。政策目标由过去的追求区域平衡发展转向了"效率优先"的非均衡发展；发展的重点区域由过去的中西部地区转向沿海地区。这一时期大约持续了15年。综观改革开放后的前三个五年计划，区域经济非均衡发展战略无疑取得了显著的成就。

在实行均衡发展战略和非均衡发展战略之后，我国大部分地区形成了具有较大带动作用和影响作用的发展极，发展极的极化作用和扩散作用也得到了发挥，但区域经济发展不平衡问题依然存在。因此，1995年党的十四届五中全会上通过的《中共中央关于制定国民经济和社会发展"九五"计划和2010年远景目标的建议》，把"坚持区域经济协调发展，逐步缩小地区发展差距"作为今后15年中国经济和社会发展的重要政策思路之一。在人类即将跨入21世纪之际，国家提出了西部大开发的战略，并制定了加快基础设施建设、搞好生态环境建设、发展优势特色产业、加强科技教育和促进改革开放等五个方面的政策措施。随后，国家制定了中部崛起和振兴东北等老工业基地战略；"十一五"规划又提出了主体功能区的战略构想；"十二五"规划更是明确将主体功能区战略纳入我国区域发展总体战略之中。

当前，我们正处于一个技术改变生产生活的新经济时代，当代中国的转型与世界经济转型重叠。在这样一种世界经济转型的大背景下，中国各地区的发展，应加强合作，扬长避短，发挥 $1+1>2$ 的协同效应。本书探讨了避免无谓竞争、深化有效合作的途径和相关政策措施，可供研究未来中国区域经济发展战略和政策的专家学者以及其他有关方面的参考。

2013年10月

目录
CONTENTS

第一章

中国区域发展总框架

区域经济发展战略是对特定区域经济发展的全局性的长远谋划，它具有综合性、全局性、阶段性和地域性的特点；而区域经济政策则是一国政府为改善经济活动的空间分布，促进国内各地区经济均衡和有效发展而实施的各项措施总称。区域战略侧重于空间格局的谋划，其确定的是一定时期内一个国家或区域内重点发展空间方向，而区域政策主要涉及政策工具的选择。区域战略是区域政策的主要依据，区域战略的实施需要区域政策的支撑。区域经济发展战略和区域经济政策对于区域经济发展的成功与否具有决定性意义。

改革开放初期，为了促进全国经济快速增长，中国实施沿海地区经济优先发展战略。这一战略的实施，有力地推动了中国沿海地区经济的快速增长，并带动了全国经济的大发展。但同时，也造成了地区间差距的急剧扩大。20世纪90年代后期，随着地区间发展差距的日益扩大，中国的区域发展战略与区域政策便转向了促进区域协调发展。《中华人民共和国国民经济和社会发展第十个五年计划纲要》指出："实施西部大开发战略，促进地区协调发展。"《中华人民共和国国民经济和社会发展第十一个五年规划纲要》对区域协调发展战略作出了全面阐述："促进区域协调发展。根据资源环境承载能力、发展基础和潜力，按照发挥比较优势、加强薄弱环节、享受均等化基本公共服务的要求，逐步形成主体功能定位清晰，东中西良性互动，公共服务和人民生活水平差距趋向缩小的区域协调发展格局。"并将四大板块的区域协调发展战略与区域政策表述为：推进西部大开发、振兴东北地区等老工业基地、促进中部地区崛起、鼓励东部地区率先发展。

一 中国区域经济"四大板块"的发展规划

（一）推进西部大开发

1999 年 9 月，中共十五届四中全会正式提出西部大开发战略，其西部大开发划定的范围包括：四川、重庆、贵州、云南、西藏、

图 1-1 西部地区 12 省

陕西、甘肃、青海、宁夏、新疆、内蒙古和广西 12 个省、市、自治区。同时规定，湖南湘西土家族苗族自治州、湖北恩施土家族苗族自治州和吉林延边朝鲜族自治州等，比照国家西部大开发有关政策实施开发。此后，国务院及有关部门、各级地方政府先后出台、制定并实施了一系列政策措施，以贯彻落实西部大开发战略。《中华人民共和国国民经济和社会发展第十一个五年规划纲要》对西部大开发战略作出了明确的战略部署。2009 年末，西部地区的土地面积为 686.7 万平方公里，占全国总面积的 71.5%；总人口 36729.7 万人，占全国总人口的 27.9%。为了加强对西部大开发工作的组织和领导，根据中央决定，2000 年 1 月国务院成立了西部地区开发领导小组。时任国务院总理的朱镕基任组长，国务院副总理温家宝任副组长，组成人员包括国家计委、国家经贸委、教育部、科技部等 19 个部门的主要负责同志。同年 6 月，领导小组成员增加至 23 个部门的主要负责同志。西部开发领导小组的主要任务是：组织贯彻落实党中央、国务院关于西部地区开发的方针、政策和指示；审议西部地区的开发战略、发展规划、重大问题和有关法规；研究审议西部地区开发的重大政策建议，协调西部地区经济开发和科教文化事业的全面发展，推进两个文明建设。领导小组下设办公室，在原国家计委单设机构，具体承担领导小组的日常工作。国务院西部开发办的主要职责是：研究提出西部地区开发战略、发展规划、重大问题和有关政策、法律法规的建议，推进西部地区经济持续快速健康发展；研究提出西部地区农村经济发展、重点基础设施建设、生态环境保护和建设、结构调整、资源开发以及重大项目布局的建议，组织和协调退耕还林（草）规划的实施和落实；研究提出西部地区深化改革、扩大开放和引进国内外资金、技术，人才的政策建议，协调经济开发和科教文化事业的全面发展，以及承办西部地区开发领导小组交办的其他事项。2008年3月政府换届后，国务院决定继续保留西部地区领导小组。撤销国务院西部开发办，有关职能部门由国家发展和改革委员会承担。

除此之外，国家还制定或批准了一批重点、特殊区域规划与政策，如《广西北部湾经济区发展规划》、《国务院关于进一步促进宁夏经济社会发展的若干意见》、《关于支持青海等省藏区经济社会发展的若干意见》、《关中—天水经济区发展规划》、《成渝经济区区域规划》等，以促进西部大开发战略的实施。

"十二五"规划纲要指出，要推进新一轮西部大开发。坚持把深入实施西部大开发战略放在区域发展总体战略优先位置，给予特殊政策支持。加强基础设施建设，扩大铁路、公路、民航、水运网络，建设一批骨干水利工程和重点水利枢纽，加快推进油气管道和主要输电通道及联网工程。加强生态环境保护，强化地质灾害防治，推进重点生态功能区建设，继续实施重点生态工程，构筑国家生态安全屏障。发挥资源优势，实施以市场为导向的优势资源转化战略，在资源富集地区布局一批资源开发及深加工项目，建设国家重要能源、战略资源接续地和产业集聚区，发展特色农业、旅游等优势产业。大力发展科技教育，增强自我发展能力。支持汶川等灾区发展。坚持以线串点、以点带面，推进重庆、成都、西安区域战略合作，推动呼包鄂榆、广西北部湾、成渝、黔中、滇中、藏中南、关中—天水、兰州—西宁、宁夏沿黄、天山北坡等经济区加快发展，培育新的经济增长极。

（二）振兴东北工业基地

2002 年，中共"十六大"报告中首次明确提出："支持东北地区等老工业基地加快调整和改造，支持以资源开采为主的城市和地区发展接续产业。"2003 年 10 月，中共中央、国务院联合发布的《关于实施东北地区等老工业基地振兴战略的若干意见》提出："将老工业基地调整改造、发展成为技术先进、结构合理、功能完善、特色明显、机制灵活，竞争力强的新型产业基地，使之逐步成为我国经济新的重要增长区域。"这标志着振兴东北地区等老工业基地战略的全面启动。东北地区振兴规划的范围包括：辽宁省、吉林省、黑龙江省和内蒙古自治区呼伦贝尔市、兴安盟、通辽市、赤峰市和锡林郭勒盟（蒙东地区）（东北地区范围界定为东北三省）。《中华人民共和国国民经济和社会发展第十一个五年规划纲要》对东北等老工业基地振兴战略作出了明确的战略部署。2009 年末，东北地区的土地面积为 78.8 万平方公里，占全国总面积的 8.2%；总人口 10884.6 万人，占全国总人口的 8.3%。

2003 年 12 月，为实施东北地区等老工业基地振

图 1-2　东北老工业基地

兴战略，加快东北地区等老工业基地发展，国务院决定成立国务院振兴东北地区等老工业基地领导小组，领导小组组长由原国务院总理温家宝兼任。国务院振兴东北地区等老工业基地领导小组的主要任务是：组织贯彻落实中共中央、国务院关于振兴东北地区等老工业基地的方针、政策和指示；审议东北地区等老工业基地振兴战略、专项规划、重大问题和有关法规；研究审议振兴东北地区等老工业基地的重大政策建议，协调东北地区等老工业基地经济社会全面发展。东北办是国务院振兴东北领导小组下设的办公室，在国家发展和改革委员会单设办事机构，具体承担领导小组的日常工作。其职责主要是研究提出东北地区等老工业基地开发战略、专项规划、相关政策法律法规、产业结构调整、重点基础设施建设、生态环境保护建议等。2008年，国务院振兴东北地区等老工业基地领导小组撤销国务院振兴东北办，具体工作由国家发展和改革委员会承担。

此后，国务院及有关部门、各级地方政府先后出台、制定并实施了一系列政策措施，以贯彻落实东北等老工业基地振兴战略。为振兴东北老工业基地，近年来国家有关部门在项目投资、财税、金融、国有企业改革、社会保障试点、资源型城市转型试点、对外开放和基础设施建设等方面制定实施了一系列的政策措施予以配套。2005年6月，国务院办公厅发布了《关于促进东北老工业基地进一步扩大对外开放的实施意见》；2006年8月，继上海洋山、天津东疆保税港区之后，国务院正式批准设立大连大窑湾保税港区；2007年8月，国务院正式批复《东北地区振兴规划》；2009年，国务院先后批复了《辽宁沿海经济带发展规划》和《中国图们江区域合作开发规划纲要—以长吉图为开发开放先导区》，并发布了《关于进一步实施东北地区等老工业基地振兴战略的若干意见》，从9个方面提出 28 条推进东北地区等老工业基地全面振兴的具体措施。2010 年 4 月，经国务院同意，国家发展改革委员会正式批复沈阳经济区为国家新型工业化综合配套改革试验区。

"十二五"规划纲要指出，要全面振兴东北地区等老工业基地。发挥产业和科技基础较强的优势，完善现代产业体系，推动装备制造、原材料、汽车、农产品深加工等优势产业升级，大力发展金融、物流、旅游以及软件和服务外包等服务业。深化国有企业改革，加快厂办大集体改革和"债转股"资产处置，大力发展非公有制经济和中小企业。加快转变农业发展方式，建设稳固的国家粮食战略基地。着力保护好黑土地、湿地、森林和草原，推进大小兴安岭和长白山林区生态保护和经济转型。促进资源枯竭地区转型发展，增强资源型城市可持续发展能力。统筹推进全国老工业基地调整改造。重点推进辽宁沿海经济带和沈阳经济区、长吉图经济区、哈大齐和牡绥地区等区域发展。

（三）促进中部地区崛起

2004 年 3 月，时任总理温家宝在政府工作报告中首次明确提出促进中部地区崛起。2006 年 4 月，中部崛起的纲领性文件——《中共中央、国务院关于促进中部地区崛起的若干意见》（中发［2006］10 号）正式出台。中部地区主要包括山西、河南、湖北、湖南、安徽、江西 6 省。此后，国务院及有关部门、各级地方政府先后出台、制定实施了一系列政策措施，以贯彻落实中部地区崛起战略。《中华人民共和国国民经济和社会发展第十一个五年规划纲要》对中部崛起战略作出了明确的战略部署。2009 年末，中部地区的土地面积约为 102.8 万平方公里，约占全国总面积的 10.7%；总人口约 35603.5

万人，占全国总人口的27.0%。

2006 年 5 月，国务院办公厅发布了《关于落实中共中央、国务院〈关于促进中部地区崛起的若干意见〉有关政策措施的通知》，提出了 56 条具体落实意见。2007 年 1 月，国务院办公厅又下发了《关于中部六省比照实施振兴东北地区等老工业基地和西部大开发有关政策范围的通知》，明确指出中部六省 26 个城市比照实施振兴东北地区等老工业基地有关政策，243 个县（市、区）比照实施西部大开发有关政策；2007 年 12 月，国家发改委批准武汉都

图1-3　中部地区6省

市圈和长株潭城市群为全国资源节约型和环境友好型社会建设综合配套改革试验区；2009 年 9 月，国务院发布了《促进中部地区崛起规划》；2009 年 12 月，国务院正式批复《鄱阳湖生态经济区规划》；2010 年 1 月，国务院正式批复了《皖江城市带承接产业转移示范区规划》。2010 年 12 月，经国务院同意，国家发改委正式批复设立"山西省国家资源型经济转型综合配套改革试验区"。

"十二五"规划纲要指出，要大力促进中部地区崛起。发挥承东启西的区位优势，壮大优势产业，发展现代产业体系，巩固提升全国重要粮食生产基地、能源原材料基地、现代装备制造及高技术产

大格局——变动中的中国区域发展战略布局

业基地和综合交通运输枢纽地位。改善投资环境，有序承接东部地区和国际产业转移。提高资源利用效率和循环经济发展水平。加强大江大河大湖综合治理。进一步细化和落实中部地区比照实施振兴东北地区等老工业基地和西部大开发的有关政策。加快构建沿陇海、沿京广、沿京九和沿长江中游经济带，促进人口和产业的集聚，加强与周边城市群的对接和联系。重点推进太原城市群、皖江城市带、鄱阳湖生态经济区、中原经济区、武汉城市圈、环长株潭城市群等区域发展。

（四）鼓励东部地区率先发展

东部率先发展战略的首次明确提出是在 2006 年，当年 3 月发布的《中华人民共和国国民经济和社会发展第十一个五年规划纲要》对鼓励东部地区率先发展作出了明确的战略部署。东部地区包括了北京、天津、河北、上海、江苏、浙江、福建、山东、广东和海南10 个省市。2009 年末，东部 10 个省份面积为 91.6 万平方公里。占全国总面积的 9.5%；人口 48442.9 万人，占全国总人口的 36.8%。

事实上，在改革开放之初，为了促进国家经济的快速增长，中国实施了以提高效率为主要目标的区域经济发展战略。首先实施的就是以东部沿海地区为重点的非均衡区域经济发展战略。自此以后，东部沿海地区经济获得了快速发展，并带动了中国整体经济的快速发展。自 1999 年以来，尤其是"十一五"以来，中国已经进入到了区域协调发展战略全面实施的新阶段。由此，国家在 2006 年首次明确提出了东部率先发展战略，其目的是为了充分发挥东部地区优势，使东部地区率先提高自主创新能力，率先实现经济结构优化升级和增长方式转变，率先完善社会主义市场经济体制，在率先发展和改革中带动帮助中西部地区发展。

在政策支持方面，国务院于 2006 年 5 月发布了《推进天津滨海新区开发开放有关问题的意见》，批准天津滨海新区为全国综合配套改革试验区，先行试验一些重大的改革开放措施，同时设立天津东疆保税港区。随后，国务院相继批准设立了海口、宁波、厦门、深圳、青岛、广州、张家港、烟台、福州保税港区。2008 年以后，国务院又相继发布、批准了一系列规划与政策，如《国务院关于进一步推进长江三角洲地区改革开放和经济社会发展的指导意见》、《珠江三角洲地区改革发展规划纲要》、《国务院关于推进上海加快发展现代服务业和先进制造业、建设国际金融中心和国际航运中心的意见》、《国务院关于支持福建省加快建设海峡西岸经济区的若干意见》、《江苏沿海地区发展规划》、《横琴总体发展规划》、《国务院关于推进海南国际旅游岛建设发展的若干意见》、《黄河三角洲高效生态经济区发展规划》等。

"十二五"规划纲要指出，要积极支持东部地区率先发展。发挥东部地区对全国经济发展的重要引领和支撑作用，在更高层次参与国际合作和竞争，在改革开放中先行先试，在转变经济发展方式、调整经济结构和自主创新中走在全国前列。着力提高科技创新能力，加快国家创新型城市和区域创新平台建设。着力培育产业竞争新优势，加快发展战略性新兴产业、现代服务业和先进制造业。着力推进体制机制创新，率先完善社会主义市场经济体制。着力增强可持续发展能力，进一步提高能源、土地、海域等资源利用效率，加大环境污染治理力度，化解资源环境瓶颈制约。推进京津冀、长江三角洲、珠江三角洲地区区域经济一体化发展，打造首都经济圈，重点推进河北沿海地区、江苏沿海地区、浙江舟山群岛新区、海峡西岸经济区、山东半岛蓝色经济区等区域发展，建设海南国际旅游岛。

另外，"十二五"规划强调指出，要加大对革命老区、民族地区、边疆地区和贫困地区扶持力度。

进一步加大扶持力度，加强基础设施建设，强化生态保护和修复，提高公共服务水平，切实改善老少边穷地区生产生活条件。继续实施扶持革命老区发展的政策措施。贯彻落实扶持民族地区发展的政策，大力支持西藏、新疆和其他民族地区发展，扶持人口较少民族发展。深入推进兴边富民行动，陆地边境地区享有西部开发政策，支持边境贸易和民族特需品发展。在南疆地区、青藏高原东缘地区、武陵山区、乌蒙山区、滇西边境山区、秦巴山—六盘山区以及中西部其他集中连片特殊困难地区，实施扶贫开发攻坚工程，加大以工代赈和易地扶贫搬迁力度。支持新疆生产建设兵团建设和发展。推进三峡等库区后续发展。对老少边穷地区中央安排的公益性建设项目，取消县级并逐步减少市级配套资金。实行地区互助政策，开展多种形式对口支援。

二　区域经济规划方案构想

为了协调区域经济发展，平衡区域发展差距，充分发挥地区区域特色和优势，使我国经济发展保持快速、持续、平稳、有序发展，在原来的区域发展规划的大格局下，又对区域经济发展作了大的构想。

（一）四大板块八大经济区构想

按照全国主体功能区规划标准，全国传统行政区划界限将被打破，包括各类政策以及考核模式等都将以功能区为单位；按照十一五中国区域的规划，全国将拟划分为四大板块八大经济区。

四大板块：就是东部、中部、西部和东北地区这四大板块。八大经济区指的是：

（1）东北综合经济区。包括辽宁、吉林、黑龙江。重型装备和设备制造业基地；保持能源原材料制造业基地的地位；全国性的专业化农产品生产基地。

（2）北部沿海综合经济区。北京、天津、河北、山东。最有实力的高新技术研发和制造中心之一；加速区域一体化进程。

（3）东部沿海综合经济区。上海、江苏、浙江。最具影响力的多功能的制造业中心；最具竞争力的经济区之一。

（4）南部沿海综合经济区。福建、广东、海南。最重要的外向型经济发展的基地；消化国外先进技术的基地；高档耐用消费品和非耐用消费品生产基地；高新技术产品制造中心。

（5）黄河中游综合经济区。陕西、山西、河南、内蒙古。最大的煤炭开采和煤炭深加工基地、天然气和水能开发基地、钢铁工业基地、有色金属工业基地、奶业基地。

（6）长江中游综合经济区。湖北、湖南、江西、安徽。以水稻和棉花为主的农业地区专业化生产基地及相关深加工工业；以钢铁和有色冶金为主的原材料基地；武汉"光谷"和汽车生产基地。

（7）大西南综合经济区。云南、贵州、四川、重庆、广西。以重庆为中心的重化工业和以成都为中心的轻纺工业两大组团；以旅

大格局——变动中的中国区域发展战略布局

游开发为龙头的"旅游服务业—旅游用品生产"基地。

（8）大西北综合经济区。甘肃、青海、宁夏、西藏、新疆。重要的能源战略接替基地；最大的综合性优质棉、果、粮、畜产品深加工基地；向西开放的前沿阵地和中亚地区经济基地和特色旅游基地。

（二）三大地带十大综合经济区构想

现阶段，我国经济发展状况已经发生了很大变化。针对现行的区域规划方案存在的一些明显缺陷，国务院发展研究中心的报告提出，目前在统筹区域发展的要求和区域一体化进程加速发展的情况下，重新考虑划分中国的综合经济区。

报告设想的新"三大地带"、十大综合经济区划分方案如下。

1. 东北及东部沿海地带分为 4 个综合经济区

（1）东北综合经济区。包括辽宁、吉林和黑龙江 3 省。重点是建设成为全国重型装备和设备制造业基地，保持能源原材料制造业基地的地位。农业以玉米、大豆和甜菜为主，建设成为全国性的专业化农产品生产基地。

（2）北部沿海综合经济区。包括北京、天津、河北和山东 4 省市。充分发挥人才、知识密集以及信息中心的优势地位，建设成为全国最有实力的高新技术研发和制造中心；以京津大都市圈和山东半岛城镇群为依托，加速区域一体化进程，尽快形成又一个具有世界影响的城镇群。

（3）东部沿海综合经济区或长江下游综合经济区。包括上海、江苏和浙江三省市。建设成为具有国际影响力的世界性金融中心，全国最具影响力的多功能制造业中心，特别是轻工业装备产品制造中心，以及高新技术研发和制造中心。

（4）东南沿海综合经济区。包括广东、福建、海南3省。建设成为全国最重要的外向型经济发展的基地，消化国外先进技术的基地，全国最大最重要的高档耐用消费品非耐用消费品生产基地，具有全国意义的高新技术产品制造中心。

2. 中西部地带分为3个综合经济区

（1）黄河上中游综合经济区。包括陕西、甘肃、宁夏、山西与河南5省区。建设成为全国最大的煤炭开采和煤炭深加工基地、天然气和水能开发基地、钢铁工业基地、有色工业基地。以西安、兰州为核心进一步聚集生产要素，建成中西部装备制造业中心、高新技术产业密集发展区。

（2）长江上中游综合经济区。包括四川、重庆、湖北、湖南、安徽和江西等6省市。建设以水稻和棉花为主的农业地区专业化生产基地以及建立在农产品基础上的深加工工业。建设以钢铁和有色冶金为主的原材料基地，全国第三大汽车工业基地（武汉）和其他交通设备工业基地（重庆的摩托车制造）。

（3）珠江上中游综合经济区。包括云南、贵州和广西3省区。建设成为中草药和生物制品研发与生产基地，以桂林山水、昆明春城风光、贵州黄果树瀑布以及少数民族风情为特色内容的沿珠江旅游风景带。

3. 远西部地带分为3个综合经济区

（1）内蒙古综合经济区。包括内蒙古1省区。充分发挥煤炭、天然气和水能等能源资源的优势，强化资源的大规模开采力度，尽快成为全国新的能源生产基地；积极发展高载能原材料工业；保护和利用好天然草场资源，减少牧民数量，实行集约化的家庭庄园式开发利用，积极发展沙产业，建设若干沙产业基地。

（2）新疆综合经济区。包括新疆1省区。建设全国最大的棉花生产基地，大力发展绿洲农业，建设具有优势的瓜果、棉花和西红柿种植业生产基地；加快发展农产品深加工工业，如葡萄酒酿造业、果品加工业和纺织业；加强石油天然气资源的勘探与开发，建设全国石油生产最大的接续地；建立沙产业基地。

（3）青藏高原综合经济区。包括青海和西藏2省区。主要任务是世界屋脊的生态环境保护。选择优势资源（如天然气、盐湖资源、有色金属开采等）开发，并采取保护式的开发方式，避免小规模、分散式的资源开发模式。发展现代草原畜牧业、围栏畜牧业以及特色民族风情旅游业。

3. 中国正在形成6个核心经济圈带

（1）长三角经济区。长三角包括上海市、江苏省8个城市和浙江省6个城市，共计15个城市，以后又有浙江台州市加入了长三角城市经济协调会，即所谓的"15＋1"。以沪杭、沪宁高速公路以及多条铁路为纽带，形成一个有机的整体。

（2）珠三角经济区。珠三角是内地沿海南部通向世界的重要门户地区。近年来提出了"泛珠三角"的概念，其包括广东、福建、江西、湖南、广西、海南、四川、贵州、云南9个省区和香港、澳门2个特别行政区，简称"9＋2"。

（3）黄三角经济区。范围包括东营和滨州两市全部以及与其相毗邻、自然环境条件相似的潍坊北部寒亭区、寿光市、昌邑市，德州乐陵市、庆云县，淄博高青县和烟台莱州市。总面积2.65万平方公里，占全省的1/6。

（4）海西经济区。经济区以福建为主体，涵盖浙江、广东、江西 3 省的部分地区，南北与珠三角、长三角两个经济区衔接，东与台湾岛、西与江西的广大内陆腹地贯通，人口约为 6000—8000 万人，预计建成后的经济区年经济规模在 1.7 万亿元以上。

（5）成渝经济区。幅员面积约 15.5 万平方公里，常住人口 8000 多万，以重庆、成都两个城市为龙头，以 14 个沿高速公路、快速铁路、黄金水道的城市，和重庆"1 小时经济圈"的 23 个区县为载体，GDP 占西部总量 30%。

（6）北部湾经济区。地处中国沿海西南端，由南宁、北海、钦州、防城港四市所辖行政区域组成，面积 4.25 万平方公里。

三　中国区域战略和区域政策的设定

（一）树立科学发展观，制定新时期的区域政策目标

当前，中国确定了在 2020 年实现全面建成惠及十几亿人口的更高水平的小康社会的发展目标；人均国内生产总值到 2020 年比 2000 年翻两番。实现这一目标面临着人口增长、能源供应、生态环境和自然资源等对经济增长越来越强的约束。为此，党中央、国务院提出，要树立和贯彻落实科学发展观，大力实施科教兴国战略，走一条科技含量高、经济效益好、资源消耗低、环境污染少、人力资源得到充分发挥的新型工业化道路；要坚持统筹城乡发展，统筹区域发展，统筹经济社会发展，统筹人与自然和谐发展，统筹国内发展和对外开放，坚持以人为本，树立全面、协调、可持续的发展观，构建和谐社会。

制定和实施区域发展政策，必须要围绕国家总体目标，必须以全面建成小康社会、构建和谐社会、落实"科教兴国"战略和可持续发展战略为主线，站在国家利益的高度，从总体上解决中国区域发展的重点、布局和体制、机制问题，建立适合中国国情的区域发展政策体系，发挥其对区域发展的指导和规范作用，实现又好又快的发展。新时期的区域发展总体战略必须体现3个原则：（1）效率与公平统一；（2）人与自然和谐；（3）地区之间良性竞合。

（二）科学把握区域发展总体战略的框架结构

区域发展总体战略可概况为1334的框架。即贯彻1个总体要求，完善3个基础环境，推行3类区域政策，健全4类协调机制。

1. 一个总体要求

区域总体发展战略在当前阶段的总体要求和主体内核就是要促进区域协调发展。区域协调发展就是要保障资源在空间上的最优配置，充分发挥各个地区的自身优势和发展积极性，发掘各个地区的发展潜力，促进各地区之间形成优势互补、分工协作、相互促进、良性互动的协调关系。区域协调发展是国民经济平稳、健康、高效运行的前提，是科学发展的重要内容与任务，是实现可持续发展的前提。促进区域协调发展，是改革开放和社会主义现代化建设的战略任务，也是全面建成小康社会、构建社会主义和谐社会的必然要求。

根据科学发展观的要求，全面把握区域协调发展的内涵，必须坚持以人为本，必须体现全面协调可持续发展，必须有利于构建社会主义和谐社会。区域协调发展的内涵主要包括以下三方面。

第一，各地区比较优势能得到合理有效的发挥，和而不同，各展所长，促进效率的提升。不同地区的条件不同，比较优势也不同，只有各地区的比较优势充分发挥了，才能实现全国整体利益的最大化。消除区域间的利益冲突，实现区域间的优势互补，互利互惠，是促进区域协调发展的重要内容，也是衡量区域协调发展程度的重要标志。因此，在实际工作中，应努力促进各地区特色经济的发展，通过"和而不同"的分工协作，良性互动，提高国家经济总体的竞争力，实现国民经济总体效益最大化。

第二，各地区人民都能享有均等化的基本公共服务，地区间人均生产总值差距控制在适度范围内，促进公平地实现。地区人均生产总值是衡量地区之间发展差距的重要指标，在一定程度上反映着地区间发展的协调性。不能把促进区域协调发展，简单地理解为缩小地区间生产总值的差距，这实际上是不可行的。随着人口的流动和欠发达地区的经济发展，各地区人均生产总值的差距是可以缩小的。现阶段我国在这方面的主要任务是，遏制地区间人均生产总值扩大的趋势，使之保持在一定的限度内。基本公共服务主要是指义务教育、公共卫生和基本医疗、社会保障、社会救助、促进就业、减少贫困、防灾减灾、公共安全、公共文化等。提供这些服务是政府义不容辞的责任。这种服务不应因地区的不同、人群的不同而有明显的差异。

第三，各地区人与自然的关系处于和谐状态，促进环境友好。各地区的经济发展、人口数量、产业布局要与本地区的资源承载力相适应，保证经济发展与人口、资源、环境相协调。宜发展则发展，不宜发展则不发展。我国生态环境整体上比较脆弱，许多地区的经济和人口承载能力较低，既要促进欠发达地区的经济发展，努力缩小地区差距，同时也要做到开发有度、开发有序、开发可持续，切实保护好生态环境。

2. 三个基础环境

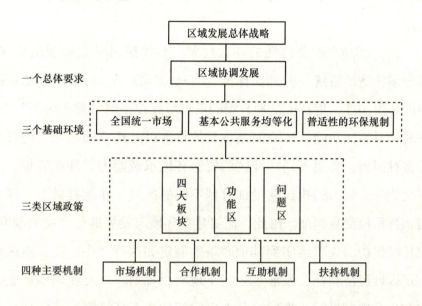

（1）建设全国统一市场。要充分发挥市场配置资源的基础性作用，消除阻碍生产要素自由流动的各种制度和人为因素，通过促进生产要素在区域间的自由流动，促进资源和要素在国土空间上的优化配置，提高各类资源的投入产出效率，进而促进各区域利益的最大化。

（2）促进区域基本公共服务均等化。由以往强调控制区域间经济总量的差距，转向强调缩小不同地区间的公共服务和居民收入水平的差距，这是完善区域政策框架的一个重要指导原则，体现了"以人为本"的发展理念。内陆欠发达地区不追求经济发展水平跟沿海发达地区一样，但公共服务水平应该跟东部地区大致一样。实现区域间公共服务均等化，要求规范各级政府职能，政府从市场已经具备功能的经济调节领域退出来，转向主要提供公共产品和公共服

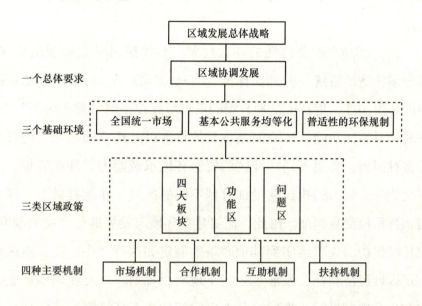

务；财政资金从生产性和盈利性领域退出来，投向教育、医疗、社会保障、环保等公共事业；随着财力的增长还需要加大转移支付力度。

（3）实施全国普适性的环保规制。要按照科学发展观的要求，在全国实施严格统一的环保标准，实施标准统一、污染排放总量控制的环保制度。把环境治理政策的重点应放在控制"源头污染"上。同时针对不同功能区环境问题本身的特性以及环境问题产生的背景等多种因素，按照不同功能区的资源环境承载能力、环境容量、生态功能等，将污染排放总量细分到不同的区域。在此基础上，探索引入排污权交易制度。由此，需要建立环境与发展的综合决策制度，把环境保护的要求落实到其他政策的制定和执行之中，使各地区在制定区域经济和社会发展规划、土地利用规划，以及在调整产业结构和生产力布局时，能够充分考虑它们的生态环境影响，实现环境保护与经济社会发展的有机统一。

3. 三类区域政策

从政策操作层面看，中国区域政策的地域框架应该区分三个不同层次：第一个层次是划分若干个大区，以此作为国家统筹安排和部署全国经济布局的地域单元；第二个层次是划分不同的功能区，以此作为国家差异化分类管理的地域单元；第三个层次是划分不同的问题区，以此作为国家区域调控与援助的地域单元。这三类区域政策需要统筹并进，互相配合，各有侧重。

（1）依托"四大板块"的区域发展总体政策。从区域空间侧面对经济社会发展进行合理布局，是经济发展战略和国民经济与社会发展规划的重要内容，亦是区域发展总体战略的"纲"。"四大板块"的空间架构是区域发展总体战略的基本空间骨架。

四大板块的发展定位、发展重点、政策导向都各不相同，即西部地区要增强自我发展能力，侧重重大基础设施建设和生态环境建设，改善西部地区投资环境，培育发展有优势资源（能源、矿产资源、旅游资源和人文资源）支撑的特色产业，加大人力资本投资力度；东北地区要在改革开放中实现振兴，侧重结构调整和国有企业改组改造，扩大对外开放，特别是加强与毗邻国家的经济技术合作，建设具有比较优势的装备制造、原材料、农产品深加工基地，推进资源型城市经济转型；中部地区要在发挥承东启西和产业发展优势中崛起，侧重依托现有基础，提升产业竞争力，构建综合交通运输体系，发展物流和商贸业，完善市场体系；东部地区要增强国际竞争力和可持续发展能力，侧重提高自主创新能力，加快形成一批自主知识产权、核心技术和知名品牌，促进加工贸易升级，提高外向型经济水平，增强国际竞争力。

（2）基于功能区的差异化分类管理政策。①功能区的类型。功能区总体上可以划分为两个体系，即主体功能区体系和特殊功能区体系。主体功能区进一步细分为优化开发区、重点开发区、限制开发区、禁止开发区。特殊功能区进一步细分为多种类型，包括生态保护区、蓄滞洪区、粮食主产区、能源区、污染防治区、基础设施共建区、旅游休闲区等等。②主体功能区的分类管理政策。"十一五"规划纲要提出了推进形成"主体功能区"的要求，将国土空间划分为优化开发、重点开发、限制开发和禁止开发四类主体功能区。区域资源环境承载能力、现有开发密度和发展潜力不同，主体功能定位也应有所差异：优化开发区域要着力提高产业的技术水平，化解资源环境瓶颈制约，提升参与全球竞争的层次；重点开发区域要充实基础设施，吸纳资金、技术、产业和人口集聚，加快工业化和城市化步伐，提升区域辐射功能；限制开发区域要实行保护优先、适度开发的方针，加强生态环境整治，适度发展特色经济，引导超载人口有序向外转移；禁止开发区域要依据法律法规和相关规划规定实行强制性保护，严禁不符合功能定位的开发建设活动。要实现主体功能区定位，关键要调整完善相关政策，要从财政政策、投资政策、产业政策、土地政策、人口管理政策、环境保护政策、绩效评价和政绩考核等方面来体现因地制宜、分类管理的原则，促进主体功能区的形成。③基于各类特殊功能区的分类管理政策。作为完整的区域发展政策来看，需要对生态保护区、蓄滞洪区、粮食主产区、能源区、污染防治区、基础设施共建区、旅游休闲区等特殊功能区也制定相应的政策，指导这些区域良性发展。

（3）治理和扶持问题区域的区域政策。从国际经验看，中央区域政策大多是针对问题区域而有针对性设计的，其目的也是缩小地区差距，促进区域协调发展。当前，我国的问题区域大体可以分为五类，即欠发达地区（含贫困地区、革命老区、民族地区）、萧条地区（资源枯竭型城市、处于衰退中的老工业基地等）、各种矛盾交融的边境地区、生态脆弱或环境污染区、膨胀地区。随着人口、要素和产业的不断集聚，一些大都市区的膨胀问题也将日益突出。在问题区域划分方面，我国目前只确定了贫困地区界限，基本还没有对其他问题地区的划分框架。

4. 四种协调机制

区域协调发展，除依靠科学布局、制度建设、政策支持，还有赖于区际良性协调互动机制的健全，最主要的是市场机制、合作机制、互助机制和扶持机制四种机制。

（1）市场机制。市场机制是实现区域协调发展的根本途径。区域发展不平衡是自然、历史、经济和政治的各种因素综合作用的结果，与市场经济体制不完善、市场配置资源的作用没有充分发挥有很大关系。在社会主义市场经济条件下，推进区域协调发展，首先必须打破地区封锁，加快建立全国统一市场，实现生产要素在区域间自由流动和产业转移，而不是再靠行政命令调拨资源，靠计划安排项目来实现。

（2）合作机制。合作机制是实现区域协调发展的重要途径。合作机制就是在区域之间，由政府搭台、企业唱戏的机制。总的来说，中西部地区具有资源优势，东部地区具有资金、技术、人才优势，这些优势要在合作中得到最佳配置，避免资源大跨度大规模调动，降低全社会运输成本和交易成本。要探索建立制度化的区域合作机制，开展多层次、多形式、多领域的区域合作，要加强统筹协调，避免重复建设和资源浪费。还要充分发挥政府和中介机构的作用，建立区域合作的服务体系，鼓励区域合作方式创新。鼓励和支持各地区开展多种形式的区域经济协作和技术、人才合作，形成以东带西、东中西共同发展的格局。

（3）互助机制。互助机制是实现区域协调发展的重要补充。互助就是先富帮后富，这是中华民族的优良传统，是社会主义优越性的重要体现，也是新中国多年的实践。要鼓励发达地区采取对口支援、社会捐助等多种方式帮扶欠发达地区。在互助方式上，要在继续搞好资金和项目援助基础上，加大技术和人才援助力度，将外生援助转化为内生机制。

（4）扶持机制。扶持机制是实现区域协调发展的重要手段。仅靠市场机制、合作机制、互助机制，区域发展不平衡的问题在短时间内仍很难解决。在这三个机制充分发挥作用基础上，加大政府特别是中央政府的调节力度，才能更好地促进社会公平，保障全体人民共享改革发展成果；才能从全局和战略的高度保护好重要生态功能区，使中华民族的生存空间得到保护和改善；才能更好地提供公共服务，创造良好的生活环境和公平的起点。要按照公共服务均等化原则，加大国家对欠发达地区的支持力度。

（三）政府积极推进区域政策公平

要坚持实施区域发展总体战略，就要前瞻性、全局性地谋划好未来全国人口和经济的基本格局，引导形成人口、经济、资源环境相互协调，公共服务和人民生活水平差距不断缩小的区域协调发展格局。

要加快推进我国基本公共服务均等化工作，进一步加大中央财政在基本公共服务方面的转移支付力度，着力提高中西部欠发达地区和农村地区的基本公共服务水平，努力实现基本公共服务的"底线完全平等"。

（四）探讨标准经济区划分的可能性

在已有的四大板块和主体功能区划分的基础上，划分出更具实际工作指导意义的标准区域。这个层次的经济区划是最实用、最关键、最基础的经济区划，是奠定整个空间经济布局的基础。划分方法可以县为基本单位，根据自然条件的同质性、要素禀赋的相似性、产业发展的关联性、人均公共支出、人均基本公共服务水平等指标，将若干临近的县域划分为一个标准经济区。在更好落实中央财政转移支付和人均基本公共服务均等化方面，标准经济区可以作为一个基本的空间依据和操作工具。

第二章

中国区域经济发展政策调整的方向和重点

一　中国区域协调发展战略实施效应总体评价

总体来看，中国区域协调发展战略与政策的实施有效地促进了中国经济增长，并促使中国区域经济呈现出收敛趋势。

（一）全国及各区域经济总体保持快速增长态势

1997—2009 年，中国人均 GDP 年均增长率达到 9.1%，劳均 GDP 年均增长率则达到了 10.3%。东部地区、中部地区、西部地区、东北地区四大板块也保持了高速增长，下列表中列出 1997—2009 年及"十一五"以来各板块的人均 GDP 与劳均 GDP 的年均增长速度。

四大板块人均 **GDP**、劳均 **GDP** 增长速度 （%）

地区	人均 GDP		劳均 GDP	
	1997—2009 年	2006—2009 年	1997—2009 年	2006—2009 年
东部地区	10.7	10.5	10.1	9.9
中部地区	10.8	14.2	9.8	12.3
西部地区	10.9	12.9	10.4	11.9
东北地区	10.7	13.0	10.5	12.9

（二） 四大板块间相对差距呈现缩小趋势

在全国各地区经济保持快速增长的同时，四大板块间相对差距趋于缩小。1997—2009 年，四大板块间的人均 GDP 与劳均 GDP 的变异系数、基尼系数、σ 系数变动趋势均呈现出较为明显的倒 "U" 型。其中，劳均 GDP 的变异系数、基尼系数、σ 系数均在 2003 年出现拐点，而人均 GDP 这三个系数变动的转折点则滞后一年出现于 2004 年。这一现象表明，以 2004 年为拐点，中国东、中、西及东北四大板块间以人均 GDP 衡量的相对差距趋于缩小。而以劳均 GDP 衡量的相对差距自 2003 年就已呈现缩小趋势。

（三） 中国区域协调发展战略对各板块影响效应不一

西部大开发战略的实施有效地促进了中国及西部地区经济增长，但同时使得东北地区的经济发展相对滞后，中部地区受到不显著的促进作用，而同时东部地区增长则显著地落后于西部地区。东北等老工业基地振兴战略在较长时期内有效地促进了东北地区经济增长，有助于中国区域经济差距的缩小，但短期效应并非如此。同时，东北等老工业基地振兴战略对于其他板块没有明显的影响效应。中部崛起战略的实施虽然对于中部地区经济增长与发展起到了一定的积极推动作用，但却与中国整体经济增长呈现出明显的负相关关系。中部崛起战略的实施对西部地区、东部地区的经济增长均没有明显的影响作用。东部地区率先发展战略的实施有效地促进了中国整体经济增长，同时有利于中国区域经济差距的缩小，并且这种效应可以持续较长时间。

二 区域协调发展政策调整面临的主要问题

（一）促进区域增长与协调发展的动力因素需要进一步改善

中国区域经济增长的动力因素主要来源于以下几个方面：（1）物质资本存量水平的提高，特别是第二产业物质资本存量水平的提高。（2）劳动者素质的提高，尤其是大专及以上学历人员数量的增加与从业者素质的提高。（3）交通基础设施的改善，尤其是以高速公路为代表的高等级公路的发展。而在经济发展过程中，产业结构转换效应并不明显，市场化改革滞后、企业家的创新精神培养不力、技术创新与改革动力不足，以及政府规模的过度扩张都是制约中国经济发展的主要因素。因此，在今后的发展过程中，应强化促进经济增长与区域差距缩小的动力因素。改善投资环境，努力提高政府效率，把经济增长由主要依靠物质资本投资等作为动力因素转向以劳动者素质、经济效益的提高等经济增长综合质量的提高为主要动力。

（二）四大板块公共财政能力差距较大，自我发展能力不均衡

近年来，四大板块地方财政收支状况整体改善，各区域自我发展能力有所增强，但四大板块公共财政能力差距较大，尤其是中西部地区公共财政资力远弱于东部地区。2009 年，人均地方财政收入最高的东部地区是人均财政收入最低的中部地区的 2.74 倍；人均财政支出最高的东北地区是人均财政支出最低的中部地区 1.58 倍。从人均财政收支比例来看，东部地区最高为 0.75，东北地区为 0.45，而中部地区与西部地区居末，分别为 0.40 和 0.34，东部地区的再生能力较强，而中西部地区的自生能力较弱，各板块间自我发展能力不均问题突出。

（三）四大板块整体发展的差距未解决的同时，内部差距逐步扩大

从目前情况来看，四大板块之间相对差距虽然呈现出下降趋势，但全国总体经济格局并没有发生根本改变。东部地区经济总量在全国仍占绝对优势。而与此同时，四大板块内部各省份间的经济差距并没有出现完全同步缩小趋势。西部地区内部差距逐渐拉大，已经形成了两个分别向高水平和低水平演进的趋同集团，且稳定性很高。中国各省份内部差距也较大，并且省内差距并没有随着各省份发展水平的提高而减小。

（四）各区域城市化水平不平衡

中西部地区重点区域带城市化是促进经济持续增长的动力之一。

与经济发展的区域不平衡性一样，中国城市化发展水平也存在很大的地区差异性。目前，东部地区已进入城市群带动经济发展的时代，长三角、珠三角和京津冀三大都市区2009年对中国经济的整体贡献率超过40%，已经成为中国经济阶梯式发展的动力源区。而中西部地区尚未出现较为成熟的城市群，各中心城市的带动力较弱。例如，从经济总量看，2009年长三角的名义GDP为72494.1亿元，珠三角为32147.0亿元，而西部地区的关中—天水经济区只有5636.6亿元，仅分别相当于长三角的7.8%、珠三角的17.5%；从名义人均GDP来看，2009年长三角为49131元、珠三角为67407元，而关中—天水经济区只有19776元，仅相当于长三角的40.3%、珠三角的29.3%。

（五）区域间基本利益关系尚未理顺

目前，中国逐步形成了政府、企业、居民和非政府组织等多元利益主体，都在追求各自利益的最大化。但目前还缺乏科学、规范地协调区域利益的制度框架，市场机制发挥的作用还不充分，再加之管理体制的不健全及法律制度环境的不完善等，制约着区域间利益关系的协调。区域间的利益更多表现为区域政府的利益，而对于居民和非政府组织的利益关注不够。

（六）国家区域政策的规范性有待进一步提高

中国目前区域政策以行政手段为主，随意性很大；相对而言，法律手段非常少。这既与法治建设很不完善、公众参与程度落后有关，也于传统治理方式的传承、官员的任期及升迁导致的行政短期行为有关。

区域政策执行过程中多头管理问题严重。目前，中国区域政策的执行一般涉及几十个相关部门，经常出现一种事务同时由多个部门进行管理的现象。由于各职能部门协同不够，造成这些政策措施的实施效果并不理想。

（七）主体功能区的推进是区域协调发展面临的重要约束条件

推进形成主体功能区是国家"十一五"规划《纲要》提出的一项重要战略举措。国家"十二五"规划《纲要》指出："实施主体功能区战略。按照全国经济合理布局的要求，规范开发秩序，控制开发强度，形成高效、协调、可持续的国土空间开发格局。"实施主体功能区战略是落实科学发展观和转变经济发展方式的具体安排，旨在通过区分不同空间单元的主体功能促进人与自然和谐的发展。主体功能区的推进将会与四大板块的区域协调发展战略相互影响，而推进主体功能区的差别化政策与实施效果面临巨大挑战。在经济全球化、国内区域经济一体化加快的背景下，国家推进主体功能区的差别化政策与实施效果面临很大的不确定性。多数地方政府和部门关心的主要是国家能够给予哪些优惠政策及其执行力度的大小。缺乏对主体功能区规划工作本身的深入认识。同时，现阶段中央及地方政府的经济实力与管理能力等因素也将对此产生重要影响。而中央和地方政府目标取向上的不一致，更增加了主体功能区规划实施推进的难度。

三　中国区域协调发展政策调整方向

（一）进一步规范区域政策调控手段，建立健全区域政策体系

要进一步完善区域政策调控手段。要加快区域协调发展条例的研究制定工作，尽快出台相关法律法规，促进中国区域政策的科学化与规范化；进一步规范转移支付，形成以一般转移支付为主、辅以专项转移支付的转移支付格局。

要合理界定中央和地方政府的职责分工。要合理划分中央与地方政府在区域开发方面的事权与财权。对于不同区域间的利益主要由中央政府进行协调，而本区域中各主体间的利益则主要由地方政府负责协调。要制定中央与地方政府责权对等的资金投入政策。

（二）着力解决关键问题，促进区域健康发展

要加快已有政策的落实力度。中国目前的许多区域政策仍然停留在战略层次，政策的可操作性不足。今后应关注区域政策的具体化，着重解决操作层面的问题，使区域政策更加具有可操作性。对于涉及多个省份且真正关系全局的区域规划，中央政府要切实执行，搞好规划实施的配套工作；而对于那些仅有局部意义的规划，则由各省（直辖市、自治区）负责落实。

要积极促进人口与产业在空间分布上的适度均衡。改革开放以来，中国的经济活动持续向东部地区集中，而四大板块人口分布却

保持相对稳定。由此形成工业生产与能源、原材料产业及就业岗位与人口分布的不协调。必须合理调整国家的产业空间布局,适度控制东部地区开发强度,加快促进产业结构优化升级,防止特大城市面积过度扩张,在转变经济发展方式、调整经济结构和自主创新中走在全国前列;提高中西部地区产业配套能力,积极承接国内外产业转移,在中西部和东北地区创造更多的就业机会;加快户籍及社会保障制度改革,促使各地区产业布局与要素禀赋基本协调、人口与产业在空间上的适度均衡。

要构建良好的区域利益协调机制与实现途径。在某种程度上讲,区域利益的协调机制与实现途径在相当大的程度上决定了一项区域政策实施的效果。要构建协调目标明确、协调内容充实、协调主体广泛、协调手段与途径有效、协调程序完整的区域利益协调机制与实现途径,促进区域协调发展。

要重视培育区域的自我发展能力。单纯依靠国家的扶持政策不足以支撑区域的长期健康发展,必须提高区域自我发展能力。应切实提升各区域在硬环境、软环境、产业配套能力以及自身财力等方面的实力。

要积极推进重点区域发展,培育新的区域经济增长极。2010 年中国城市化水平达到 47.5%,2012 年,中国城市化水平已经超过 50%,已处于以都市区化带动城市化、进而带动经济发展的新阶段。东部地区已经形成了几个较为成熟的城市群,长三角、珠三角和京津冀三大都市区已经进入了多个大都市区的空间联合阶段。而在中西部地区和东北也有可能形成一批支撑中国经济持续高速增长的新的主导地区。要充分发挥重点经济区的带动作用,培育区域经济增长极,促进区域经济的快速协调发展。要高度重视资源环境问题。

目前，全国生态环境由基本良好转化到总体恶化，资源环境承受的压力日益增强。受经济危机的影响，东部地区向中西部产业转移的步伐进一步加快，中西部地区经济发展缓慢、技术相对落后、生态环境脆弱，在承接产业转移的过程中，要防止高耗能高污染企业转移，以免加剧生态环境恶化。

实施更加具有针对性的差别化政策要对不同的区域区别对待，按照规范化的援助机制，实行差别化的国家援助政策。要完善相关的财政政策、投资政策、土地政策、产业政策、人口管理政策、区域补偿政策以及绩效评价和政绩考核体系。对处于不同发展阶段和承担不同主体功能的区域"分类指导，区别对待"。从规范国土空间开发秩序角度来看，不同的区域承担着不同的主体功能，同时，目前中国不同区域所处的发展阶段也不完全相同。今后应着力提高东部和东北的城镇化质量，重点是以现代化为主要内容的城市化，强化城市功能，推进城乡整体的现代化。高度重视东部发达地区大都市区"膨胀病"问题，及早预防和治理；中西部地区在大力提高城镇化进程的同时，提高中心城市的经济能量和对整个区域的辐射和带动作用。促进大中小城市和小城镇协调发展。

要合理调节四大板块内部的发展差距问题。目前中国区域支持政策"泛化"，区域政策对四大板块内各省份具有普适性，区域内各地区的状况千差万别。国家实行的支持政策应该较好地体现这种差别性，重视对东、中、西、东北四大板块内部低收入省份的扶持力度，以增强区域内省之间、地区之间发展的协调性。

四 中国区域经济 "四大板块" 政策调整的重点

（一）切实提升东部地区国际竞争力

东部地区率先发展战略实施前后，物质资本、人力资本等均能有效地促进东部地区经济效率的提高，就业的空间密度与东部地区经济效率的提高负相关，而技术创新对东部地区经济效率的作用在东部地区率先发展战略实施前后发生了反转，由该战略实施前的负向作用变为正向作用。东部地区内部各区域间物质资本、人力资本等的收敛，有助于劳均 GDP 差异的收敛。同时，技术创新、出口、FDI、就业的空间密度的变化均与东部地区经济发展密切相关。虽然东部地区率先发展战略明确提出并实施后，东部地区传统的依靠大进大出的经济增长方式有所改变，逐步转向了依靠产业结构转换效应，技术创新与增强本地集聚经济为内生动力，但这几个方面对于经济增长的促进作用还并不十分明显，需要进一步加强。政府服务效率的降低，是抑制东部地区经济进一步发展的制约因素之一。

作为中国的率先发展地区，东部地区在保持自身经济协调发展的同时，有必要在经济增长质量方面走在全国的前列。东部地区内部区域政策调整方向和重点在于：

1. 鼓励技术创新，构建创新型区域

鼓励技术创新，提高自主创新能力，增强核心竞争力，是实现东部地区经济率先发展的根本动力。只有东部地区创新水平提高了，

才能带动中国整体创新能力的提高。继续深化改革，加快自主创新步伐，以企业为主体，积极构建区域创新系统。促进企业、高校、科研机构之间的知识交流和技术转移，努力提高东部地区的自主创新能力。在利用外资方面继续引进国外先进技术和管理经验，提高外资利用的质量和效益，积极做好引进技术的消化、吸收和创新，提升在全球产业分工中的地位，增强国际竞争力。

2. 加快产业结构调整升级步伐，积极承接国际产业转移

要充分发挥高新技术人员相对集中、技术水平高、产业配套好的优势，优先发展高新技术产业和具有比较优势的先进制造业和现代服务业，努力发展精深加工以及高端服务和产品，主动引导劳动密集型和一般低附加值产业向中西部地区转移，提高经济增长质量和效益。要有选择地承接国际产业转移，不仅关注 FDI 的数量和规模，更要提高承接国际产业转移的质量。

3. 积极调整进出口结构

要提升进口质量和效益。进口技术设备要注重吸收消化能力的提高，减少重复进口。利用进口数量和期货贸易机制，争取较大的定价权，积极规避国际市场价格风险。

要加快企业自主创新步伐，积极推动高新技术产品研发，提高高附加值产品、核心技术产品以及自主品牌产品的出口比重。优化出口产品结构。要使劳动密集型产品出口向技术知识型产品出口转变、资源性产品出口向高附加值型产品出口转变、加工生产型出口向品牌创新型出口转变。要积极开拓新兴市场，通过外贸市场的多元化减少国际经济危机的冲击，提高抗击风险能力。

4. 积极治理"都市膨胀病"

"膨胀病"主要是经济活动过于集中与产业布局过度拥挤而产生

的区域问题，"都市膨胀病"是发达的城市地区发展过程中需要面对的一个突出问题。东部地区率先发展战略实施前后，东部地区出现了集聚不经济现象，"都市膨胀病"是东部发达城市地区今后面临的一个重要问题。完善城市规划编制、执行、监督和民主管理体制，制定科学合理的城市领导政绩考核制度和考核体系，城市领导的政绩考核，要对城市在经营、管理、规划城市的发展中所做的工作业绩进行全面考核和评估，要全面地将环境保护、资源节约，社会发展、人文指标列入领导干部政绩考核体系中；改善都市区发展环境，加强城镇密集地区的整体协调，要按照互惠互利、优势互补、共同发展的原则，在尊重和兼顾都市区内各方利益的基础上，加强协调和协作；采取各种手段解决大都市圈的交通拥堵问题，如构筑一体化的大都市区交通圈，优先发展公共交通，在大都市区范围内建立以步行交通为主的次中心，利用经济杠杆限制和引导家用汽车的使用，采用先进技术有效疏导交通等，通过经济手段切实解决城市环境污染问题等。

5. 提高政府服务效率

前面章节分析结果表明，东部地区率先发展战略实施后，东部地区政府服务效率有所降低，这无疑会成为抑制东部地区经济进一步发展的制约因素之一。完善科学民主决策机制，健全政府职责体系，提高经济调节和市场监管水平，强化社会管理和公共服务职能，促进政府职能的进一步转变和行政效率的进一步提高。充分发挥好政府的主导作用，为构建创新型区域做好服务。加强政府间的合作和沟通，以协调东部地区与中西部地区间的产业转移。

（二）大力促进中部地区崛起

中部崛起战略的实施虽然对于中部地区经济增长与发展起到了一定的积极推动作用，但却与中国整体经济增长呈现出明显的负相关关系，其可能的原因在于：中部崛起战略实施时间较晚，而政策效应一般具有一定的滞后期，中部崛起战略所制定的各项政策效应尚未完全显现。同时，中国目前的许多区域政策仍然停留在战略层次，政策的可操作性不足，这也制约了中部崛起战略各项政策效应的发挥。由中部崛起战略的实施对中部地区内部经济差距状况的检验及二次差分结果表明，中部地区经济发展的动力优势主要体现在物质资本存量水平的提高及劳均受教育水平的变化方面。从促进中部地区经济发展及内部差距缩小的角度出发，中部地区内部区域政策调整方向和重点在于：

1. 完善国家区域政策体系，切实提高中部崛起区域政策的实施效果

国家层面要进一步完善区域政策体系。一是要以立法的形式推进落实《促进中部崛起规划》。在区域管理立法框架下落实区域政策。确保区域政策的实施取得实效；二是国家区域政策的出台和实施要体现"区别对待、分类指导"的原则。中部地区地处我国内陆腹地，经济区位、经济结构具有一定的相似性，但不同省份的资源禀赋、经济发展阶段、发展特点等又具有鲜明的差异性，因此，要实行有针对性的差别化国家支持政策。要进一步细化《促进中部崛起规划》，切实推进山西省开展煤炭工业可持续发展政策措施试点工作，积极推进山西省国家资源型经济转型综合配套改革试验区建设，稳步推进资源型城市转型；重点推进太原城市群、皖江城市带、鄱

阳湖生态经济区、中原经济区、武汉城市圈、环长株潭城市群等区域发展，尽快形成中部地区重要的区域增长极。

2. 积极承接国际国内产业转移，促进产业结构升级

产业结构优化升级应该成为中部地区经济发展的主要动力。中部地区不同省份的资源禀赋及发展特点具有鲜明的差异性，充分发挥各地区的比较优势，进一步提高投资质量，以先进、适用技术改造传统产业，壮大优势产业，促进产业结构升级，提升非农产业增长质量，发展现代产业体系。有选择地积极承接国际、国内产业转移。积极推进承接产业转移示范性基地建设。以国家及省级开发区为载体，积极引导外资流向重点行业和领域。鼓励采取多种方式的区际合作，在承接产业转移的过程中形成自身的产业链条，不断增强承接产业转移的能力，尽快形成中部地区顺利承接产业转移的示范性基地。

3. 加快基础设施建设

加快以交通基础设施为主的基础设施建设。不断完善交通、通信和物流等基础设施网络。加强公路建设，完善公路干线网络，尤其是高等级公路建设，优化交通资源配置，强化综合交通运输枢纽地位，理顺管理体制，充分发挥交通基础设施效用。加快铁路网和机场建设，提高水运、管道运输能力。

（三）进一步深入推进西部大开发

根据前面的研究，西部大开发战略有效地促进了中国经济增长及四大板块间经济差距的缩小，但自西部大开发以来，西部地区各省份间出现了显著的绝对发散现象。从增长动力分析结果来看，教

育、基础设施、投资方面的收敛，均有助于西部地区内部区域经济的收敛。

从促进西部地区经济发展及内部差距缩小的角度出发，西部地区内部区域政策调整方向和重点在于：

1. 积极发展教育

积极发展教育，是国家推进西部大开发的重要举措。但是，不同类型的教育对于经济发展的促进作用可能不同。根据本书的研究，提高劳动力的平均教育水平，特别是提高接受过高等教育人员在就业人员中的比重，有助于区域经济差距的缩小。因此，西部地区在继续普及九年制义务教育的同时，应积极发展高等教育，努力提高教育质量，鼓励大专及以上高学历人员到西部地区就业，因地制宜，大力发展职业教育、科技教育，促进西部地区人力资本存量的提高和西部地区内部各省份间自我发展能力的增强。

2. 继续完善基础设施

交通基础设施，尤其是高等级公路对于经济发展具有积极的促进作用。西部地区应继续完善基础设施，尤其是加强以高等级公路为核心的交通基础建设，建设出境、跨区铁路和西煤东运新通道，围绕建立贯通国内外的大枢纽和大通道，加快构建现代化基础设施体系。加强建设电源基地和西电东送工程。

3. 进一步改善软环境

软环境建设一直是影响西部地区经济发展的主要制约因素之一。长期以来，政府职能没有根本转变，政资、政事、政企不分以及政府管理越位、缺位、错位现象不同程度地存在，行政执法规范不够。切实转变政府职能。合理控制政府规模，提高行政效率，积极改善软环境，是促进西部地区经济增长的重要途径。

4. 积极承接产业转移，构建现代产业体系

完善西部地区产业配套体系，以支柱产业和现有大企业为配套基础，以中小民营企业为主要配套对象，加强企业协作，延伸产业链条，优化产业组织结构提高产业配套能力，积极承接国内外产业转移。积极提升特色优势产业，大力发展战略性新兴产业，积极推进现代服务业，构建西部地区现代产业体系，提升产业竞争力。

5. 加快重点经济区建设，培育新的经济增长极

自西部大开发以来，西部地区各省份间出现了显著的绝对发散现象，这一现象的出现具有一定的合理性。目前西部地区正处于成长阶段。在这一阶段，区域分工和专业化发展迅速，人口和其他生产要素迅速向城市地区集聚。而这一发展阶段的特征，极易引发区域间发展差距的拉大。由于西部地区幅员辽阔，面积为686.7万平方公里，占全国总面积的71.5%，同时发展相对比较落后。适应经济发展阶段的要求，为了促进西部地区经济的快速发展，需要选择一些发展基础及发展前景较好的区域作为增长极先行发展，以此带动其他地区的发展。积极推进重庆、成都、西安区域战略合作，推动呼包鄂榆、广西北部湾、成渝、黔中、滇中、藏中南、关中—天水、兰州—西宁、宁夏沿黄、天山北坡等经济区加快发展，培育新的经济增长极。

6. 推进基本公共服务均等化

在西部大开发的过程中，随着重点经济区建设的进一步推进，西部地区各区域间经济差距还存在进一步扩大的可能。但经济差距的进一步拉大可能会带来一系列不良后果，甚至会出现"富者越富，

穷者越穷"的马太效应。因此，在加快西部地区整体经济发展的同时，应进一步完善各级财政转移支付制度，进一步发展和完善西部地区的社会基础设施，切实解决教育、医疗卫生、就业、社会保障领域存在的突出矛盾，切实推进西部地区各区域间基本公共服务的均等化。鼓励在不损害经济社会发展积极性的前提下设法增加落后地区财政收入，增强落后地区的自我发展能力。

（四）全面振兴东北等老工业基地

前面的研究表明，东北等老工业基地振兴战略促进东北地区经济增长的主要动力机制在于人均物质资本存量水平的提高，而东北地区的产业结构转换效应相对滞后于其他地区。东北地区市场化改革、企业家的创新精神培育、技术创新与改革依然任重道远。东北地区内部区域政策调整方向和重点在于：

1. 进一步推进产业结构优化升级，提升产业综合竞争力

产业结构转换效应滞后影响了东北地区经济发展。东北地区要加快产业结构调整和国有企业改革，发挥产业和科技基础较强的优势，完善现代产业体系，推动装备制造、原材料、汽车、农产品深加工等优势产业升级，大力发展金融、物流、旅游以及生产性服务业，提升产业综合竞争力。

2. 健全和完善科技创新体系，提高自主创新能力

坚持技术创新和体制创新相结合、市场导向和政府调控相结合，建立和完善以企业为主体的技术创新体系。积极鼓励企业加大研发力度，鼓励优秀人才到老工业基地创业。加快发展面向中小企业的生产力促进中心、科技信息网、科技创新服务中心、大学科技园及

多种类型的孵化器，培育为企业提供创新服务的中介机构，促进科技成果向现实生产力转化。加强重点实验室等科技基础设施建设，支持科学技术创新。

3. 促进资源枯竭地区转型发展，增强资源型城市可持续发展能力

东北地区是资源型城市比较集中的区域，许多地区经济发展面临着资源枯竭的严重约束。应继续支持资源型城市经济转型，建立多元化的投融资体制，拓宽融资渠道，推进建立和完善资源开发补偿机制与衰退产业援助机制，积极发展接续替代产业。

第三章

区域发展的中国特色

一 不同历史背景下的区域发展挑战

区域的发展状况是历史长期演进的产物，现实的区域发展战略必然建立在历史发展的基础上。区域发展历史留下的不仅是不同程度的社会发展状况以及文化传统等等，同样也留下了区域发展的经验教训。

（一）新中国面临的巨大区域发展差异

发展中国家，尤其是大国，区域发展差异的问题是普遍存在的，中国面临的这一问题尤为突出。半封建半殖民地的旧中国不仅无法解决中国区域发展的差异问题，而且使差异日益扩大。新中国一建立，就面临历史留下的这种区域发展的巨大差异。

首先，从自然资源来看，中国区域间的分布很不均衡。中国土地面积在苏联解体前居世界第三，但类型复杂。从北到南，经历从寒温带到热带七个不同的气候带；从东到西，则覆盖湿润、半湿润、半干旱、干旱四个不同的地区；从高到低，有世界屋脊的高原、高低不平的丘陵、平原草原、湿地等。区域之间的差异很大。如果大概按照东部、中部、西部三大部分来分析，农业生产的自然条件东部最优，其耕地面积接近全国的 1/3，地势平坦、土地肥沃、灌溉便宜、基础设施较好，其耕地多为高产稳产的农田。西部则是另外一番景象，其土地面积占全国的 56.78%，但耕地面积只占 23%。西南多崇山峻岭，两北多高原沙漠，黄土高原地区水土流失严重，植被稀少。农业畜牧业有发展的潜力，但开发成本较高。生产方式比较落后，靠天吃饭的现象较为严重。中部地区的自然条件大致处于东部和西部之间。一些重要的自然资源分布相当不均。以水资源为例，十分明显呈现出南多北少、东多西少的格局。流域面积占全国 1/3 的东南部地区，径流量占全国 4/5 以上；淮河流域及以北的地区占全国面积的 2/3，径流量不足全国的 1/5；单位面积的径流量东南部地区是西北部地区的 8 倍，人均水资源占有量，东南部地区是西北部地区的 10 倍。这种自然禀赋的差异，成为形成区域发展整异的现实基础。

其次，从近现代的工业发展来看，新中国面临着巨大差异。从农业社会向工业社会转型的过程中，由于旧中国的畸形发展，新中国不仅整体上经济社会发展落后，而且近现代工业的分布还十分的不均衡。占国土面积不到 12% 的东部沿海地区集中了全国工业的 70%，并且是高度地集中在上海、天津、广州等少数城市和地区，广大内地，除武汉、重庆等少数城市外，其他地区，尤其是少数民族地区，工业基础极为薄弱。占国土面积 45% 的西北以及内蒙古地区，工业产值仅占全国的 3%，西北西南地区 300 多个厂矿，绝大部分是以手工劳动为主的轻工业及修配企业。直到1956年，毛泽东同志还在《论十大关系》中谈到："我国全部轻工业和重工业，都有约70%在沿海，只有30%在内地。这是历史上形成的一种不合理的状况。"有学者将中国的区域发展程度从低到高分为四个类型。从建国初期来看，最高的一类地区在1952年第二产业的人均国内生产总值为130.4元，第二类地区为24.3元，第三类地区是18.2元，第四类则只有12.8元。如果以四类地区为1的话，相对比例为1∶1.4∶1.9∶10.2，可见差距是相当的大。一类地区即北京、上海、天津，四类地区为新疆、西藏、内蒙古、贵州、甘肃、陕西、宁夏、云南等，近现代工业基本集中在前者，后者则差不多是空白。

最后，从社会发展的重要基础——教育来看，新中国也面临极大的不均衡。我国的高等学校布局在建国前就极不合理，当时全国40%以上的高校集中在北京、上海、天津、南京等几个经济较发达的东部城市，而西部边远少数民族地区则极为稀少。一直到1948年，政府还没有在西藏、新疆、青海、内蒙古、黑龙江、宁夏等省区兴办大学。这些地区的教育相当落后。以青海为例，建国前青海民族地区的教育发展相当缓慢。除了寺院教育和经堂教育外，现代学校教育相当落后，据1949年统计，全省只有民族小学109所，教师140名，学生4900名，学生人数仅占少数民族人口的0.64%，而且这些为数不多的学生大多是男童，女童上学的很少，妇女文盲率高达99%。如此巨大的教育发展差异，成为构成区域发展鸿沟的重要原因。教育的不均衡，导致了知识分布的极不均衡。有关研究表明，我国东部地区综合知识发展指数明显高于西北地区，北京、上海相当于全国平均水平的6.1倍和5.3倍，成为全国的知识发展中心。根据知识发展指数划分高、上中等、下中等和低水平、极低水平几个等级，西北地区除陕西为下中等知识发展水平外，其余地区全部是低水平和极低水平。

（二）建国后区域发展的协调和布局

建国后区域发展的协调和布局在不同的历史时期具有不同的特色。第一个阶段是新中国成立到 20 世纪 60 年代初期。这一阶段的特点是确立起计划经济体制，在中央政府集中权力，实施统一的计划和行政指令的基础上，对历史上留下的区域发展的巨大差异进行协调。第二阶段是从 20 世纪 60 年代中期起，严酷的国际政治斗争局面极大地影响到我国的发展战略，中央作出"三线建设"的重大举措，重构了发展战略，对区域发展产生深刻影响。第三阶段是改革开放到 20 世纪 90 年代中期，总的特点是在培养市场经济体系的大背景下，充分利用市场手段优化资源配置，实施梯度发展战略，促进一部分地区的优先发展，从而拉动全国经济的高速增长。第四阶段从 20 世纪 90 年代中期开始到现在，实现了经济高速增长的同时，将重心开始转移到解决加速增长中出现的差距拉大的现象，扶持落后地区的发展，以达到新的均衡的目标。四个阶段的发展有着内在的关联。

新中国第一个阶段的区域发展政策的基本追求，就是要改变旧中国留下的生产力分布极不合理状况。第一个五年计划中，国家提出了有计划地、均衡地在全国布置工业的指导方针。尽管沿海有较好的基础，为促进内地的发展，还是让内地投资大于沿海。"一五"期间动工兴建的限额以上的工业建设项目 694 个，有 472 个分布在内地，222 个分布在沿海地区，前者占总额的 68%，是内地所占比例 32% 的一倍还多。这对于改变内地的落后状况起到明显作用。然而，投资的效益也是新中国不得不考虑的难题，在基础好的沿海投资显然有利于提高投资效益，资本稀缺的新中国需要兼顾这一问题。因此，毛泽东在1956年《论十大关系》中专门谈到沿海工业和内地工业的关系，认为"在这两者的关系问题上，我们也没有犯大的错误，只是最近几年，对沿海工业有些估计不足，对它的发展不那么十分注重了。这要改变一下"。由此，"二五"计划又提出在内地进行大规模经济建设的同时，还必须积极地、充分地利用并适当地发展沿海各地原有的工业。整个"二五"期间，沿海与内地基本建设投资之比为0.69：1。

从20世纪60年代初期起，国内国际形势发生了一系列重大变化，先是中苏关系的公开破裂和恶化，中苏边境出现了紧张局势。继而在1962年10月，印度军队在中印边界滋事，向我国边防部队发动全面进攻，我边防部队被迫自卫还击。同年，盘踞在台湾的蒋介石集团，也企图利用大陆暂时困难叫嚣"反攻大陆"。美国在继续经营对中国的包围战略时，不断扩大在越南的战争，对中国形成了越来越严重的威胁。面对这一系列严峻挑战，中国领导人在制定战略时，不能不把国家安全放在一个非常重要的地位加以考虑，1965年4月12日，中共中央发出了关于加强备战工作的指示，号召全党、全军和全国人民，在思想上和工作上要准备应付最严重的局面，要发扬爱国主义和国际主义精神。尽一切可能支援越南人民抗美救国斗争。据此，国家计委重新草拟了《关于第三个五年计划安排情况的汇报提纲》，明确提出："三五"计划必须立足于战争。从准备大打、早打出发，积极备战，把国防建设放在第一位，认为这是关系国家安危的大问题，也是解决长远和当前备战任务的一个根本问题，否则会犯方针性的错误。明确加快"三线"建设是"三五"计划的核心。"三线"概念出自毛泽东同志的战略构想。面对战争的危险，他把全国划分为前线、中间地带和三类地区，简称为一线、二线和三线。在准备打仗的特定形势下，三线成为较理想的战略后方。轰轰烈烈的三线建设一直持续到 20 世纪 70 年代末期。1966—1978年，国家用于三线建设的总投资占同期全国经济建设总投资的 42%以上。1964—1971 年，全国共有 380 个项目，14.5 万人、3.8 万台设备从沿海地区搬迁到三线地区，三线地区经济实力明显增强。1975 年，三线地区 11 个省区的全民所有制工业固定资产在全国所占的比重由 1965 年的 32.9% 上升到 35.3%。短短的 10 多年中，三线地区崛起了像攀枝花、十堰、德阳、六盘水、都匀等 30 多座新兴工业城市。这一着眼于政治大局和国际形势的应对，具有历史的合理性，但仍然付出了较大的代价，主要是由于并没有从优化资源配置的角度来规划发展。1978 年，三线建设企业每百元固定资产原值实现的产值是全国平均水平的 68.6%，沿海水平的 49.8%；在积累率上，是全国平均水平的 58.3%，沿海地区的 39.8%，并且还有 1/3的三线建设投资未能形成生产力。

改革开放以后，我国区域发展战略又发生了巨大的变化。邓小平同志说，"改革是中国的第二次革命"。改革开放使中国从体制到发展战略都发生了极大的变化。在区域发展战略上最突出的就是强调了非均衡的发展战略，或者说梯度的发展战略。对此，邓小平同志作了清晰的阐述："要允许一部分地区、一部分企业、一部分工人农民，由于辛勤努力成绩大而收入多一些，生活先好起来。一部分人生活先好起来，就必然产生极大的示范力量，影响左邻右舍，带动其他地区、其他单位的人们向他们学习。这样，就会使整个国民经济不断地波浪式地向前发展，使全国各族人民都能比较快地富裕起来。"（1978 年 12 月，中共中央工作会议，邓小平《解放思想，实事求是，团结一致向前看》报告）从强调均衡到强调非均衡和梯度的发展，一方面，是发展战略上的考虑，另一方面，还有深层的、宏观的政治因素。在相当长的一段时间里，对改革性质、改革效果的质疑较多，作为前无古人的事业，改革也确实存在很大的风险，所以，一部分地区先富起来，实际上具有先走一步试点的意义，邓小平同志将这称为"杀开一条血路"。

从改革开放到 20 世纪 90 年代前期，国家首先在沿海一些地区实行特殊政策和灵活措施，开辟经济特区，优先支持沿海条件较好的地区经济起飞。除了在政策上倾斜外，资源的配置也发生了明显的变化。在"六五"期间，全国基本建设的投资，沿海地区所占的比重由"五五"时期的 42.2% 上升到 47.7%，内地则由 50% 下降到 46.5%（不含难以区分的）。到"七五"时期，沿海所占比例进一步上升。基本建设沿海与内地之比达到 1.27∶1，完全扭转了过去内地大于沿海的格局。发展战略的调整，取得了巨大的成效。沿海地区大大提高了发展的速度。广东省 1953—1978 年，经济增长率为 5.1%，低于全国平均水平。到 20 世纪 90 年代中期，GDP 位居全国第一，16 年年均增长 14.2%。东南沿海地区 1978—1994 年，国内生产总值年均增长 11.7%，比全国同期年均增长高出 2.4 个百分点。到 1994 年，东南沿海地区国内生产总值占全国国内生产总值的 41.8%、而地区面积仅为全国的 7.3%，人口仅占 26.6%，为全国的经济发展作出了重大贡献。

在梯度发展战略或非均衡发展战略实行了十多年后，中国的区域发展战略又出现一个重大的调整。对此，改革开放的总设计师邓小平同志实际上已经有过预计。1992 年邓小平同志在"南巡谈话"

中说："共同富裕的构想是这样提出的：部分地区有条件的先发展起来，一部分地区发展慢点，先发展起来的地区带动后发展的地区，最终达到共同富裕。""可以设想，在本世纪末达到小康水平的时候，就要突出地提出和解决这个问题。到那个时候，发达地区有继续发展、并通过多交利税和技术转让等方式大力支持不发达地区"。从20世纪90年代开始的五年计划可以看出这一战略的转移。"八五"计划首先提出"促进地区经济的合理分工和协调发展"，认为这是"我国经济建设和社会发展中一个极为重要的问题"。其后，在《中共中央关于制定国民经济和社会发展"九五"计划和2010年远景目标的建议》中指出："从'九五'开始，要更加重视支持内地的发展，实施有利于缓解差距扩大趋势的政策，并逐步加大工作力度，积极朝着缩小差距的方向努力。"在接下来的"十五"计划纲要中，又进一步提出"实施西部大开发战略，加快中西部地区发展，合理调整地区经济布局。促进地区经济协调发展"的指导方针。2005年在制定"十一五"规划中，对地区协调方针的阐发更为系统、全面。强调国家继续在经济政策、资金投入和产业发展等方面，加大对中西部地区的支持。并指出东部地区发展是支持区域协调发展的重要基础，要在率先发展中带动和帮助中西部地区发展。

（三）梯度发展与均衡发展战略

纵观建国后区域发展战略的实施和变化，总体上说，既具有均衡发展战略的特色，也同样明显地实施了梯度发展战略。尽管对于中国的区域发展战略在分析和认识上可能有不同的差异，如强调均衡发展战略重要性的，往往要对非均衡发展、梯度发展的战略进行一系列的反思；而强调梯度和非均衡发展战略的，也免不了对均衡发展负面效应的剖析，双方显然都承认了这两种战略在实践中的运用。可见，这是一个值得辩证思考和综合把握的大命题。

实际上，中国既存在着区域均衡发展的现实需求，也存在着梯度或非均衡发展的内在逻辑。

从区域均衡发展的现实需求来看，具有多方面的因素支撑。中国作为一个大国，资源分布得极不均衡，历史发展，特别是现代化进程中留下的巨大差异，导致了地区之间的差距，乃至是发展鸿沟。像中国这样，直至 20 世纪 50 年代，广袤的国土上，还分布着从刀耕火种水平的原始社会、仅靠狩猎生存的游牧社会、第一次阶级分化的奴隶社会、农奴社会、封建剥削社会，到近现代工业社会乃至像上海这样成为亚洲和远东地区的经济发展中心城市等如此多层次的生产力发展水平，可以说是绝无仅有的。发展差异带来的社会矛盾和冲突显而易见。旧中国四分五裂，不仅阶级尖锐，民族矛盾也不断激化，毛泽东形容"人民五亿不团圆"，而发展差距导致的冲突和对立是其中重要原因。新中国社会主义的发展，必须解决这一历史留下来的艰难命题。

事实证明，缩小巨大的区域发展差异，并不是一个短时间能够完成的历史使命。建国后，在实施了均衡发展的若干政策和措施后，区域发展的差距明显缩小。1952 年，中国四类不同发展程度地区的工业国内生产总值之比为 1∶1.4∶1.9∶10.2，而到 1978 年，这一差距已经缩小到 1∶0.95∶1.36∶7.90。然而，在改革开放带来的经济腾飞中，区域间的差距又进一步扩大。到世纪之交，这种发展的差距已经非常明显了，有学者将之称为"一个中国，四个世界"的困境。第一世界是北京和上海，已经达到世界高收入国家水平。上海 1999 年人均 GDP 超过 15000 美元，而第四世界大部分为中西部地区，人均 GDP 约在 1000—2000 美元，属于世界低收入水平。显然，缩小区域发展差距，是我国相当长时期不能放弃的历史使命。

另一方面，从区域发展的非均衡逻辑来看，梯度的、非均衡的发展，又是中国解决发展难题，追求现代化腾飞的有效路径。改革开放，打破中国发展的僵局无论从具体的社会生产的组织层面（如家庭联产承包责任制），还是从生产力的宏观布局（区域发展格局的调整、中央—地方关系的变革）来看，都是以调动发展主体——无论个人、单位还是地区的积极性，打破"大锅饭"为显著特征的。承认发展速度不同的客观必然性。毫无疑问，这一中国特色的非均衡发展战略，也取得了巨大的成效，中国的这一成功，并非历史的偶然，它深刻反映了现代经济社会发展的某些客观规律。现代经济社会发展理论对非均衡发展问题作了大量研究。如著名经济学家A·赫希曼的非平衡发展理论，法国经济学家F·佩鲁的增长极理论等等。我国学者对中国区域的不平衡发展也作了不少深入的研究。厉以宁认为：不平衡发展是适应区域经济发展和市场经济规律的，并可实现高速度的经济增长，如果忽略了中国区域经济发展的不平衡性，就把握不了中国的经济现实与发展趋势。

二　大国区域发展的挑战

越是大国，区域发展的问题越是突出，作为一个发展中大国，中国面临的区域发展问题尤其突出。

（一）大国区域发展的国际审视

大国的区域发展面临着共同的挑战，但发达国家的大国与发展中国家的大国在区域发展的对策上又具有不同的特点。

从发达的大国来看，美国可以作为一个典型的代表，其区域发展的应对与其发达的经济、联邦制的国家结构以及自由主义的取向密切相关。

第一个方面的特点涉及区域协调权威主体的构建。区域发展协调的权威来源是区域发展的首要问题，在区域发展协调的权力主体构建上，美国这样的联邦制国家首先要依法构建区域协调的组织机构，以防止联邦政府对联邦构成成员体（州）固有权力的侵害。美国联邦政府主要依法构建了三个层面的区域协调的权力主体。一个层面是跨州区域委员会，由联邦政府和州政府联合组建，负责跨州的区域开发和管理。另一个层面是地区开发署和经济开发署，是联邦政府所属的区域开发机构，负责对落后地区的援助和开发。再一个层面是县级地区委员会和跨县区域委员会，归属于前面两个层面之一的机构领导，主要负责涉及跨县的区域开发问题。

第二个方面的特点是注重通过大规模公共工程的建设来拉动区域的发展。美国崇尚自由市场和分权，在区域发展中一直排斥全国性的发展计划。一段时间，美国政府在促进区域发展中，注意运用对私人企业鼓励的政策。1965年，美国国会通过了《公共工程与经济发展法》，把支持的重心从私人企业转移到公共工程的投资上，其理由是这更有利于社会公平。

第三方面的特点与工业化的高度发展相联系，即区域发展的一个重要使命是解决老工业区逐步衰落的问题。与落后国家的工业化起飞阶段工业区的兴旺不同，美国这样的发达国家恰恰是一些老工业区失去了往日的辉煌，沦落为萧条和落后地区。美国的阿巴拉契亚地区就是典型代表。该地区处于密西西比河以东，曾经是煤炭、钢铁和化工的重镇。由于采煤业的衰落，导致了经济的萧条，当地居民生活水平急剧下降。为此，肯尼迪政府成立了阿巴拉契亚区域委员会，制定和实施了一系列的举措，重振了这一地区的经济。

第四个方面的特点体现在区域发展的目标追求上。由于发达国家的经济发展已经达到比较高的水平，一体化程度也大大高于发展中国家。所以，在区域发展的协调上，一般不再强调大规模的结构调整，产业的重新布局等，而是把重心放在政府的公共服务和社会保障上。因而，人均收入、失业率、公共服务水平等，就成为评价地区差异的核心指标，同时，努力实现这些方面的均等化也就成为协调区域发展的基本追求。

发达的大国发展自有其特点，对发展中的大国来说，依然有其值得借鉴之处。特别是一些与现代化的历史进程相联系的特点。比如，如何应对老工业区的衰落问题、经济发展一体化程度达到较高水平时的区域协调问题等等，都会在发展中国家区域发展的进程中逐步地体现出来。区域发展的协调对发展中的大国极具挑战意义，对其整个的经济和社会发展影响重大。这种挑战和影响又体现出鲜明的矛盾性：严峻挑战的一个方面是，面对普遍的、十分凸显的区域发展差异，发展中的大国必须高度关注区域发展的协调，否则会严重的社会矛盾，影响到发展的全局。这一使命必然主要依靠中央政府来承担，必然需要一个强有力的能够充分调动社会发展资源的中央政府，从而通过有效的政策和措施促进落后地区的发展，弥补巨大的发展落差。以巴西为例，巴西东北部占人口总数的30.3%，可国民收入仅占全国的 12.2%，东南部人口占 42.7%，却占国民收入的 64.5%。到 1979 年，东北部的人均国民生产总值只有 793 美元，而其他地区平均达到 2002 美元，差距甚大。为此，巴西政府推出了一系列的开发计划。如 20 世纪 50 年代末开始的 "东北部开发计划"、70 年代初的 "全国一体化计划"、70 年代中期的 "东北综合小区发展计划" 和 "东北半干旱区发展计划" 等，努力通过中央政府和积极干预来消除区域发展的巨大差异。

与这一挑战相对的另一严峻挑战则又需要充分利用和发挥发达地区的优势，使发达地区成为发展中大国的经济增长极。拉动整个经济的发展。这又需要放权于地方政府，减少中央政府干预，特别是使发达地区有较大的自主权，从而发挥其活力，为整个国民经济创造更多的资源和财富。

这样一种反向的追求和悖论，使得发展中国家对地区差异调控的效果受到很大影响。如巴西实施了一系列的开发计划，但效果并不明显，地区差异仍然很大。印度也是如此，旁遮普和哈里亚纳是印度面积最小的两个邦，仅占全国面积的 1.6%，但人均收入居全国之首，商品粮生产达到全国产量的 70% 以上，哈里亚纳的农村已经全部实现电气化，旁遮普和西孟加拉的识字率分别是 24% 和 29%；相对的比哈尔邦和北方邦农村的电灯普及率只有 9%，识字率只有 8%。

可见，从发展中的大国来讲，除了可以借鉴发达国家的地区发展战略外，中央政府权力的运用、中央—地方关系的处理是一个关键性问题。

（二）中央—地方关系的难题

中央—地方关系的状况极大地影响着区域发展的态势，作为一个发展中的大国，中国一直在探索合理的中央—地方关系，积累了丰富的经验教训。

建国初期，可以说是百业待兴，政权建设的任务极为繁重，中央政府给地方以较大的自主权，以便及时处理各种复杂的社会问题。地方政府的最高规格是大行政区，先后共设置华北、东北、西北、华东、中南、西南六大行政区。大区的建立充分发挥了地方政府的主动性，有效化解了中央政府面临的治理任务十分繁重的状况。

1954年6月，中央撤销了大行政区，权力向中央集中。这一举措一方面与反对高岗、饶漱石的斗争有关，更重要的是适应于计划经济的建立。中央人民政府在《关于撤销大区一级行政机构和合并若干省、市建制的决定》中指出："国家计划经济的建设，要求进一步加强中央集中统一的领导。"大行政区撤销后，形成中央的"条条专政"。国家计委管理的工业产品总产值约占全国的60%，中央政府支配的财力达75%。

中央政府权力的集中，自然影响到地方发展的积极性、主动性，尤其是沿海发达地区的发展受到一定影响。意识到这一问题后，中央开始调整，1957年，国务院通过了一系列行政放权的规定，大大减少了中央条条管理的范围，中央支配的财力甚至下降到20%，于是，钟摆又开始向另一端回归。1959年，《人民日报》发表《全国一盘棋》的社论，强调中央统一的重要性。

一直到20世纪60年代中期，权力再度集中于中央，1965年中央支配的财力达到60%。"文革"开始后，再一次扩大地方的管理权限，地方积极性再一次被激发起来，但造成重复建设、效益不高的状况。

"文革"结束初期，为控制地区和部门的分割，又加强了中央的权力，但一直到20世纪80年代，都没有真正走出"一放就乱，一乱就收，一收就死"的怪圈。随着经济体制和政治体制改革进程的展开，中国的中央—地方关系发生了深刻变化。市场经济体制的孕育、政府职能转变的提出和实施以及财政体制的变革，使中央—地方关系发生了前所未有的变化。开始走出"放—乱—收—死"的困境。由于计划体制的破除和政府职能的转变，财政税收体制成为中央—地方关系的重要内容，也是中央政府调节区域发展的重要工具。

1977—1993年，将过去"统收统支"的财政模式转变为"分灶吃饭"模式。从1977年起，首先在江苏省试行固定比例包干的办法，在些基础上，1980年国务院颁发了《关于实行"划分收支、分级包干"财政管理体制的暂行规定》，继而又在1985年进行了进一步调整。中央和地方以税收划分取代收入分类分成。所形成的这一模式的主要内容是：按照行政管理体制规定的隶属关系，划分中央和地方财政的收支范围；将收入划分为中央财政固定收入、地方财政固定收入和中央与地方共享收入3个部分；中央—地方收入分成比例确定后，原则上五年不变；以此为基础再根据地区的差异和一些具体情况予以区别对待和调剂。这一改革对财政收支状况产生了良好的效应，这一时期全国财政收入和支出增长速度均超过10%。但另一方面的矛盾也开始凸显出来，即中央财政能力弱化，1980—1993年，国家财政收入占国内生产总值的比重由25.7%下降到12.6%，中央财政收入占全国财政收入的比重由27.5%下降到22%，低于国际平均水平，明显影响中央政府调节区域发展的能力。

从 20 世纪 90 年代中期开始，中央—地方财政关系进入了分税制改革时期。在"分灶吃饭"体制的基础上建立和完善"分税制"财政体制。不仅将税种统一划分为中央税、地方税和中央与地方共享税，而且分别建立了中央和地方两套税务机构。从区域发展的角度来看，最重要的，一是进一步明确了中央和地方的事权划分和财权划分，如地方政府主要承担本地区政权机关的运转支出和经济社会发展支出；二是建立健全财政转移支付制度，这一改革的推进，有效改变了中央政府能力弱化的取向，在调节区域发展中占了有利地位。西部大开发实施头五年，中央财政性建设资金在西部地区累计投入 4600 亿元，中央财政转移支付和专项补助资金累计安排 5000 多亿元。

中央—地方关系始终是大国区域发展的重要命题，而财收体制的构建又是重中之重，科学构建和把握不是容易的事。尽管解决了许多重大问题，但新的问题不断出现，现实的挑战依然严峻。各级政府之间仍然存在事权不清、交叉重叠的现象，转移支付等重要机制缺乏法律支撑和有效的监督机制，区域发展调节的效果还不甚明显，各地区人均财政收入相对差异系数在转移支付后虽有所缩小，但差异依然较大，离实现为广大民众提供均等化公共服务和福利的目标还有相当的距离。

（三）集权与分权的透视

纵观大国的发展进程，集权与分权始终是一对不易处理的矛盾，区域的协调发展与这一对矛盾的处理紧紧联系在一起，片面强调集权或者分权，都难以取得良好的效果。

从集权来看，只有当中央政府具有足够的权力，提取足够的资源时，才有能力协调区域的发展，无论在什么样的体制机制，乃至社会制度下都是如此。如果中央政府弱化了调控能力，市场经济条件下的区域发展差距的扩大则是必然的。更进一步说，如果中央政府对所掌握资源运用方向正确，那么，区域发展差异的拉大，就同中央政府资源提取能力的缩小相关联。中央政府资源提取能力的缩小明显影响到对区域发展差异的控制，地区发展差异一路走高，1999年东部、中部和西部的人均GDP已经扩大到2.4∶1.3∶1。十六大以后，中国将解决区域发展的不均衡问题提到一个新的高度，"十二五规划"和中国共产党十八大的报告，都强调了加大对落后地区扶持的力度，加大对这些地区财政转移支付的力度，这些要求都需要中央政府来落实，当然必须在具有较好的资源提取能力的基础上来落实，所以加强中央政府在提取社会资源方面的权力和能力，成为完成这些使命的必然前提。

从分权来看，区域发展意义上的分权，实际上就是充分调动各地区发展的积极性、主动性，减少对地方的过多干预，发挥出区域的优势。分权对中央来说，就是放权，多年的实践告诉我们，经济发展的活力与地方的主动权密切相关，从这个意义上说，"放权"就是"搞活"。可以从几个方面来分析这种活力。其一，分权和放权都意味着地方政府不仅是其所在地区经济与社会发展的主要领导者，而且也是其经济与社会发展结果的主要责任者

图 3-1 "鞭打快牛"

和承担者，即权力和责任的密切相连。一个区域经济社会发展的好坏，即成为地方政府政绩的主要体现。这有利于消除地方政府的惰性，消除在计划经济条件下长期形成的等、靠、要的思想观念，无论对发达地区还是落后地区都具有积极的意义。其二，分权和放权也都意味着减少中央的直接干预，承认区域发展特点和优势，这有利于发达地区作出重大的贡献，同时也避免"鞭打快牛"的状况。在这一意义上，集权和分权与均衡发展战略和非均衡战略相对应，集权更多地有利于均衡发展，而分权则较有利于非均衡的发展。这两个方面又是不可分割的、相互转化的矛盾双方。其三，区域协调发展的一个基本归属，是实现区域之间公共产品的均衡配置和平等享有，而公共产品的配置不仅是中央政府的事。一般认为，地方政府能比中央政府更理解当地民众的公共需求，所以应该让地方政府在公共资源的配置中起指导作用。在现实中也的确如此。从 2005 年看，中央政府开支只占预算支出 26%，其余支出来自地方政府。这显示地方政府承担了大部分的公共支出服务和相关职能可以说，这也是中国分权的一个重要表现。

集权和分权是辩证的统一，区域发展既需要中央政府强有力的调控，也需要地方自主和优势发挥，在更深的层面上，这一问题同公平和效率相联系，自然是缺一不可的。但这并不是一种简单的整合或中庸，而应该根据社会发展的具体情况，在不同的时期采取不同的政策和措施，正如邓小平同志在改革初期强调不要过早削弱发达地区活力一样，世纪之交以后，注重解决区域发展差距扩大的现实问题，构建社会主义和谐社会，强调中央的权威，提升中央对资源掌控的能力必然成为这一时期的特点。

三　多民族国家区域发展的挑战

民族问题与区域发展问题密切相关。一个国家民族的构成和分布状况与区域是区域形成的重要因素之一。中国是一个多民族的国家，不少民族的分布状况与区域构成相吻合，毫无疑问，民族区域的发展是中国区域发展的重要内容。

（一）民族区域发展的国际审视

民族是社会发展的重要现象和重要结果。当今全世界共有 2000 多个民族，但 100 万人口以上的民族只有 300 多个，其人口总和占世界人口的 96% 以上，当代的绝大多数国家都是多民族国家。

民族可以从不同的层面来解读。在最高的层面上，民族与国家相统一，英文为"Nation"，即民族国家，孙中山先生将之翻译为"国族"。民族在 19 世纪后期的含义是"辖设中央政府且享有最高政权的国家或政体"，《欧美图解百科全书》将民族定义为"统辖于同一政府之下的、一国人民的集称"。当代英国著名学者安东尼·吉登斯将民族国家称为"权力集装器"，认为"只有当国家对其主权范围内的领土实施统一的行政控制时，民族才得以存在在此"。这一意义上的民族是民族的最高形式，如中华民族、法兰西民族、美利坚民族等。

民族反映不同的社会发展形式。近代民族主义运动的第一个浪潮首先是形成了民族国家。人类社会开始区分为不同民族国家的发展。民族国家首先起源于欧洲，它本质上是对封建政治体系的取代。

许多学者认为，法国大革命以及其后发生的拿破仑战争，是近代欧洲民族主义的起源。民族国家的政治形式取代封建统治的政治形式，是人类社会发展的重大进步。这一进步最显著的特点是：它以民族、集体的政治认同取代了个人、君主的政治认同，开启了民族主义和民主政治的新时代。

到了19世纪末20世纪初，民族运动又同反对民族压迫、争取民族解放联系起来。先期建立民族国家的西欧和北美，迅速地促进了经济社会发展，资本的特性使这些先走一步的民族国家成为压迫民族。正如列宁所指出的："帝国主义的特点就是现在全世界已经划分为两部分，一部分是人数众多的被压迫民族，另一部分是人数甚少的、拥有巨量财富和强大军事实力的压迫民族。"（列宁：《民族和殖民地问题委员会的报告》，《列宁选集》，第4卷，第333页）

从历史进程看，通过民族革命，实现民族独立，建立民族国家，是民族区域发展的特殊阶段，列宁的民族革命和民族自决思想与经济社会发展紧紧联系在一起。他指出："马克思主义者不能忽视那些产生建立民族国家趋向的强大的经济因素。这就是说，从历史的和经济的观点看来，马克思主义者的纲领上所谈的'民族自决'，除了政治自决，即国家独立、建立民族国家以外，不能有什么别的意义。"（《列宁全集》第25卷，第238页，人民出版社1988年版）

一直到20世纪中期，民族主义运动的主流都是反对民族压迫和殖民主义，实现民族独立和建立民族国家。1960年有17个非洲国家独立，被称为非洲独立年。民族革命的浪潮以后，世界进入了和平与发展的时代，与之相对应，民族运动的主流也从建立民族国家进入到促进民族发展，加强民族交往和实现民族平等。民族区域的发展，是民族国家范围内的民族问题，它和与政治体系紧密联系在一起的民族不同，而是同历史、文化、经济生活等发展差异而形成的民族相关联，如中国的 56 个民族；苏联的俄罗斯族、白俄罗斯族、哈萨克族等；美国有盎格鲁—萨克逊后裔、印第安人、非洲黑人后裔、西班牙后裔等。

民族国家范围内的民族区域发展问题，这是当代人类社会的重大问题，20 世纪后期以来，全球掀起的又一轮民族主义的浪潮，实际上就是围绕着民族区域发展而展开的，它呈现出这样几个明显的趋势。

其一，处理好民族关系已经成为影响当代民族国家经济社会发展的重大命题，往往直接危及国家的团结统一和社会的安定。苏联就是深刻的教训。尽管列宁宣布要"同大国沙文主义进行决死战"，指出应当使斯大林和捷尔任斯基对这一真正大俄罗斯民族主义的运动负政治上的责任等，但列宁之后的苏联领导人一直没有处理好民族问题。甚至出现了将车臣－印古什等 10 多个民族惩罚性地强制集体撤迁到西伯利亚和中亚地区的事件。虽然导致苏联解体的原因比较复杂，但民族问题没有处理好无疑是其中的重要因素。

其二，民族平等的原则最终必须落实到民族区域的平等发展上，否则就难以消除民族间的差异、隔阂和矛盾。透视当代民族矛盾尖锐、冲突激烈的地区和国家，其背后都离不开经济发展这一问题的根源。俄罗斯负责民族事务的官员分析俄罗斯联邦南部民族冲突的原因时，就认为：全国改革发展的不平均加重了联邦主体之间事实上的经济不平衡，从而导致族际关系紧张。印度锡克人所在的旁遮普邦，经济发展水平远高于全国平均水平，为中央政府提供 60% 的小麦储备和 50% 的大米储备，只有 1% 的人生活在贫困线下，而整个印度有 40% 的人生活贫困线下。为此，锡克人不断地提出自治乃至独立的问题，成为印度民族冲突的一个焦点。

其三，民族区域的发展必须考虑到宗教、文化、历史传统等更多的复杂因素。和一般的区域发展相比，民族区域的发展受宗教、文化、历史传统的影响较多，处理不好这些问题，不仅会阻碍发展，还会带来民族矛盾和冲突。因此，民族区域发展的政策制定应该考虑更多的因素和更加谨慎。例如，宗教问题，一些民族将宗教信仰作为其民族的基本特征，如果不制定相应的政策处理好这一问题，使宗教与社会发展和谐，这些民族区域的发展就难以成功。印度、前南斯拉夫等，在这一问题上都有深刻的教训。

（二）民族区域发展的制度安排

作为一个多民族的国家，中国在民族区域实行的是一种独特的制度安排，它既不同于联邦制下的制度安排，也不同于普通的单一制下的制度安排，具有鲜明的中国特色。

联邦制是当代许多国家解决民族问题的基本制度。社会主义运动的早期，在"全世界无产者联合起来"，"工人阶级没有祖国"等理想和口号的影响下，联邦制并没有纳入无产阶级追求的政治形式。恩格斯谈到："应该用什么东西来代替现在的德国呢？在我看来，无产阶级只能采取单一而不可分的共和国的形式。"（《马克思恩格斯全集》第22卷，第275页，人民出版社1965年版）列宁在俄国的"二月革命"以前也指出："我们在原则上反对联邦制，因为它削弱经济联系，它对于一个国家来说，是一种不适合的形式。"（《列宁全集》第34卷，第139页，人民出版社1985年版，）随着社会主义运动实践的发展，列宁完成了从单一制向联邦制转变的思想，这一转变是建立在现实社会主义运动特点的基础上，特别是俄国的特点。

如沙皇俄国是各族人民的监狱，造成民族间巨大的分离和隔阂。所以列宁提出新的看法："在真正的民主制度下，特别是在苏维埃共和国国家结构的组织形式下，联邦制往往是一种向真正的民主集中制过渡的步骤。俄罗斯苏维埃的例子特别清楚地表明，我们目前实行的或将来要实行的联邦制，正是把俄国各族人民最牢固地联合成一个统一的、民主的和集中的苏维埃国家的最可靠的（保证）步骤"。（《列宁全集》第34卷，第139页，人民出版社1985年版）苏联选择联邦制的安排处理其民族问题是合适的，遗憾的是在后来的发展中，并没有真正发挥联邦制处理民族问题的特殊功能，最后这一问题依然成为其解体的重要原因。

在长期实践中，中国形成了自己独特的民族区域自治制度。在1938年中共六届六中全会上，毛泽东同志就较为系统地阐述了不同于苏联联邦制的民族区域自治思想，他指出："各民族与汉族有平等权利，在共同对日的原则下，有自己管理自己事务之权，同时与汉族联合建立统一的国家。"（毛泽东在中共六届六中全会《论新阶段》的政治报告，1938年10月）1949年，中国人民政治协商会议通过的具有宪法性质的《共同纲领》明确规定：各少数民族聚居的地区，应实行民族的区域自治，按照民族聚居的人口多少和区域大小，分别建立各种民族区域自治机关。1952年又颁布了《中华人民共和国民族区域自治实施纲要》，对这一制度作了较为详细的规定。1954年新中国第一部宪法颁布。从最高法律的层面对这一制度作了系统的规定。开始了全国范围内的普遍实施。迄今为止。全国共建立了159个民族自治地方，其中自治区5个，自治州30个，自治县（旗）124个，在民族杂居散居地方，还建立了1500多个民族乡。

除人口很少、居住很分散的一些民族外，共有 45 个民族实行了民族区域自治。

实践证明，中国民族区域自治的制度安排有效地促进了民族区域的发展，促进了民族间的团结与和睦，是具有鲜明中国特色的独创制度。

首先，它是符合中国民族状况特有国情的制度安排。许多多民族的国家都选择了联邦制来处理民族问题，中国没有作这一选择是具有深刻的历史原因的。自古以来，众多的民族共同耕耘着华夏大地，各民族间的交流融合十分频繁。中华大家庭中最大的汉民族，实际上就是多民族融合而成的民族，如南北朝时期、五代十国时期等，都是民族大融合的时期。中国历史上的一些王朝，如元朝、清朝，均是少数民族建立的全国统一的政权，它们都毫无疑义地被纳入中国历史王朝的谱系，从而创造了共同的历史和共同的文化传统；这是中华民族的一个鲜明特色。因此，中国的民族分布也呈现出与这一特色相适应的状况，即所谓"大杂居，小聚居"的局面。从总体上说，民族分布都很广泛，相互密切地融合在一起。从局部来说，某些民族相对比较集中，但不仅紧密相依于民族交融的大环境，而且聚居地也往往并非清一色的特定民族。尤其是近代以来，中华民族大家庭在共同抗击外来侵略者，维护国家独立和争取人民解放的斗争中锻造了更加紧密的民族纽带。显然，联邦制并不符合中国民族关系的特色，创立更加统一的、而且也具有自治特色的民族区域自治制度符合了中国特有的国情。

其次，它有利于在统一的中央政权的领导下更好地促进民族地方的发展。历史遗留下来的民族发展之间的差异是巨大的，因此，中央政权的扶持和协调对缩小民族区域间的差距具有十分重要的意义。单一制下的民族区域自治制度在这方面比联邦制有明显的优越性。《宪法》和《民族区域自治法》从三个方面作了制度的安排。在政治上，上级国家机关对民族自治地方行使自治权要给予保障和支持，制定符合民族特点的决策和规划，民族自治地方则根据自身特点予以贯彻执行。在经济上，上级机关应从财政、物资和技术等方面，帮助民族区域自治地方加速发展经济和社会文化建设，自治机关还接受上级国家机关税收等政策方面的照顾。在文化方面，上级国家机关帮助民族自治地方发展科学、教育、文化卫生等事业，培养民族自治地方的干部和专业人才，提升其文化发展的水平。

最后，有利于发挥各民族自己管理自己事务的积极性、主动性，建立平等和谐的民族关系和促进各民族的共同发展。民族区域自治地方享有比较广泛的自治权。自治地方的人民代表大会有权依照自身的特点制定自治条例和单行条例。在报请上一级的人大常委会批准后生效。自治机关还可以依法经国务院批准。组建本地方维护社会治安的公安部队。在经济建设方面，拥有制定经济建设方针政策和计划的自主权、扩展对外经济贸易的自主权等。民族自治地方在财政收支方面，可以享有国务院规定的有关优待。在管理科学、教育文化卫生等社会事业方面，可以充分地体现民族特色和民族形式。这些自主权的落实，促进了民族平等，有利于缩小民族间的发展差异，创造各民族和谐与繁荣发展的局面。

（三）民族区域发展政策实施分析

建国前，我国各少数民族地区整体发展水平极为低下，相当一部分少数民族，如西藏、四川、云南等地的藏族、彝族等，都还处在奴隶社会时期，一些民族甚至处在刀耕火种那样相当原始的生产力发展水平上，各少数民族的文盲率几乎都在95%以上。新中国成立后，中国共产党积极促进民族区域的发展，取得了显著成效。

从促进经济发展的政策实施来看，从1955年起，中国政府就设立"民族地区补助费"，并不断推出对少数民族地区财政优惠政策，1994年，国家实施以分税制为主的财政管理体制改革，原有对少数民族地区的补助和专项拨款政策全都保留下来。国家在1995年开始实行的过渡期转移支付办法中，对内蒙古、新疆、广西、宁夏、西藏等5个自治区和云南、贵州、青海等3个少数民族比较集中的省以及其他省的少数民族自治州，专门增设了针对少数民族地区的政策性转移支付内容，实行政策性倾斜。1986年首次确定的331个国家重点扶持贫困县中，民族自治地方有141个，占总数的42.6%。从2001年开始实施的《中国农村扶贫开发纲要》，再次把民族地区确定为重点扶持对象，在新确定的592个国家扶贫开发重点县中，民族自治地方（不含西藏）增加为267个，占重点县总数的45.1%。同时，西藏整体被列入国家扶贫开发重点扶持范围。在西部大开发中，全国5个自治区、27个自治州以及120个自治县（旗）中的83个自治县（旗）被纳入西部大开发的范围，还有3个自治州参照享受国家西部大开发优惠政策。西部大开发战略实施头5年开工60个重大建设工程，投资总规模约8500亿元人民币，对带动民族自治地方经济和社会发展发挥了重要作用。

从促进政治权利平等的政策实施来看，少数民族人数在国家最高权力机关所占比例是一个集中体现。自第一届全国人民代表大会以来，历届全国人民代表大会少数民族代表的比例都高于少数民族人口的比例。例如，第十届全国人民代表大会有少数民族代表 415名，占代表总数的 13.91%，高于人口比例 5.5 个百分点。每个民族都有全国人民代表大会代表，人口在百万以上的民族都有全国人民代表大会常务委员会委员。

从促进文化发展的政策实施来看，新中国成立后，国家帮助 10多个少数民族改进和创制了文字。在中国，无论在司法、行政、教育等领域，还是在国家政治生活和社会生活中，少数民族语言文字都得到广泛使用。在中国的 55 个少数民族中，除回族、满族使用汉语外，其余 53 个民族都有自己的语言。2003 年，民族自治地方有各级各类学校 83726 所，在校学生 2943 万人，比 1952 年增加了 5 倍，各类专任教师 154.1 万人。教育事业的发展，使少数民族的受教育年限显著提高。目前，我国少数民族干部各类专业人才的总数达到290 多万人。

但历史长期形成的民族区域发展的巨大差异，不可能在短时间内得到清除。少数民族地区总体上经济发展水平还比较落后。人民生活水平与发达地区有较大差距。在少数民族自治县中，35% 属于欠发达县。2003 年全国民族自治地方生产总值完成 10382.02 亿元，这是民族自治地方首次超过万亿元大关，但占全国比重不大，整个民族自治地方生产总值仅占全国的 7.69%。民族区域的发展和民族共同繁荣的实现还任重道远。

第四章

东部率先发展战略分析

一　东部地区的区位与文化优势

　　国家在第七个五年计划中提出了三大地带的空间格局：东部沿海、西部地区和中部地区。当时，辽宁、河北、京津、山东、江苏、上海、浙江、福建、广东、香港、澳门、海南、广西等整个沿海地区都被划入东部沿海地区。1999 年提出的西部大开发战略把原属东部的广西划入西部地区，享受西部大开发政策。2003 年振兴东北战略正式提出后，原属东部地区的辽宁划归东北地区。因此，当前东部地区包括北京、天津、河北、上海、江苏、浙江、福建、山东、广东和海南等 10 个省市。

　　东部十省面积约为 91.64 万平方公里，占我国国土面积的9.5%。截至 2011 年底，人口总数为 55445 万人（包含辽宁省），占全国人口总数的41.4%。东部沿海地区东部以冲积平原为主，地势平坦，气候湿润，土地肥沃，水土资源匹配较好。区位优势明显，经济实力雄厚，基础设施比较完善，对外开放程度大，科技教育发达，人才资源丰富，具有继续率先发展的优势和条件。东部地区是我国改革开放的先行地区和前沿地带，创造了许多各具特色的经济发展模式和宝贵经验，辐射带动了全国的改革开放和发展；同时，东部地区的快速发展还创造了大量就业岗位和社会财富，为增加国家财政收入、增强综合国力作出了突出贡献。

"鼓励东部率先发展"，是新时期我国区域发展总体战略的重要组成部分。东部地区率先发展，再上一个新的台阶，有利于进一步壮大国家经济实力，带动全国经济持续较快发展；有利于全面提高我国对外开放水平，增强国际竞争力；有利于促进东中西互动，实现优势互补、共同发展。

（一）得天独厚的资源和区位优势

区位条件对一个地区的经济发展有着重要的影响。从客观的地理环境来讲，区位条件决定了一个地区与其他地区的空间位置关系，从而决定了该地区与其他地区发生经济联系的可能性和密切程度，这就直接会影响到该地区的经济发展能力和发展机会。其次，区位条件还决定了该地区在全国乃至更大区域范围内所处的经济发展地位。这就意味着有着良好区位的地区会优先受到国家或者国外各种经济优惠政策的照顾，会成为重点发展经济的对象而吸引到更多的人才、投资等资源，从而推动该地区经济更快速的发展。

资源禀赋条件对一个地区的经济发展同样有着重要的影响。通常意义上讲的资源一般分为自然资源和社会经济资源。自然资源主要包括土地资源、矿产资源、生物资源、气候资源、水资源等自然环境资源。社会经济资源主要包括人力资本资源、人口规模、资金、技术以及社会文化环境等。一个拥有较好的自然资源和社会经济资源的地区就具备了经济发展的物质和社会资源基础，这样的地区发展经济的能力和速度就会占据很大的优势。相反一个自然资源和社会经济资源贫乏或质量较差的地区无疑在发展经济时就会困难重重和乏力。

我国的地形东部低而西部高，所有的河流都是自西往东流动并逐步汇合，从而在我国东部地区形成了大量的冲积平原，地势平坦，交通十分便利。东部地区河流密布并且全部沿海，整个地区大都处于温湿地带，属季风气候区，所以雨水充沛、无霜期长，四季分明，土地肥沃。这样的自然地理条件让东部地区这个土地面积仅占全国约10%的地区拥有了全国约30%的耕地面积。相比而言，东北地区虽然平原广阔，森林密集，但是热量不足，气候较寒冷；西北地区分布了大量的沙漠，森林植被稀少，河流湖泊少见，气候干燥，雨量稀少，因此农业生产产量低下。黄土高原地区植被更是稀少，水土流失严重；我国青藏高原虽幅员辽阔，但海拔过高，土地资源也质量较差；而西南地区则分布了大量的山地和丘陵，耕地较少，交通十分落后，直接导致经济发展受限；中部地区区位和自然资源情况相对较好，但是旱涝和盐碱自然灾害较多。东部地区这样得天独厚的自然和地理环境自古以来就孕育和发展了农业生产，而较发达的农业生产为工业的发展提供并积累了各方面的物质保障和社会资源条件。

此外，东部地区通过众多的河流与内地相连，与内地的经济交往和物资输送十分便捷。东部地区还都是沿海地区，位于太平洋的西海岸。这里分布了大量的港口，并且与日本、韩国及东南亚诸国相邻，与澳大利亚和美洲也隔海而居，这些都为对外贸易提供了天然的便利。

所有的这一切优越的条件都展现出东部地区的区位和资源条件在我国是最领先的，是我国自古以来的天然"风水宝地"。

（二）厚重的历史积淀

与我国其他地区相比，东部地区具备的优越的区位和资源条件使该地区自古以来就更发达。

在三国时代以前，全国的经济文化中心主要集中在黄河流域和淮河流域。三国时代以后尤其从隋唐时代开始，我国的经济中心就大量迁至东部地区。例如，我国明代大部分城市都聚居在东南沿海一代，仅浙江和江苏两省就有占据了全国1/3的大城市。到了清朝，城市更是集中于江南和沿海一带。

历史上东部地区是最早接触西方工业文明的地区，也是我国民族工业的发祥地，我国早期资本主义的萌芽和发展就是从东部地区开始的。新中国刚成立的时候，国家的工业十分落后，但那时我国70%的工业都集中在东部地区，而此时西部地区还完全处于农业经济社会的状态中。

历史都是在传承前人为我们留下的文明中逐步推进的，一个地区的经济发展水平更是离不开以前的历史基础。东部地区自古以来就有着各方面优越的基础条件，在以后的发展道路上自然会比其他地区发展得更快更容易。改革开放以来，东部地区与其他地区经济发展水平的差距不断加大与自古以来就存在的发展差异是密不可分的。

二　改革开放的先发效应

　　1978 年党的第十一届三中全会确定了我国实行对外改革开放的重大政策。国家决定最先开放东部沿海的 5 个经济特区，然后开放东部地区 14 个沿海城市，再沿江、沿边开放，直至将开放推向全国各地。从此，东部地区就成为了我国改革开放的前沿和窗口。党的政策是为了让东部地区在全国率先富裕起来，发挥好先发效应，然后以先富带动后富，最终实现全国各地区共同富裕。那么党为什么要选择这样的经济发展战略，让东部地区先富裕起来呢？这是有着大量深刻的经济理论和现实依据的，走这样的道路是我国的必然选择。

（一）从均衡到非均衡：发展战略的适时转变

　　区域经济的发展一般是一个动态演变的过程，不同历史时期可能会采取不同的经济增长方式。从理论上来说，区域的经济增长方式可以分为均衡增长和非均衡增长。这两种经济增长方式理论都是针对发展中国家而言的。均衡增长主要是指一个国家的经济增长应该尽量保持各地区和各部门的均衡和协调一致，也就是说各地区部门的增长要保持一致，不要出现过大的差距。非均衡理论则主张优先发展一个或几个有带动和先发效应的部门，通过这些部门的发展来带动其他部门的跟进发展。回顾我国的历史，从建国到 1978 年以前，我国的生产力布局和区域经济的发展基本是按照均衡增长方式进行的。我国在 1958 年的大跃进后就是实施的均衡增长布局方针。

那时国家提出各地都要建立完整的工业体系和经济体系的区域经济政策，于是在全国星罗棋布地搞了20多万个建设项目，这实际上给我们国家经济造成了巨大的浪费。1978年以后，我们发现原有的均衡经济增长方式已经无法推动我国经济的发展，于是我们进行了改革开放的一系列举措，并调整了国家的生产力布局，把效率目标放在优先地位，把利益非均衡作为经济发展的动力机制。于是，此后非均衡增长方式就占据了国家经济发展的主流地位。

均衡增长和非均衡增长从表面上来看是对立的两个概念，但其实两者的关系是对立统一的。我们现在一般认为非均衡增长主要是针对资源的有效配置而入手的，在经济发展初期把有限的资源配置在联系效应最大的产业中，通过这些产业的发展来带动其他产业的发展。当经济增长发展进入到一个高层次和高水平阶段时就需要调整各产业结构的均衡性了，这时就应该实施均衡增长的发展策略。因此，可以表述为这样的认识：非均衡增长的目的是为了实现均衡增长，均衡增长是我们追求的目标，而非均衡增长只不过是我们用的手段而已。这和我们国家提倡的让部分人先富起来，先富带动后富，最终达到共同富裕这句话是一个道理。

（二）改革开放在东部地区的率先实施

东部地区因为有着优越的区位和资源条件，而且还有着历史积累的经济基础，所以，从1978年党的十一届三中全会正式确立以非均衡增长方式为理论依据走改革开放的道路开始，东部地区就理所当然的被率先选定为我国改革开放政策实施的对象。国家的经济发展战略方针非常明确，就是要让东部地区先富裕起来，然后再带动内陆地区的经济发展，最终实现全国共同富裕。国家先后在东部地区设立了 5 个经济特区、15 个沿海开放城市和 3 个沿海开放地区，就是为了让东部地区以最快的速度发展富裕起来。

1. 经济特区的设立

设立经济特区是我国在东部地区搞改革开放后实施的第一个政策。1980 年我国设立了深圳、珠海、汕头、厦门 4 个经济特区，1988 年增设海南为我国第五个经济特区。经济特区实行特殊的经济政策，以减免关税、提供良好的基础设施等优惠方式。扩展对外贸易，引进资金技术等利用经济特区优越的地理和社会经济基础让该地区快速地发展起来。

我国先后给予经济特区的特殊经济政策力度是非常大的，主要有以下几方面：第一，深圳、珠海、汕头、厦门四大经济特区所在市及其人大常委会享有"较大市"的立法权。第二，特区企业的所得税只按 15% 的低税率征收（当时非特区的国有大中型企业所得税率为 55%）。第三，企业产品出口、自用设备、原材料、办公用品进口免征关税。第四，先进技术产品允许部分内销，以产顶进，以市场换先进技术。第五，在坚持公有制为主体的前提下，允许多种经济成分并存。第六，实行计划经济和市场调节相结合。第七，特区在经济活动中享有较大的自主权。

这一系列优惠政策在当时可以说是给予了经济特区极大的经济活力，为经济特区的经济起飞创造了良好的优先条件，使经济特区在短时间内脱颖而出，快速走向了脱贫致富的道路。改革开放后，经济特区的地区生产总值和人均 GDP 都实现了飞速的增长。同时，经济特区的产业结构也实现了不同程度的升级，据 2007 年相关资料统计，全国总体的一产、二产、三产的结构比列为：11.26%：48.64%：40.10%，而深圳、珠海、汕头、厦门这 4 个经济特区城市的平均比列则为 1.00%：51.19%：47.18%。由此可见 4 个经济特区城市的产业结构明显要好于全国平均水平，充分体现着改革开放前沿城市的窗口和示范作用。相比而言，海南省设立经济特区的时间要晚于以上 4 个城市，2007 年海南省的一产、二产、三产比例为 31.13%：29.59%：39.28%，从这样的产业结构来看海南省现在依然是我国的农业大省，第一产业所占比重远远高于全国平均水平，因此，整个产业结构升级的空间还相当巨大。

在这 5 个经济特区中，深圳的经济发展情况特别值得关注。改革开放前的深圳是一个仅有 3 万多人口（2012 年常住人口数达到 1300.18 万人，户籍人口数为 304.94 万）、两三条小街道的边陲小镇，1980 年的 GDP 产值仅 1.96 亿元，位列 5 个经济特区的末位，在全国也属于贫困地区。而改革开放后深圳的经济发展迅猛，1990 年深圳的 GDP 值上升到了 171.67 亿元，1991 年深圳的全市工业总产值就从广东省各城市中自办特区之初的倒数第二位跃居第二位，仅次于广州。到了 2000 年，深圳的 GDP 值飞跃到了 1665.47 亿元，较 1990 年提高了近 10 倍。2001 年深圳的地区生产总值已经位居全国各大城市的第四位。根据 2007 年的最新统计结果显示，深圳的 GDP 值高达 6801.71 亿元，仍然继续排在上海、北京、广州之后名列第四名。2012 年，深圳市 GDP 近 1.3 万亿，名列第四位。最值得称道的是 2007 年深圳按常住人口净计算的人均 GDP 达到了 79646 元，折合 1 万多美元，是全国人均 GDP 值 18934 元的 4 倍多，并且高于广州、上海、北京等大城市的人均 GDP 位列全国最前列，已经到达了中等以上发达国家经济水平。2012 年，深圳市人均 GDP 为 99602 元。短短 30 多年改革开放后的发展，让深圳从一个全国最贫困落后的小镇一跃成为了人均 GDP 和地区 GDP 都位于全国最前列的城市，这不能不说是一个奇迹。深圳现象可以说是改革开放的先发效应最直接和最鲜明的体现。

其他经济特区的发展情况与深圳也有许多相似之处。改革开放前的珠海是广东省最贫困的县之一，汕头则是一个人多地少、以农为主的地区。经过30年的建设，这些经济特区已经发生了翻天覆地的变化，成为中国富有特色的现代化城市。从表中的数据中可以看到，深圳、珠海、厦门这3个经济特区的2007年的人均GDP值都是位列全国所有大城市最前列的位置。2012年，也是如此。而海南和汕头的人均GDP则都低于全国平均水平，这可能与汕头人口数量过多（接近500万人口）、海南的产业结构不太合理（第一产业所占比重过大，达到了30%以上）以及其他多种因素有关系。但即便如此，海南和汕头的经济发展较改革开放前都有了翻天覆地的变化，它们的发展水平和速度都是改革开放前其他同类贫困城市和地区无法比拟的，因此，他们也很好地体现着改革开放的先发效应。

2007年五大经济特区人均GDP及土地面积和人口数量

	1980 年	1990 年	2000 年	2007 年
深圳	196	171.67	1665.47	6801.71
珠海	261	41.43	330.26	895.9
汕头	10.79	72.45	476.99	850.15
厦门	64	57.09	501.89	1375.26
海南	1933	102.49	518.49	1229.6

	深圳	珠海	汕头	厦门	海南
人均GDP（元）	79646	61693	17048	56595	14631
土地面积（平方公里）	1953	1687	1956	1569	35354
人口数量（万人）	212.38	95.69	493.58	160.38	845

总之，经济特区的率先设立打响了我国改革开放的当头炮。它有着窗口效应、试验效应、聚集效应、辐射效应等巨大作用。改革开放后的经济特区逐步形成了以高新科技产业为主体，以外向型经济为主导，又各具自身特色的经济结构，涌现出联想国际（深圳）、华为、中海油（深圳）、富泰宏、中兴通讯、长城、康佳、创维、万科、格力、万力达、金山软件、猛狮等一大批国内外知名企业。经济特区所取得的成就具有巨大的模范和先发效应，为我国后来建立一系列的沿海沿边开放城市、国家级经济技术开发区、高新技术产业开发区、保税区、边境经济合作区等各类开发区提供了宝贵的经验和示范效应。

2. 沿海城市的开放

我国于 1984 年开放了大连、秦皇岛、天津、烟台、青岛、连云港、南通、上海、温州、福州、广州、宁波、湛江、北海 14 个沿海城市，威海于 1997 年脱离烟台成立地级市后也成为沿海开放城市，沿海开放城市也由原来的 14 个变为现在的 15 个。这 15 个沿海城市除了大连被划分到东北地区、北海划分到西部地区外。其余 13 个城市全部属于东部地区。沿海城市的开放作为我国改革开放继设立经济特区之后的第二个层次内容把我国的改革开放向更深和更广层次推进。

国家给予沿海开放城市的优惠政策力度也是很大的，主要是扩大他们的自主权，对外资项目可以有规定的审批权限，同时对客商投资也有以下优惠：第一，凡属技术密集型项目，或投资在 3000 万美元以上的项目，或属于能源、交通、港口建设项目，可按 15% 税率收企业所得税；第二，投资企业自用的生产和管理设备等的进口，可以免征关税和进口工商统一税，产品出口可免出口税及工业环节的工商统一税；第三，确属提供先进设备、技术的或生产国内需要而近期不能生产的产品，可以允许有一定比例内销。

这15个沿海城市一直以来就是东部地区的较发达城市，在地理位置、港口条件以及发展外向型经济等方面是具有许多有利条件，这主要表现在以下几方面：第一，这15个城市在地理位置上是对外沟通国际市场，对内联系广大腹地的枢纽地带。第二，沿海开放城市的港口条件优越。这15个沿海城市的港口货物年吞吐量占到了我国95%以上，是我国物资进出口的门户。第三，沿海开放城市有较好的工商业基础，在对外开放中自然能发展得更好。第四，沿海开放城市有一定的科技、文化和管理水平以及城市生活服务设施，因而也更有条件承担引进和消化外国先进技术和管理经验的任务。

由于自身良好的区位以及资源条件再加上改革开放的优惠政策，沿海开放城市的发展成就同样是令我们惊叹的。据相关资料统计，2007年全国各大城市GDP突破1000亿的有70多个，而突破两千亿的却只有30多个城市。这15个沿海开放城市中秦皇岛、连云港、湛江和北海这4个城市GDP不到1000亿元，威海不足2000亿元，其余10个城市的GDP全部突破了2000亿元。（注：2012年，秦皇岛GDP1000亿，威海GDP2100亿。）也就是说全国按GDP排名的前30多强城市中有10个是沿海开放城市，占据了近1/3的数量，其中上海、广州和天津的GDP依次位列全国各大城市的第一、第三和第六的位置。全国目前34个省级区划数里面地级区划数共计333个，其中总共包含了283个地级市，根据相关资料计算统计，这283个地级市中的15个沿海开放城市2007年创造的地区生产总值为47850.3亿元，足足约占全国GDP总量值24929.9亿元的20%，也就是说只占全国人口1/13和全国面积1.5%的地区竟然创造了全国

1/5 的财富，这样的数据足以说明沿海开放城市在我国经济发展中所占据的份量。

2009 年，全国产业结构为 10.6∶46.8∶42.6，首批沿海开放城市三大产业结构则为 4.3∶46.6∶49.1，第一产业比重比全国低 6.3 个百分点，第二产业比重比全国低 0.2 个百分点，第三产业比重比全国高 6.5 个百分点。其中，广州、上海、秦皇岛 3 个城市产业结构呈现"三、二、一"格局，其他 11 个城市都呈现"二、三、一"格局。第一产业比重最低的是上海，只有 0.8%；第二产业比重最高的是烟台，超过了 60%，达到 60.2%；第三产业比重最高的是广州，达到了 60.9%。东部地区 15 个沿海城市的开放，让改革开放的覆盖面进一步扩大，遍布了整个东部地区，起到了较好的周边辐射和扩散效应，让更多的地区和人民享受到了改革开放带来的好处，从而起到了较好的先发效应作用。这同时也为下一步国家准备建立更大范围的经济开放区打下了必要的基础。

3. 经济开放区的设立

1988 年，国家继设立经济特区和开放沿海城市后，决定在我国东部地区更大范围地开放并设立珠江三角洲经济开放区（珠三角经济开放区）、长江三角洲经济开放区（长三角经济开放区）以及厦门、漳州、泉州经济开放区（厦漳泉经济开放区）这三个经济开放区。党的十四大后我国又增加设立了环渤海经济开放区。

经济开放区的设立让改革开放的覆盖面从点走向了面，让几乎大半个东部地区的人民感受到了改革开放的实惠。经济开放区的发展前景是相当令人满意和惊叹的。目前，珠三角经济区、长三角经济区和环渤海经济开放区已经成为推动我国经济增长的前三强经济增长极。他们在我国经济建设中发挥的作用以及已经对周边城市的扩散效应是相当巨大的。

现今的长三角经济开放区目前主要包括上海、南京、杭州、苏州、无锡、常州、镇江、南通、扬州、宁波、嘉兴、湖州、绍兴、舟山、泰州、台州等16个城市。长江三角洲地区以上海为龙头，江苏沿江8市和浙江环杭州湾7市为两翼，形成了三大板块。

珠三角经济开放区由广州、珠海、佛山、江门、东莞、中山、惠州市的市区和惠东、博罗二县、肇庆市的市区和高要、四会等13个市县组成。

环渤海经济区是指环绕着渤海全部及黄海的部分沿岸地区所组成的经济区域。包括北京、天津、辽宁、河北、山东等地区。近年来环渤海经济圈的范围已经由原来的5省市扩展到包括京、津、冀、辽、鲁、晋和内蒙古的中部地区等7个省市。

厦漳泉经济开放区主要是以福建省内的厦门、泉州、漳州3市为中心的经济三角区。现在一般用更广泛意义上的海峡经济区来代替厦漳泉经济区。

经济开放区的设立意义深远，通过开放区内的一些重点城市发展而带动了周边一大片地区的经济发展。从北到南的环渤海经济区、长三角经济区、海峡经济区、珠三角经济区这四大经济开放区的范围几乎覆盖了整个东部地区10省市，让我国的改革开放路径第一次从点走向了面，它让整个东部地区真正意义上腾飞了起来，而且活力十足，充当了中国经济增长极的角色，东部地区改革开放的先发效应到此体现得淋漓尽致。可以说设立经济特区和开放沿海城市让东部地区的经济发展有了量的变化，那么经济开放区的设立则让东部地区的经济增长全面开花并发生了质的转变，极大地促进了区域的经济增长。

20 世纪 90 年代后国家在东部地区又建立起了一系列经济技术开发区、高科技区、保税区等区域，特别是出于经济战略决策考虑建立的上海浦东开发新区和近年来建立的天津滨海新区，发展势头十分强劲，具有强大的示范、辐射和带动效应。成为了各自区域内具有绝对实力的经济增长引擎。

东部地区在改革开放政策的照顾下一路高歌猛进，其经济发展水平和内陆地区差距越来越大，国内外几乎所有的各类优良的经济物质和社会资源全部源源不断地向东部地区涌来，地区间经济的不均衡性明显增大。至此，国家制定的让东部地区先富起来的目标已经基本顺利完成，也就是说国家现在将开始从改革开放初期的非均衡增长方式逐步转向均衡增长方式。这就是国家在 2000 年后大力提倡西部大开放、振兴东北老工业基地和促进中部地区崛起的道理。

三 中国经济未来增长极

（一）中国经济增长极的总体布局态势

改革开放以来，为了适应从计划经济体制向市场经济体制转变，中央政府调整了区域开发总体格局，采纳了区域非均衡发展战略，取得显著成就。如 20 世纪 70 年代末，集中资源重点开发了珠江三角洲；80 年代末，打造了长江三角洲；90 年代中期，重点建设了京津唐及环渤海三角地带；90 年代末，实施西部大开发战略；2003 年提出了振兴东北老工业区；2005 年提出支持台湾海峡西岸经济发展；2006 年初又提出了中部崛起计划。现在，中国基本构筑或正在构建的覆盖全国范围的七大区域增长极体系，即"珠三角、长三角、京津唐及环渤海三角地带、海峡两岸地带、东北三省和中部六省"。其中前三大区域增长极已明显形成，后面几个正往逐步形成。所有这些都客观上推动中国区域增长极体系的形成和发展。

　　构建中国区域增极体系的总体战略布局是：要在以上这样几个大区域经济增长一极体系里再往下建立更小范围内的直至到地级城市的二级和三级等多次极的增长极体系。要以中国现有的"三大经济带（东部沿海经济带、中部经济带和西部经济带）、三条经济开发轴线（沿海经济开发轴、沿江经济发展轴、黄河—陇海铁路沿线经济发展轴）和十三大城市经济圈（沈大城市经济圈、吉黑城市经济圈、京津城市经济圈、济青城市经济圈、中原城市经济圈、西咸城市经济圈、大上海城市经济圈、长江下游城市经济圈、湘鄂赣城市经济圈、成渝城市经济圈、珠江三角洲城市经济圈、闽台城市经济圈）为基础，建立以星罗棋布地分布在中国版图上的地级城市这一次级区域增长极为基本单元，具有整体联网辐射功能的多极化中国区域增长极体系。只有建立这样的多极化增长极体系才能真正意义上的在更大范围内使更多的地区和人民享受到改革开放的成果，让祖国更大面积的土地上实现经济的腾飞。

　　要建立中国多极化区域增长极体系，东部地区的责任重大。东部地区是我国改革开放的前沿和窗口，它的发展壮大为我国的经济发展作出了重大的贡献，起到了良好的示范和先发效应，并且也带动了其他区域的经济发展。在建立多级化区域增长极体系中，东部地区要继续保持好改革开放先发效应优势。当好领头羊的代表，利用各方面的有利条件尽快建立完成多极化区域增长极的体系，为其他地区作出表率，让整个东部地区的每一个大中小城市都率先成为中国发达经济城市的代表，然后通过大范围的辐射和扩散效应带动全国所有地区各大城市的经济发展。

（二）海峡经济区——中国区域经济第四个增长极

海峡经济区以台湾海峡为纽带，由海峡东岸和海峡西岸两个部分组成。东岸地区就是台湾省（含澎湖列岛、金门、马祖），西岸包括福建全省，浙江省温州、丽水2个市，广东省梅州、潮州、汕头、揭阳4个市，江西省抚州、鹰潭、上饶、景德镇4个市。海峡经济区涉及台湾、福建、浙江、江西、广东5个省级行政单元，共计19个地市级行政单元。海峡经济区土地面积26.47万平方公里，占全国国土面积的2.74%，2006年底人口总量9918.56万人，占全同人口总量的7.41%。2012年底，人口总量已经超过1亿。

海峡经济区西岸2006年地区生产总值3.78万亿元，占全国GDP总量的16.09%，在全国四大经济区中排名第二；人均GDP为38015元，在各大经济区中仍然排名第二（同期相比台湾的人均GDP为1.65万美元左右）。2012年，人均GDP已经接近东部地区平均水平。由于长期以来台湾与大陆政治关系的对峙，这在一定程度上影响了海峡经济区的对外开放和经济发展。再加上这一区域为沿海低山丘陵密集地区，可利用土地及矿能资源相对缺乏，与东部沿海其他地区相比，本区域的外向型经济发展相对落后。但是从上面的数据中可以看到，即便如此，海峡经济区的经济实力依然非常强大，在全国各大区域经济排名中各项指标都名列前茅。2008年，随着台独分子陈水扁的下台，国民党马英九执掌台湾政权后，两岸有望在经济文化和贸易往来等方面实现新的突破。大陆海协会会长陈云林访台有力促进了两岸直接"三通"的进程，给两岸同胞带来了实实在在的利益，为两岸关系和平发展注入了新的动力。由此可见，海峡经济区有着巨大的经济发展潜力空间，随着大陆同台湾地区经济交流的不断扩大，借助台湾海峡优越的国际地理位置，海峡经济区同台湾和国外各地区的经济贸易往来会更加容易和频繁，整个海峡西岸区域也会变得更加开放和繁荣。

海峡经济区在我国有着重要的战略地位，福建离小金门最近1公里，离大金门最近8公里，离马祖最近6公里，离台湾本岛最近128公里，海峡经济区的繁荣和稳定将直接影响到两岸的统一大业，通过海峡经济区的发展将有利于两岸的经济文化等多方面的交流和沟通，使两岸人民能够有机会和条件更多地融合在一起从而最终实现两岸的和平统一。带动海峡经济区发展的引擎有"二主一辅"，台北、台中、高雄三大都市区是带动海峡东岸发展的主引擎，福州、泉州、厦门三大都市区是带动海峡西岸发展的主引擎，温州市是带动海峡经济区东部发展的辅引擎。海峡经济区发展潜力巨大，特别是以后海峡两岸统一后经济增长肯定会更加强劲，因此，能够成为继珠三角、长三角、环渤海等经济区之后又一重要增长极，甚至是中国经济的第四增长极。

四　东部率先发展效应透视

中国的改革开放已经走过了30多年的历程，通过这30多年来的经济建设，东部地区凭借良好的自身先天条件和优惠的国家政策率先成为了我国经济发展最快和最发达的区域，代表着我国改革开放的前沿和窗口。东部地区的率先突起是多方面的条件造就的，它的发展历程和一系列经验教训都为我国其他地区乃至全国的经济发展提供了最直接宝贵的经验和发展参考模式。从而为我国制定下一步的全国经济发展方针提供着重要的现实和理论依据。所以，东部地区的率先发展是有着重大战略意义的，它不单是我国改革开放的前沿和窗口，更重要的还充当着我国改革开放一系列政策方针和众多的国内外相关经济学理论得以实施的试验地，在东部地区的土地上所取得的一系列成功和失败的经验和教训都是值得我们认真总结和思考的。为此，我们需要通过对东部地区率先发展的研究透视，得出一系列相关的区域发展成功经验认识，并加以总结后向其他区域推广和仿效实施。

（一）产业集群：规模经济露头角

产业集群和竞争力密切相关。一个国家的产业集群发展说明该国的国家竞争力增强，而一个地区产业集群的成长则自然意味着该地区经济的快速增长和竞争力的强大。这种以相关产业集聚在一起，在空间上以产业集群的形式出现的现象是全世界都存在的。这样的地区具有强大的竞争力，产业集群现象已经成为发达国家和发展中国家竞争优势形态的最直接表现。这些区域的发展过程中大都有一个共同的现象：大量企业集结成群，形成专业化分工与合作的网络关系，植根于当地的社会文化之中，具有相当强的竞争力。国际上许多有竞争力的产业都是以这种空间上集中的形式存在的。例如，美国的半导体制造商主要集中在加州的硅谷，三大汽车公司群集在底特律。德国的钢铁生产集中在多特蒙德、埃森和杜塞尔多夫，刀具产业群集在佐林根，工具车床业集中在雷姆萨伊德，而占世界出口50%的六大印刷业都群集在维尔茨堡、弗兰肯塔尔及其周边地区。

意大利的时装业集中在米兰，鞋类产业群集在马尔凯，而100多家瓷砖厂及相关公司均群集在意大利北部小镇萨索尔洛及周围地区。这些存在大量产业集群的地区在国外大都属于本国较发达的地区。

　　同国外情况类似，东部地区的迅速崛起与在当地建立起的一系列产业集群是密不可分的。目前，我国东部地区已经建立起了一系列的纺织品、服装、鞋类、文化用品、家具和大量日用品的产业集群，并且这些产业集群很多分布于经济较发达的长江三角洲和珠江三角洲等地带。可以说东部地区就是通过积极建立起这一系列的产业集群才使该地区逐步发展成为了增长极，并发挥规模经济效应，从而带动了该地区的经济增长，成为了推动经济增长的动力。但是我们也清楚地看到，东部地区率先建立起的产业群中以生产技术含量较低的劳动密集型产品为主的产业群较多，而以生产技术、资本密集型的产品为主的产业集群还相对较少。这同发达国家发达地区所建立的那些产业集群还是有比较大的差距的。这些都是东部地区以后要努力和进步的方向。

　　东部地区通过一系列产业集群的建立使各个产业和相关的企业不但发挥出了规模经济的效应，也间接推进了该地区产业结构高度化的演进。通过改革开放后两三年的发展，东部地区的产业结构在明显的升级，第一产业的比重得到较大幅度下降，在全国各地区中最低，而第三产业比重则在显著增高。虽然产业结构得到了较大幅度的升级，但是和国外发达国家的产业结构情况相比还是有较大差距的。总的说来，国外发达国家进入了信息经济时代，而我国东部地区处在工业化经济时代的中后期，所以，东部地区为了能在最快的时间里获得经济大幅增长，就必须选择走以信息化带动工业化、工业化促进信息化的道路，也就是有中国特色的新型工业化道路。

积极发展对经济增长有突破性重大带动作用的高新技术产业和现代产业体系，通过这类产业的发展改造提升传统产业，大力推进信息化和工业化融合，促进工业由大变强。同时加快发展现代服务业，努力提高第三产业在国民经济中的比重。

（二）体制创新：谋篇布局出成效

创新能力不但是一个地区竞争力的体现，同时也是一个国家综合国力的表现，它关系到国家发展战略的核心问题。佩鲁在论述他的增长极理论时就明确指出，"创新能力是增长极出现的首要条件，可见创新对一个地区的经济增长有多么巨大的作用。"通过从东部地区率先发展的效应透视中我们看到要加快经济的发展就必须建立起以企业为主体、市场为导向、产学研相结合的技术创新体系，引导和支持创新要素向企业聚集，促进科技成果向现实生产力转化。

创新能力的高低直接体现着一个地区和国家的竞争力，然而，创新却是一个多维的概念，要想通过创新能力的提升来达到增长和发展经济的目的是需要从多方面入手的。经济学家研究表明，创新应在以下几个方面展开。

第一，制度创新。人们其实从古到今一直都往探索促进经济增长最重要的因素是什么的问题。从最早的亚当·斯密提出资本最重要到索罗等人提出的技术最重要再到舒尔茨的人力资本最重要，最后到诺斯才终于提出了制度最重要的观点。如今新制度经济学正如日中天，人们都把研究经济增长的因素从以往表面层次的资本、技术等原因转向了制度这一更有实质深度的因素。制度对于经济增长的促进是非常大的，一个好的制度变迁和创新可更新和优化资源配置，形成竞争激励机制，使经济增长朝良性循环方向发展。改革开放以来，东部地区积极转变经济发展方式，努力从原来的计划体制经济向市场经济转化，走上了市场化取向的制度变迁和制度创新的道路。在产权制度上的不断创新和改革，使非国有经济迅速发展，国有经济的经营体制也得到了很大的转变，大量的国有企业转型成股份公司，逐层建立起责权明晰的委托代理机构，使资源配置效率大为提高，从而有效地促进了东部地区的经济增长和发展。与东部地区相比，西部地区市场化水平低、效率较低的国有企业仍然大量存在，资源配置效率低下，效率较高的非国有经济发展则为数不多，与东部地区的经济发展差距不断拉大。此外，改革开放过程中国家给予我国东部地区的一系列优惠政策也可以说就是制度创新的体现，没有这些优惠政策，东部地区的经济发展是不可能在短时间内脱颖而出的。所以东部地区能够在全国率先突起，与之积极实施和采取的一系列制度创新措施是密不可分的。从东部地区的先发效应中我们可以透视出这样的结论：一个好的制度创新对于一个地区和国家的经济增长作用是最基础的也是第一位的，因为它为经济增长所需要的所有其他条件提供了可能性和较高的效率。

第二，科技创新。党的十七大报告和党的十八大都指出，为了促进国民经济又好又快的发展，要大力推动科技创新，因为科学技术就是第一生产力，科学技术的进步是推动人类生产力前进的直接动力，科技进步对经济增长的贡献是巨大的。改革开放后，我国东部地区积极深化科技管理体制改革，优化科技资源配置，完善鼓励技术创新和科技成果产业化的法律保障、政策体系、激励机制、市场环境，并且充分利用国际科技资源。我国东部地区聚集了国内外大量的科研人员，有着大量外商投资的各类科研单位和制造企业，更有国家和地区给予的较雄厚的科研经费和财政经费。因此，在东部地区分布着大量的高技术含量的医药制造业、航空航天器制造业、电子及通信设备制造业、电子计算机及办公设备制造业、医疗器械及仪器仪表制造业等相关行业，这些行业是一直带动着科技创新的源泉，与此相比，我国的其他地区科技创新能力就较弱，缺乏各类资金，缺少大量的高科技含量企业和研发单位。东部地区的事先突起很大程度上是与改革开放后该地区出现的大量高科技含量的企业和科研单位从而带动了整个地区生产力的提高是分不开的，生产力提高了，经济自然就增长了。用马克思的理论讲就是，由于科技进步使生产力提高后，企业的短期利润（或称之为超额利润）自然提高，那么资本再生产的规模就能够扩大，从而也就带动了经济的增长。

第三，文化创新和环境创新。社会是由人组成的。在我们这个社会里发生的所有事都与人直接相关，离开了人的因素这些事都将成为虚幻。同样，一个地区经济要发展说到底还是要靠人来完成。所以一个地区的人文和相关的环境对该地区的发展就尤为重要。改革开放后的东部地区通过良好的文化和环境创新吸引了更多的人才、资金和技术要素等，这些都可以使东部地区更具有竞争力，更具有极化效应，也更容易走上真正意义上的经济增长可持续发展道路。东部地区 2007 年的邮电业务总量占据了全国的 54.2%，普通高等学校的数量占据全国 40.3%，卫生机构数量占据全国 34.9%。此外，东部地区的公共设施如图书馆、博物馆、文化单位等以及广播电视电影业、图书和音像制品、群众体育设施和各类社会保险、医疗保险等相关事业机构全部位于全国的领先地位。东部地区蓬勃发展的各种社会文化活动事业不断推动着该地区的文化创新和环境等方面创新。透视我国东部地区近年来和其他地区的差距越来越大的原因，与东部地区良好的文化和环境氛围吸引了其他地区大量人力、资金、技术等要素有关。

（三）经济转型：百舸争流促发展

改革开放顾名思义，一是改革，二是开放。国家制定改革开放的政策的同时也是确立中国东部地区最先开始走外向型经济发展道路。经济学家钱纳里提出了著名"双缺口"经济模型，主要解决发展中国家因国内资源短缺而利用国外资源的问题，中国作为世界上最大的发展中国家同其他发展中国家一样，在其经济发展过程中会面临国内资源供给不足的难题，如资金短缺、技术落后等问题。因此，我国采用了"双缺口模型"的部分理论，首先通过对东部地区率先的对外开放，利用外国资源来拉动地区经济发展速度，我国改革开放以来经济的增长就主要是靠投资和出口来拉动。东部地区2007年对外贸易的出口额为10754.5亿美元，占到了全国总量的88.3%，对外贸易的进口额为8583.2亿美元，占到了全国总量的89.8%。2011年，东部地区对外贸易出口额为16749.3亿美元，占全国总量的88.2%，东部地区对外贸易进口额为15597.7亿美元，占全国总量的89.5%。由此可见，东部地区的对外贸易进出额已经占据了全国的绝大部分数额，支撑着整个国家经济外资流动的命脉。国家通过以东部为依托发展外向型经济，以对外出口贸易来达到促进国内经济增长带动相关行业生产和增加就业；以对外进口贸易来达到吸引外资，弥补国内各种资源不足等问题。从2007年的相关统计数据来看，我国的对外贸易出口已经占到了全国GDP的33%，2011年，我国的对外贸易出口已经占到全国GDP的60%之多。由此可见，对外出口对我国经济增长的重要性。随着我们国家的储蓄逐渐丰富，特别是外汇储备目前已经成为世界第一大国，2007年达到了15283亿美元。2012年，我国外汇储备已达33116亿美元。所以，当我们国家的储蓄这个制品不再短缺，这就要求我们必须让强调以数量型为主的"双缺口模型"转变成以集约和效率型的模型。国外发达国家的经济增长主要是靠消费拉动的，美国的消费额度更是占据了整个国家GDP产值的70%以上。党的十八大报告中也是提出的要在以往"投资"和"出口"的基础上加上"消费"，使之成为同时拉动我国经济增长的新兴强大动力，这就是我们现在通常所说的促进中国经济增长的"三驾马车"。东部地区通过走外向型经济发展道路，目前仍然以第二产业为主导。并积极发展第三产业来扩大内需。在这个经济全球化的时代，绝大多数国家都是走的外向型经济发展道路，这也是时代发展的必然选择。我国其他地区特别是较贫困的地区要实现经济上的赶超必须要像我国东部地区那样积极发展外向型经济，努力提高第二和第三产业的比重，以此来促进地区的经济增长。

（四）统筹协调：高屋建瓴铸辉煌

从东部地区率先发展的透视中我们看到，东部地区真正值得我们称道的并不是那几个中国最大和最发达的城市，而是由这些城市所带动起来的周边一大片区域的发展。这样以点带面的经济发展方式才是我们所要真正借鉴和值得在全国推广的事情。也只有通过这样的方式，我们才能实现整个国家各地区的经济增长，达到我们国家经济发展的最终目的。

东部地区先后建立起的几个经济区就是这样的典型例子。珠三角经济区以该区域内的几个大城市带动了整个区域的经济腾飞。而且这样的辐射能力还在增强。现在人们还先后提出了大珠三角和泛珠三角的概念，让珠三角经济区的范围进一步向内地扩展。长三角经济区也是这样的情况，长三角经协委（办）主任联席会由最开始1992年的14个城市增长到了2003年的16个城市，现在长三角经济区的周边地区中想加入长三角经协委的城市更是不在少数，许多人士提出了建立"大长三角经济区"的概念。2003年以来，江苏的盐城、淮安、徐州、连云港，浙江的金华、衢州，安徽的合肥、马鞍山、滁州、芜湖、巢湖等城市，纷纷向长三角城市经济协调会递交了入会"申请书"，已多次以观察员身份参加协调会，并与会员城市开展了广泛合作，建立了密切的联系。特别是国家建设部组织编制的《长三角城镇群规划》，已经将安徽和苏北地区纳入规划考察范围，为长三角的发展提供了更大空间。也表明长三角区域的扩大已为既成事实。大长三角经济区的覆盖面积也由此从原来长三角经济区的11万平方公里扩展为35万平方公里。

从以上这些事例中我们可以看出，在经济发展中较发达区域是有很强的周边辐射能力的，它能够带动起周边一大片区域的经济发展，出现了大城市带动周边的小城市、城市带动周边的乡镇一起发展经济的景象。通过这样的以点带面再由小面扩展为大面的经济发展方式，也在不自觉中促进了各区域和城乡的协调统筹发展，让更多地域的人能够享受到改革开放的成果。这才是国家搞改革开放的真正目标所在。东部率先效应透视中这种经济发展方式是很值得其他地区借鉴和思考的。

此外，我们认为通过对东部地区率先效应的透视还应该包括如何重视生态环境保护，合理使用自然资源，从而改善生态和人居环境等问题，这些都是我们要思考的东西。因为东部地区的飞速发展

大格局——变动中的中国区域发展战略布局

确实带来了一系列的自然环境污染和能源浪费问题，这些问题都涉及了国家可持续的发展战略，是我们必须要在经济建设中努力做好和注意的事情。

五　未来 10 年东部率先发展的挑战与政策

（一）面临的问题与挑战

东部沿海地区优先发展战略取得了显著成效，但也还存在如下不足。

1. 资源与环境约束日益严峻

多年来，东部沿海经济的快速发展，主要依赖于大量的资本、劳动力和土地投入。东部经过 30 多年的高速发展，产业和要素往东部地区持续集聚，使得东部沿海发达地区面临的资源约束日趋加剧，表现为不断出现的"民工荒"、"电荒"、"油荒"、"地荒"，环境资源承载压力不断加大，要素成本持续上升，传统劳动密集型企业生存空间日益窘迫。

同时，东部地区的能源、土地等资源短缺的约束，以及经济过度集聚造成的环境污染。也在很大程度上削弱劳动密集型产业的竞争优势。据统计，1996—2004 年长三角地区的耕地面积净减少了 34.03 万公顷，相当于长三角现有耕地总面积的 1/20；由于大规模发展加工制造业，特别是重化工业，水污染、大气污染、噪声污染、固体废弃物污染正威胁着东部经济和城市的良性发展，能耗也在不断上升。

目前，东部多数地区发展用地紧缺，甚至无地可供，加之近年来国家在加强和改善宏观调控的过程中，坚持严把土地闸门和市场准入门槛，不断加大节能减排工作力度，东部地区在这些方面承受的压力相对更大。仅以土地为例，由于国家持续控制农用地转为建设用地规摸。加强用地行为的监管，不仅现有企业扩大规模受到限制，也使得一些新项目难以落地。

2. 自主创新能力相对较弱，产业结构亟待升级

总体来看，国内相当一部分企业依然是依赖引进技术。尽管近些年来，我国的技术对外依存度有所降低，但仍然高于50%。从外国转移到东部的制造业，大部分核心技术、品牌和销售渠道仍然被外国公司控制。

3. 东部地区对中、西部的带动和辐射作用不突出

中国资源禀赋和生产能力的区域分布与东部工业的密集分布是错位的。中西部地区自然资源丰富程度大大高于东部，而大部分工业生产能力却集中在东部，资金、技术和劳动力的优势也在东部。这种不尽合理的资源配置格局，需要支付大量运费，才能使商品远抵消费地。因此，为了追求更大的比较优势，东部一些传统产业应该逐步向中西部不发达地区转移。

然而，虽然广大的西部地区在能源、原材料、土地、劳动力等资源上都比东部有更多的成本优势，但目前并没有出现传统的劳动密集型行业的大规模"西进"。即使进入 21 世纪以来，中央政府采取了鼓励东部发达地区企业进入中西部地区投资的一系列政策，但这种以产业转移为目的的投资并没有达到预期的规模。目前珠三角、长三角等地已经出现劳动力供应紧张甚至短缺的状况，而中西部和东北地区虽拥有大量的剩余劳动力，但就业岗位十分缺乏。

（二）未来政策的调整方向

按照"十二五"规划，东部地区是区域协调发展的重要基础，要努力提高自主创新能力，加快实现结构优化升级和增长方式转变，提高外向型经济水平，增强国际竞争力和可持续发展能力。

为此，根据东部地区发展阶段、发展基础、发展条件和存在的问题，东部地区的发展战略和政策应侧重：

1. 走新型工业化道路，形成资源节约型和环境友好型发展方式

必须切实把提高经济增长质量和效益放在首位，走新型工业化道路，形成资源节约型发展方式，率先走出一条科技含量高、经济效益好、资源消耗低、环境污染少的新路子。面对资源与环境约束日益严峻的挑战，东部地区必须坚持节约优先，按照减量化、再利用、资源化的原则，在生产消耗、废物产生、消费等环节，尽快建立起全社会的资源循环利用体系。通过降低高耗能产业比重和开发推广节能技术，实现结构节能和技术节能；通过加强能源生产、运输、消费各环节的制度建设和监管，实现管理节能。推行产品生态设计，推广节约材料的技术工艺，鼓励采用小型、轻型和再生材料。加快现有燃煤电厂脱硫设施建设，推进钢铁、有色、化工、建材等行业二氧化硫综合治理。在实行最严格的土地管理制度方面作出表率，严格执行法定权限审批土地和占用耕地补偿制度，禁止非法压低地价招商。统筹生活、生产、生态用水，重点推进火电、冶金等高耗水行业节水技术改造。

还应充分运用控制新增建设用地、加强节能减排这一倒逼机制，督促和鼓励东部地区特别是土地和能源资源紧缺、环境压力较大的沿海发达省市，制定实施比国家相关法规和政策要求更高的土地、

第四章 东部率先发展战略分析

能耗、环保、安全和技术等准入标准，加大差别电价、差别水价、排污收费等政策实施力度，加快淘汰落后生产能力，推动相关产业尤其是产能较大的传统加工业进一步将增量资金和存量资产向中西部地区转移，以优化资源配置，将有限的资源集中用于发展高技术产业、先进制造业和现代服务业，同时也为中西部地区壮大产业规模、加快产业结构升级提供持续动力。

此外，应通过将节能降耗纳入相关官员的考核体系之中，来遏制地方政府对 GDP 增速的片面追求。将资源、环境、社会等方面指标列为重要调控目标，体现以人为本，和谐发展的执政理念。

2. 走自主创新的道路，形成创新型发展方式

东部地区必须大力推进产品创新、技术创新、产业创新，多渠道增加科技投入，支持企业成为技术创新和科技投入的主体，提高原始创新能力、集成创新能力和引进消化吸收再创新能力。同时，要建立和完善以市场为依托、政府为引导、企业为主体，中介服务、资金支持和政策环境为支撑的开放型技术创新体系，尽快形成科研、开发、生产和市场结合的开发机制，以加速自主创新和科研成果的转化。加快形成一批自主知识产权、核心技术和知名品牌，提高产业素质和竞争力。此外，还要大力实施名牌战略，加强知识产权保护，加快培育更多的世界级企业和世界级品牌。

东部地区要大力推进传统产业升级，优先发展先进制造业、高技术产业和服务业，着力发展精加工和高端产品；促进加工贸易升级，积极承接高技术产业和现代服务业转移，增强国际竞争力；以中心城市为重点，以高新技术园区为载体，形成一批对经济发展有重大带动作用的高技术产业群。

3. 走区域协调发展的道路，促进普遍繁荣和共同富裕

东部地区在逐步缩小城乡之间和地区之间差距、促进城乡区域协调发展等方面发挥着重要作用。在今后的发展中还要增强服务全国的大局意识，发挥政府和市场两种力量，采取多种途径和方式，更好地、更加有力地带动和扶持中西部地区发展，促进普遍繁荣和共同富裕。

政府应通过政策支持加快产业空间转移进程。政策支持一方面要在中西部地区形成吸引产业转移的"拉力"，另一方面要在东部发达地区形成加快丧失比较优势产业转移的"推力"。东部地区的地方政府要制定切实可行的政策措施，鼓励企业积极进行西进。在项目的立项、融资、税收、技术及人才的交流与引进等方面给予政策倾斜。鼓励和引导企业通过收购、兼并、联合、参股、控股、技术入股等形式参与西部大开发和中部崛起。同时，要遵循企业发展的内在规律，尊重企业的自主决策权，避免各级政府对企业是否西进以及投资、经营的不正当干预。政府还要发挥在西部开发中的引导、协调、桥梁、信息传递等职能作用，为东部企业西进牵线搭桥。要加强组织协调，采取"政府搭台，企业唱戏"的做法，在西部地区选择省会城市或中心城市，举办贸易洽谈、技术转让等，扩大东部企业在西部地区的影响。东部各省要利用港口的独特优势，制定优惠的政策。为西部提供对外贸易通道，在促进西部经济发展的同时，加快东部的经济发展。

第五章

西部大开发战略决策分析

一　现代化困境的西部凸显

　　西部地区面积约 685 万平方公里，约占全国总面积的 71%，人口约 3.65 亿，约占全国总人口的 28.19%。西部地区的自然资源特别丰富，其水能蕴藏总量占全国的 82.5%，已开发水能资源占全国的 77%，但开发利用尚不足 1%。其矿产资源的储量十分可观，据已探明储量，西部地区的煤炭占全国的 36%，石油占 12%，天然气占 3%。全国已探明的 140 多种矿产资源中，西部地区就有 120 多种，一些稀有金属的储量名列全国乃至世界的前茅。

　　我国在制定"七五"计划时，提出了三大地区的经济区域发展概念，把中国分为东部、中部、西部三个地区。其中，西部地区包括四川（含重庆）、贵州、云南、西藏、陕西、甘肃、青海、宁夏、新疆 9 个省、自治区。1999 年党的十五届四中全会的决议中指出："国家要实施西部大开发战略"。这是在中央正式文件中第一次明确提出实施西部大开发战略。西部大开发对西部范围重新进行了界定，把内蒙古和广西也划入西部地区，享受西部大开发政策，加上重庆已经划为直辖市，因此，在西部大开发的概念中，西部的范围是12个省、市、自治区。此外，湖南湘西土家族苗族自治州、湖北恩施土家族苗族自治州和吉林延边朝鲜族自治州等，比照国家西部大开发有关政策实施开发。

西部不是一块"新大陆"，而是极具深厚历史传统、多元人文环境和自然生态的广袤区域，西部大开发标志着长期滞后的西部地区的现代化在国策规划之下的强启动。大开发旨在富民强区，实现西部人的现代化和中华民族共同繁荣，这是目标。

（一）区位生态的困境

正如列宁所指出的："地理环境的特性决定着生产力的发展，而生产力的发展又决定着经济关系的以及随在经济关系后面的所有其他社会关系的发展"。现代化模式的选择也是如此，不可能不受区位与地理环境的影响。因此，西部大开发，西部人的现代化之路又注定别无选择地从山间、盆地、高原的坎坷中开始自己的千里之行。

我国西部地区由于地处内陆，生态环境本身极其脆弱。再加上自然环境演变过程极易受人类活动影响，而人类滥垦、滥牧、滥采、滥伐、滥用等不合理的经济行为导致了水土流失、草原退化、森林减少、荒漠化等一系列问题，使西部地区生态环境趋于恶化。西部地区生态性贫困程度在不断加深，全国农村贫困人口近一半生活在荒漠化地区。西部地区的东部地带集中了西部主要的工业，人类活动强度最高，是西部主要经济活动集中的地区，是目前西部经济建设和开发程度最高的地带，因此，其生态环境也处于十分脆弱的状态。西北带主要是沿交通线和主要水源所在的附近，又是我国重要的资源宝库，各种矿产资源蕴藏十分丰富，过度的开采和粗放型加工模式使环境受到严重破坏。

青藏带的主要问题是相对落后的经济发展、十分脆弱的生态环境与显著的生态地位之间的矛盾，该区的生态保护在全国占有重要地位，而经济的发展又涉及社会稳定和民族团结等重要的社会问题。

（二）人文民俗的困境

西部是自然地理的高原，也是文化的高地。西部地区是中华民族和中华文明的重要发祥地，有 5000 多年的文明史和 2000 多年的农耕史，养育了中华民族的古老文明，是中国古代灿烂文化诞生的摇篮。不论是在黄土高原，还是青藏高原和云贵高原，都蕴藏着丰富多彩的中华文明历史遗产、特色鲜明的少数民族历史文化和绚丽独特的自然景观。这林林总总、浩如烟海的文化个性及多样性，正是中华民族瑰丽的文化珍宝。在西部大开发过程中，由于轻视了民族历史文化遗产的保护，造成了一些憾世遗产白白流失。因此，不断挖掘和弘扬中华各民族光辉灿烂的历史文化，在追求现代文明的同时，保护和弘扬历史文明成果成为当务之急。

（三）制度供给的困境

通览各种对于西部地区的发展滞后的分析，其中一类普遍的观点认为东西部地区的差距首先体现为制度上的非均衡性，然后才体现为经济上的差距。因此，西部地区只有在制度上的完善和创新才是发展的基础和前提。

改革开放 30 多年来的今天，西部仍然没能完全摆脱计划经济体制的束缚。与东部地区相比，在以产权为核心的所有制结构上存在着严重的"正式制度短缺"，使得要素配置效率低下，核心制度和外围配套制度相互脱节，严重阻碍了循环经济的发展。究其原因，一方面，源自西部地区自然地理环境条件的限制与三线建设时期形成的计划经济体制的深刻影响，以及市场经济意识淡薄等因素导致的投资软硬环境欠佳；另一方面，由于地方政府对进行制度创新的激励不足，导致经济主体行为长期拘泥于国家限定的行为准则圈内。

从制度供给的层面来看，西部地区制度供给的速率显然要低于东部地区。当然，这种制度供给并非中央政府的主动安排，而是地方政府的自主行为，只是在执行中以中央政府的肯定或默许为前提。东部地区只要有需求就会有制度供给，这种制度安排的特权是西部所没有的。因此，西部地区的制度供给速率自然比较慢。并且在西部还存在核心制度与配套制度相脱节的现象，有的是先出台了核心制度。配套制度没有跟上，如农村经济制度在很长一段时间里只有单一的家庭承包责任制；有的是配套制度早已出台，核心制度却滞后很久，如企业制度改革过程中，劳动、分配等制度改革早早出台了。而产权制度这一核心制度直到十五大才算真正露面。

从制度变迁的方式来看，西部强制性制度变迁较多。制度的植入具有明显的外生性。许多制度是国家自上而下的安排，带有明显的强制性；也有一些制度是地方政府为了加速西部地区发展，对经济发达地区的模仿。因此，就导致西部地区的强制性制度的僵化性质和需求诱致性制度的缺失。

可见，西部地区迫切需要进行制度创新，发展的动力也在制度创新，但最困难的往往也正是进行制度创新。因此，务必要加大制度创新的力度，群策群力，持之以恒，力争在制度创新上实现新的突破，创造出新的生产力。

（四）产业结构的困境

以西部开发为背景的欠发达地区的经济成长，始终面临着发展路径选择的问题。西部地区的发展单纯依靠廉价的土地、劳动力和资源条件等比较优势，其经济基础是薄弱的。产业结构的合理调整是欠发达区域摆脱产业发展困境。赶超发达地区经济发展水平的有效战略工具。过去西部地区之所以落后，症结便在于缺乏结构提升的活力。

新中国成立初期，为了建立生产力发展的基础，采取了"使工业接近原料产地，合理配置我国工业"的原则，西部地区大部分是传统产业，设备陈旧，效率低下，再加上企业内典型的"二元结构"，导致西部地区企业区域内无法循环再生产。现如今，这种传统企业的生产设备没有多大改进，致使效率低下，成本偏高，无法与东部地区的企业进行竞争，进而造成效益低下，没有足够的资金引进先进技术，更没有资金处理排污问题，环境日益恶化的命运就不可避免。

在国家政策扶持下，西部地区进行了大规模的"东企西移"和招商引资，但是区域外投资高潮却没有在西部地区如期而至。可能消极、被动地接受东部的产业转移会带来一时的经济增长，但经济结构并没有得到根本的改善，这种渐进的过程导致低梯度转移与落后的同步增长，没有从根本上解决西部地区的落后状况。

此外，西部地区很少有本区域的优势产业和龙头企业。区域竞争优势实质上是若干特色产业的竞争优势，是若干企业的竞争优势。通过向区域内的重点企业学习、模仿和借鉴获取的技术扩散效应往

大格局——变动中的中国区域发展战略布局

往比大量的资本投入更切实际。在经济一体化条件下，虽然外在发展要素对区域经济发展的影响日益突出，但从根本上讲，区域经济持续发展应该是依靠内在发展要素来实现。对西部而言，要扭转这种"落后的增长"，最终要靠产业结构的跃升来解决。而产业集群模式为欠发达地区在全球化、区域化与本地化的张力之间寻求如何自主发展和突破提供了理论依据。因此，如何发展好西部区域内的优势产业和龙头企业是当下必须解决的课题，而着力推动优势产业集群的发展是其中的可行之策。

二　制度创新的实践

改革开放以来，我国东西经济发展差距迅速拉大，是什么因素阻碍了西部地区经济的增长？一种普遍流行的观点是，西部地区经济发展的滞后源于要素投入的不足。然而，改革开放30多年的经济实践证明，各种投入要素并非直接地对区域经济发展产生影响，在很大程度上还取决于相应的制度安排。西部经济发展水平差距的日趋拉大与两地不同的制度安排密不可分，因此，缩小这种差距也必须从调整制度入手，进行制度创新。"我们的焦点集中于创新制度，通过它，经济的、政治的和法律的活动才能得以完成和调整"，这是诺斯在《西方世界的兴起》一书中提出了一个重要观点：对经济增长起决定性作用的是制度性因素而非技术因素。"有效率的经济组织是经济增长的关键：一个有效率的经济组织在西欧的发展正是西方兴起的原因所在。"推进制度革新，建立适应现代市场经济发展需求的制度环境，是从根本上解决西部经济发展困境之道。

（一） 工业化道路的追赶策略

当前，我国正处在社会主义现代化建设的关键时期，作为发展中大国，如何解决国内存在的东中西部发展差距、加速西部地区经济社会发展是我国现代化建设面临的一大难题。而在过去，我们经常以总量来衡量一个区域的发展，相比较而言，结构目标比总量目标更为重要。只有先确定了主导产业，国家才能对已确立的主导产业施以政策倾斜，通过发挥主导产业高增长率和高产业关联度的特征，带动国民经济其他产业的发展。

西部地区与东部地区的差距之一是工业发展滞后，经济、社会、文化方面的落后除了受自然条件、交通落后的影响之外，都是由于工业化滞后引起的。

对于拥有近 4 亿人口、土地面积约占全国 2/3 的西部地区来说。工业化是一个不可逾越的发展阶段，是西部地区迈向现代化的必经之路，正如专家所说，工业化是"国民经济中一系列基要的生产函数（或生产要素组合方式）连续发生由低级到高级的突破性变化（或变革）的过程"。推进西部地区的工业化理应成为西部大开发的重要主题。从总体上来看，我国西部地区的工业化进程主要是为东部沿海经济的发展提供充足的原料和能源，扮演着"后方基地"的角色，与东中部地区相比，差距甚大，并且想在短期内彻底改变这种现状也非常困难。但是，西部地区经历了自建国以来 60 多年的开发建设，亦形成了具有自身特色的、相对齐全的工业、能源开发和交通运输体系。西部地区经济的发展可以借助这一根基，把握西部大开发的机遇，乘势而上，使工业化有一新的跃升。根据国际经验，工业化是使欠发达地区走出贫困的困难所在，但也是其出路所在、希望所在。因此，推进西部地区的工业化理应成为西部大开发的重要主题。

实施西部大开发战略，必须以工业化为主轴，把如何迅速实现西部地区工业化当作西部大开发的重要议题。虽然就目前来说，国家在提及西部大开发时往往强调生态环境保护、基础设施建设，但不能以此就认为西部大开发的重点是加快农牧业发展和生态环境保护建设，不宜提倡发展工业，更不能主张搞工业化。中央政府对西部的支持以及各地对西部的对口支援。主要集中在基础设施建设、生态环境保护、科技教育和城镇建设等公益性项目，这是政府实施西部大开发的最好切入点，但不是最终目的，因为基础设施、生态环境保护和科技教育，都与西部地区工业化建设有着紧密的联系，都有利于加快西部地区工业化道路的发展进程。同时，工业化又是"能够直接推动长期持续增长，促进社会生产力发生变革，促进社会经济结构发生转变的根本性的决定力量"。没有西部地区的工业化，就不能实现西部的快速发展。更不可能缩小西部与东部的巨大差距。政府领导人和决策层对待西部大开发这个问题上，经常使用特色产业和优势产业的用语，充分表达了对西部发展带有突破性产业的一种描述，其对真正能够促使西部走向富裕的产业——西部地区的工业化的关切表露无疑，因为任何特色产业和优势产业的发展离不开工业化的发展进步，没有西部的工业化，就没有西部的城镇化、信息化、现代化。

以工业化为主轴，加快西部地区工业化进程要有新思路。首先，坚持发展为主题，用发展的办法解决前进中遇到的问题，在推进西部大开发进程中依靠发展解决我们面临的许多问题和难点，如基础设施薄弱、生态环境脆弱、科技教育发展滞后、人才资源不足、工业化及城镇化水平较低、思想观念守旧等。其次，把深化改革作为推进西部大开发的持久动力。破除计划经济时期形成的传统思想观念和思维模式，工业化不是简单地办一些工厂、上一批项目，而是要用当代最先进的技术成果积极改造、提升第一、第二、第三产业的生产力，促进社会生产力的深刻变革。最后，彻底转变传统的"财政"实现工业化发展思路。以增强西部地区的自我发展能力和自主创新能力为主，实现由"输血"到"造血"的转变；以不断提高人民群众的生活水平、实现经济社会的全面进步为根本目标，实现向可持续发展的转变。在西部地区实现工业化实践中必须确立五种新的开发思路：由"原料基地目标"转向"富民兴区"的目标；由国家推动型外源开发转向自我成长型内源开发；由"资源依托型开发"向"市场导向型开发"；由重点培育"地区比较优势"转向"地区竞争优势"；"掠夺性开发"转向"可持续性开发"。

（二）城市化的提升策略

城市对经济社会的巨大作用，源于城市所具有的特殊集聚与扩散的特性。城市集聚了域内的主要生产要素、经济要素和其他社会要素，在当代，尤其集聚了信息、装备、科学技术知识以及高水平的人才。这种集聚使城市区域内部成本低廉，生产增长迅速，经济实力增强，生活质量提高……于是，城市具有了极强的对外吸引力，成为域内的市场中心、信息中心、经济中心和其他要素中心。聚集在城市的各种要素，经过加工、改造向市场外扩散、传播，从而带动周围地区经济、社会发展。城市成为区域经济的"增长极"，城市的作用由此而生。城市的发展水平越高，集聚与扩散功能越明显，对周围地区的辐射力就越大，对区域经济的拉动作用也越强。在一些国家区域开发成功的案例中，其中一个重要经验就是把区域开发与推进城市化紧密结合起来、同步进行，而且往往对条件较好的城市或城市群进行优先投资与重点建设，以有效吸引产业聚集，带动区域经济发展。

　　西部大开发与西部城市化密切相关，在工业化进程中适当加快西部城市化发展步伐。提高西部城市化水平，积极推进工业化与城市化的协调发展是 21 世纪西部大开发的重要内容。世界现代文明的发展历程证明，城市化是现代化的结果与重要标志，同时，城市化在一定程度上又制约着现代化的进程。就我国目前西部城市化现状来说，其与我国整体现代化发展的水平已不相匹配。已不能适应我国现代化的要求，并严重制约了我国现代化进程。据统计，2000 年西部地区的城市化水平为 27.7%，低于全国平均城市化水平 36.2%。并且，西部地区城市化的速度缓慢，1988 年西部地区的城市化水平比全国低 4.9 个百分点，到 1998 年已扩大至 6 个百分点，到 2000 年又扩大至近 9 个百分点。2012 年，西部地区城市化明显提高，但较东部地区存在差距，差距在逐步缩小。

　　城市化发展的滞后不仅很难起到带动区域经济发展的作用，反而对经济发展产生一系列阻碍效应，主要体现在以下三个方面：第一，直接影响市场容量的扩大，不能建立有效的消费市场。城市化水平低，城市居民少，居民的人均购买能力差，加上地理环境的封闭、保守的封建观念，使广袤无垠的西部地区购买力低迷，市场容量狭小，城乡消费断层，妨碍了内需的有效扩张。第二，缺失农副产品扩大生产能力和高附加值化的市场空间，制约了收入水平的进一步提高。在人口少、规模小的城市环境中，农副产品、尤其是高附加值的深加工产品找不到销路，同样的劳动得到的回报无法进一步提高，打击了农牧民建设西部的热情。第三，降低了生产要素的回报率。因为城市的聚合效应，在城市空间内组合的生产要素往往功效倍增，回报率远远高于其他空间组合。

同时，城市还大大降低了要素持有者获取回报的信息成本、运输成本等。而西部地区城市化水平过于低下，无法通过聚合效应放大生产要素的功能，很大程度上抑制了西部生产要素回报率的提升。低下的城市化水平，是制约西部经济发展的主要障碍之一。

在现阶段，我们必须坚持以"充分发挥大城市优势，有重点地发展中心城市，有计划地发展中小城市"的中国城市化发展总体战略方针为指导，以积极的姿态推进西部地区的城市化进程，既要提高中心城市的辐射带动功能，又要提高过分稀疏的城镇密度。首先，坚持统筹城乡发展的理念，加快大城市和小城镇的协调发展，在把区域中心城市的发展置于优先地位的同时。树立"小城镇大战略"思想，建设一批有特色、有实力的小城镇，以小城镇建设带动农村，在稳步推进城市化的进程中逐渐实现城乡一体化。其次，在推进城市化的过程中始终贯彻可持续发展战略，合理开发和节约使用各种自然资源，切实保护人文资源，着力于建设环境友好型城市与资源节约型都市，努力打造科技创新型城市，实现城市建设、经济发展和人口、资源、环境的协调。第三，打造有西部特色的城市，从民族传统文化、民间建筑风格、产业发展等方面入手，突出城市的区域色彩，逐步形成品牌城市。第四，调整制度政策，重视人口因素对城市发展的决定性作用，加快户籍制度的改革和创新步伐，彻底拆除城乡分割的户籍制度藩篱，创造更为宽松舒适的人口迁移与居住环境，吸引鼓励外地人口和本地人口向城市聚集。

（三）生态环境的优先策略

可持续发展是近年来比较流行的一个概念，它的提出不仅是人们在认识人类生产活动与环境关系这个问题上的一次巨大飞跃，更是现代人类文明进步的重要标志。要实现人类的可持续发展，必须正确认识和处理可持续发展与生态环境保护的关系。因此，在实施西部大开发战略的过程中，尤其应当提高对保护生态环境之重要性的认识，把合理有效地开发利用自然资源与保护、建设生态环境结合起来。

由于西部地区的生态环境原本就比较脆弱，加之历史上对该地区自然资源进行的长期掠夺性开发经营，导致了西部地区生态环境的不断恶化，而日益恶化的生态环境又极大地制约了西部地区的经济与社会的发展，加重了开发西部的难度；同时，西部地区又是长江、黄河、珠江等大江大河的发源地，是当之无愧的国家生态安全枢纽，其生态环境的每一处细微恶化都将对整个中华民族的生存和发展构成严重威胁。恩格斯就曾指出，人类不要过分陶醉于对自然界的胜利，对于每一次胜利，自然界都进行了报复。目前，全国水土流失面积已达 360 多万平方公里，其中西部地区就占了 80%，全国每年新增荒漠面积约 2400 平方公里，也大都在西部地区。加强西部生态环境的保护和建设，阻止其生态环境的进一步恶化并努力使之朝着有利的方向转化是当前西部大开发的重中之重。也只有如此才能从根源上解决长江、黄河中下游地区的洪涝灾害问题，促进西部地区以及全国经济社会的可持续发展。

冰冻三尺，非一日之寒。西部地区生态环境的退化是在长期的历史发展进程中逐渐形成的，导致这种状况出现的原因有多种，如气候的变迁、人口的自然繁殖与迁徙等不可控因素，但更为根本的则是人的因素，人们长期以来在经济利益的驱动下进行的无限制开发扩张活动超出了资源环境的承载能力是导致生态环境严重恶化的根本原因。由于人类的滥垦滥伐引起的生态环境问题就有：滥垦滥伐造成森林减少、水土流失加剧，而森林的减少直接导致了风沙灾害频繁、水体遭受污染与农业失去生态屏障，同时，农业用水增加造成了水资源匮乏与土地荒漠化。继而耕地的肥沃程度逐步下降，大量的耕地变成荒地，然后人类为了生存不得不重新开垦大面积的草原来补充耕地，农业陷入"越垦越穷，越穷越垦"的恶性循环中。因此，加快生态环境建设，既是西部大开发的一项重要任务，又是实施西部大开发的重要前提和基础，彻底摒弃"先开发、再环保"、"先忙于发展，发展了什么都好办"的传统开发观，树立"保护生态环境优于经济开发"、"生态安全重于经济安全"的可持续发展观，抓紧制定相关的生态环境保护政策，从根本上扭转西部的生态保护与生态建设局面。

首先，通过建立科学、合理、高效的生态环境建设利益补偿机制，增强人们在开发西部过程中的生态环境保护意识。污染者付费原则（PPP原则）是目前国际上通用的环境经济政策，它同样适用于我国。对于生态环境建设来说，这一政策应该是遵循受益者补偿原则，即谁在生态环境保护和建设中受益，谁就应该对生态环境的保护的建设予以补偿，具体到操作层面，应注意把握好以下两点：一是按照"谁保护、谁受益"的原则。向受益地区征收生态环境调节税，把这部分收入用于西部地区生态环境建设的投入和补偿，既提高了整个社会生态环境保护的意识。又减少了中央财政支出的负担。二是实行资源占用和环境污染收费政策，对部分高能耗、高污染企业进行强制性收费，增加其资源占用与环境污染的成本，并使这种成本明显高于其由此所获得的受益，使污染破坏者因无利可图而主动停止污染破坏的行为。

其次，切实加大退耕还林还草的力度与生态移民力度，对西部人口稠密、土地裸露、植被稀少、生态脆弱而生态位置又异常重要、基本不适宜人类居住生存的地区，要果断地进行生态移民，创建"生态无人区"和"禁开区"。不论是退耕还林还草，还是生态移民，其目的无非是为了使当地的生态环境免于因人类的活动而持续恶化，前者是实施长江中上游防护林工程、长江、黄河上游天然林资源保护工程、"三北"防护林体系建设工程、防沙治沙工程等工程中必不可少的一个环节；而后者在生态环境极度敏感的地带尤其紧迫且必要，如三江源地带目前就急需推进生态移民进程，以保护脆弱的生态环境系统。对身为全国生态安全枢纽的西部地区应始终坚持"保护优先，适度开发"的原则，以改善生态环境质量为首要开发目标。

图 5-1 西部地区生态保护建设

最后，制定切实可行的环境保护政策，杜绝"大开荒"现象的屡屡发生。要从战略的高度上统筹考虑，结合国家的总体发展规划布局，制定行之有效的评价体系、方法和相关机制。一是建立资源与生态环境监测指标体系，科学评价环境的实际价值，综合考虑环境预防费用、自然资源的折旧与消耗以及环境退化的损失费用，提出科学的绿色 GDP 核算体系。并把它广泛用于工业、农业、牧业、旅游业等各领域中以及所有大中型经济开发项目的事前生态环境保护评估当中，统筹兼顾经济效益、社会效益和生态效益。二是建立与经济发展相适应的环境保护政策与环境管理体系，如排污许可证制度、排污交易制度等新型管理机制，对危及生态环境安全的项目，无论其近期经济效益有多高，都必须采取生态环境"一票"否决制。三是尽快把生态环境建设与保护指标纳入地方各级党政干部政绩考核的指标体系之中，从干部任用制上强化执政者的生态环境建设与保护意识。

（四）特色产业的发展策略

西部地区的比较优势主要体现在独一无二的资源优势上，其自然资源相对充裕的特色显而易见，其资源大区的地位也毋庸置疑，因此，应根据当地的自然资源与民族文化资源优势，因地制宜地大力发展一批特色产业，并把它们做大做强，做出品牌。逐步走上集群发展的道路，努力把资源优势转化为产业优势、经济优势和市场竞争力优势，不断培育和形成新的经济增长点。当然，对于西部地区来说，不能"就资源论优势"，但也很难离开资源谈发展。根据资源优势发展西部地区的特色产业，不仅能够避免与东部地区在产业发展上出现低层次趋同现象，而且还有利于增强西部地区自我发展能力和自主创新能力，达到逐渐缩小东西部差距的目的。

1. 大力发展特色产业

特色农牧业具有很强的地域特性。西部地区蕴藏着丰富的发展优质高效农牧业的自然资源，发展特色农牧业产业的资源优势突出，并且早已是我国重要的农牧区，如何继续保持并巩固这种优势是西部大开发的一项重要任务。当前，国家已把支持西部地区发展具有区域特色的种植业、养殖业、农畜产品加工业作为西部开发的重要内容来抓，我们一定要抓住有利时机，在可持续发展原则的指导下，坚持以市场为导向、以农户和企业为主体、以提高经济效益为目标，充分挖掘西部农牧业的发展潜力，大力发展具有区域优势的特色农牧业，力争在农牧业产业化领域培育一批国家重点龙头企业。

图 5-2　农牧民们获利了大丰收

在西部地区大力发展特色农牧业，关键在于充分利用该地丰富而又独具特色的自然资源。依据各省市所具有的自然资源的不同特点，因地制宜，从政策上加以鼓励与引导，使其符合现代农业的发展趋势。总的来说，可以发挥西部地区气候带多、生物资源丰富的优势。提高农牧业的专业化、规模化和集约化水平，重点搞好有一定基础的优质畜牧、棉花、蔬菜、花卉、水果、中药材和烟草等八大特色生态农产品生产基地建设。分而言之，云南、贵州、四川、广西等西南省区可以集中精力发展蔬菜、水果、花卉、中药材、烟草以及与之相关的产业；新疆、甘肃、青海、西藏、宁夏等西北省区则需着重发展畜牧、棉花和中药材生产，在当前人民生活水平迅速提高的情况下，尤其应当加快发展肉牛和肉羊生产，发展奶牛和优质细毛羊生产。总之，西部地区要依托当地的特色农牧业资源，积极发展农产品加工业，实行农牧业产业化经营。通过深度加工把特色农牧业初级产品变为特色优质绿色食品，实现特色农产品的多次加工增值，走优质品牌的特色农牧业、创汇农牧业的发展道路。当然，必须注意的是，不论是发展种植业还是畜牧业，西部地区都要打好"绿色"牌，注意产业化与规模化，走生态、效益、特色的农牧业发展之路。

2. 积极培育和发展特色文化产业

西部文化具有深厚的历史意蕴和巨大的现实价值，远远超出人们从一般意义上对其进行的评估。西部地区作为中华文明的摇篮，从清高悠远的青藏高原到千沟万壑的黄土高原，再到九曲十八弯的云贵高原，无不蕴藏着沉甸甸的中华历史文化遗产和丰富多彩特色鲜明的少数民族文化。古老文明的遗迹，丰富的人文内涵，独具特色的民间艺术品种，这些都是我国在五千年的文明发展史中沉积而成的一笔巨大而宝贵的精神财富。西部特色鲜明的地域性、民族性、多元性、原生态等特点，决定了它必然具有中国性乃至世界性价值，决定了它对旅游业、对其他文化产业的潜在推动力。更难能可贵的是，文化作为国家和民族的灵魂，集中体现了国家和民族的品格，发展文化产业的效益不仅仅在于推动经济发展，而更在于提高国家和民族的凝聚力，提升人民对祖国、对整个中华民族的认同感。

西部地区在基础薄弱、实力不强的条件下发展文化产业，必然面临比东部地区更多的矛盾和问题，所以有必要采取一些针对性较强的战略措施。笔者认为，可以重点从以下两个方面入手。

一方面，树立科学的发展观，在科学发展观的指导下寻求经济增长与文化发展的结合点，实现两者的良性互动，增强发展信心。当今世界，文化与经济相互融合相互促进的趋势越来越明显，文化在提升综合国力中发挥的作用越来越突出。文化经济已成为一个集中反映经济发展中质的变化和提高的重要现象，引起人们的普遍关注。文化已不再是被动地依附于经济，而是直接介入经济，并在推动经济快速可持续发展的过程中发生巨大作用，这在很大程度上说明，摆脱经济条件的制约而独立发展文化事业是一条可行的路径。因此，西部地区完全可以抛开经济落后的束缚，树立科学辩证的发展观，通过协调经济文化的发展寻求新的突破口和增长点，形成新的产业板块，不断发掘文化产业对经济社会发展的潜力。提升文化产业在原有产业格局中的地位，为实现跨越式发展提供契机。

另一方面，在政策上加以引导，拓宽文化产业发展的融资渠道。毫无疑问，与其他产业的发展一样，文化产业的发展同样需要通过"政府主导、市场运作"来实现。"政府主导"主要体现为政策上的引导扶持。对于文化产业起步晚、困难多的西部地区来说，政策的力量显得尤为重要。"市场运作"主要指的是通过市场解决文化产业和文化项目运作的资金问题。根据十六届三中全会提出的原则：适应经济市场化不断发展的趋势，进一步增强国有经济的活力。大力发展国有资本、集体资本和非公有资本等参股的混合所有制经济，实现投资主体多元化，使股份制成为公有制的主要实现形式，把股份制引入特色文化产业的发展，实现文化产业投资主体多元化的混合所有制经济形式。总之，西部地区只有顺应时代潮流，采取得力的政策措施，创造有利的发展环境，才能激发区域文化的自身活力，创造出充满生机与活力的特色文化产业。

3. 加快发展特色旅游产业

旅游业又被称为"无烟工业"，是当今世界发展最快、前景最好的一门新兴产业。发展旅游业既能保持良好的生态环境，又能对第一、二、三产业的调整起到优化作用，同时还能培育新的消费市场，刺激生产发展。西部地区幅员辽阔，历史悠久。少数民族众多，旅游资源不可不谓之丰富多彩、得天独厚，如雅鲁藏布江大峡谷、云南丽江的世界自然遗产、石林、香格里拉、青海湖、天山、九寨沟和黄果树瀑布等自然景观，秦始皇陵、敦煌莫高窟、丽江古城、布达拉宫、塔尔寺、峨眉山、乐山大佛和大足石刻等人文景观。并且，该地区广袤的荒山野林、大漠草原等地理环境也限制了工农业的发展，因此，在西部地区发展特色旅游产业是可行的，也是必须的。

在西部大开发的大背景下，西部地区的基础设施建设（包括公路、铁路、机场、电网、通信、广播电视等）取得了长足进步。当前，我国国民收入较改革开放初期已经大大增加，人民生活水平日益提高，"假日经济"呈现出广阔的发展前景。

发展特色旅游产业不仅能发挥西部地区的比较优势，还能促进西部地区乃至全国的可持续发展。因此，在西部大开发中，西部地区不少省份将旅游业当作当地的支柱性产业，纷纷出台了加快旅游

图 5-3　青海湖旅游区

业发展的各项政策措施，约80％的省（区、市）构建了较为系统的支持旅游业发展的政策体系，地方旅游法规的制定也取得了新突破，制定了旅游业的管理条例，形成了省级法制保障体系。但从目前旅游资源开发的现状看，西部地区旅游资源优势远未转化为旅游产业经济优势，除云南省外，大部分省区旅游产业发展处于落后状态，尤其是宁夏、青海、甘肃、西藏等省区，特色旅游产业规模还相当小。因此，西部地区在发展特色旅游产业时，应着重从以下几个方面入手：一是对旅游资源的开发要树立现代商品观，找准定位，突出特色，在树立旅游品牌上下工夫。开发出适合不同游客需求的独具特色的旅游产品；二是充分利用广播电视、报刊杂志、互联网等现代传播媒介，加强对自身旅游产品的宣传、推销，使中外宾客尽可能地了解知晓并由此唤起他们的西部情节；三是采取多元化社会投资经营的方式，政府通过对投资环境的改造，保证多元化融资渠道的畅通，吸引国内外众多的投资者参与西部特色旅游产业的开发。

4. 立足当地资源优势，努力发展高新技术产业

高新技术产业是知识经济时代推动区域经济持续快速发展的主导产业。在四部大开发的进程中，立足西部资源优势，大力发展高新技术产业，对于促进西部经济的增长潜力向现实能力转化、实现西部区域经济和谐发展与良性循环具有十分重要的意义。西部地区不仅拥有丰富的自然资源（如矿产、水能、煤炭、天然气、生物等），而且历史上的"三线"建设还给当地留下了一定的高新技术发展基础。就西部大开发战略的目的来说，主要着眼于缩小区域差距，促进区域经济协调发展，而区域差距的缩小最终取决于西部地区自身经济的快速发展。在知识经济时代，西部地区要想实现区域经济的跨越式发展，必须摆脱传统资源型发展模式的桎梏，增加科技要素的含有量，通过科技投入盘活资源存置，以技术促开发，以科技促增长，实现科技与经济的紧密结合。

因此，西部地区要依托当地的资源优势发展高新技术产业，首先，必须解决好制度环境问题，进行有效的管理体制设计和管理模式创新，既要限制政府的行为扩张与过度干预，又要通过政府的推力促进产业的发展，充分发挥市场功能和政府职能；其次，要发挥地区资源比较优势，合理安排高新技术产业发展的区域布局，从自身实际出发，充分分析论证自身发展高新技术产业的优势和劣势、必要性和可能性，因地制宜地制定本地区的产业发展规划，使有限的经济资源产生最大的经济效果；最后，国家应制定西部人才资源高补贴和人力资源开发高投入政策，在西部地区建立人才资源开发基金，为吸引科技人才到西部创造有利条件。

5. 财政制度的倾斜策略

纵览世界发展史，各国在经济发展的过程几乎不可避免地出现区域经济发展失衡现象，在解决这个问题上，以财税政策为主的区域经济优惠政策发挥了很大的作用。我国在实施西部大开发过程中，应当学会借鉴这些经验，中央政府对西部大开发应予以各种优惠政策的扶持，以达到促进西部经济快速增长、缩小东西部差距、实现区域经济的协调发展的目的。当然，这与我们之前强调的在西部大开发的过程中必须遵循市场经济原则并不矛盾。任何地区的发展都离不开投资，投资是技术进步的源泉，是经济增长的决定性因素。我国东部沿海地区已因其区位优势与之前得到的特殊政策照顾，形成了市场化的投资机制并获得成功。国家必须在财政制度上加大倾斜力度，在人力、财力、物力方面对西部地区予以大力支持。

（1）财税优惠政策。财税优惠政策主要包括 3 个方面，分别是财政投资倾斜政策、财政转移支付制度以及税收优惠政策。根据发达国家经验，国家对欠发达地区的支持帮助，最直接、最有效的途径就是在财政投资上对欠发达地区进行适当倾斜，尽管我国的投资体制已经发生了很大变化，但许多数据表明，我国的经济增长都以投资拉动为主，尤其对于西部这样的落后地区。因此，国家应该对西部地区实行积极有效的财政倾斜政策，较大幅度地提高在西部地区的投资比重，着重解决西部开发中面临的能源、交通、通讯、农业、生态环境等重大基础设施建设项目投资不足的问题，加大对高科技产业的投资力度，重点加快在技术占优的地区的高新技术产业发展，以点带面，逐步形成辐射带动周边地区发展的格局。同时要运用财政杠杆优化投资结构，针对西部地区的资源形态，加强对石油、稀土、优质能源、贵金属等矿产资源，以及极具特色的生物资源、可再生资源和旅游资源的增值开发与合理利用，建立若干特色资源转化增值科技示范区。充分利用比较优势发展特色产业，实现资源优势向经济优势的快速转化。

财政转移支付制度可以有效地弥补财政缺口，解决各级政府间纵向平衡，补充地方财力，缓解地方收入来源与需求不相适应的状况。切实保证最低的公共服务标准。在现代经济发展的过程中，利用财政转移缩小区域发展差距、推动国民经济增长的实例比比皆是。如美国、德国、日本、加拿大等发达国家就建立了规范的财政转移支付制度。同时，在市场经济条件下，公共产品的供给很难完全依赖于市场。在市场失灵的情况下政府有责任也有义务建立一套行之有效的政府间转移支付制度，保证不同地区的公民都能享受到大致相同的公共服务。我国财政转移支付的主要形式有体制补助或上解、年终结算补助或上解、专项补助、税收返还以及公式化的转移支付制度等。在目前中国经济发展东西差距显著的情况下，一是要增加对西部地区的财政转移支付，使地方政府有能力改善区域投资环境，缩小与东部地区的差距。二是要着手建立发达地区对落后地区的横向转移支付制度，从富裕省份挤出适量财力投入西部，实现对口支援。

税收政策方面，对西部地区的优势与特色产业，适当降低优惠门槛，如扩大税收优惠的行业范围，将西部各省、市、区的相对比较优势与特色产业也列入享受范围。要适当增加税收优惠税种与优惠形式，如云南省流转税占全部税收比重高达76%以上，即3/4以上税源税收是流转税，而企业所得税比重却很小，只有10%多一点。因此，在实施西部大开发中，应考虑拿出一定比例的增值税与营业税对一些急需发展扶持的产业项目进行优惠扶持。要适当增加个人所得税税收优惠，如对有利于西部地区经济社会发展的高级工程技术人员、科技研发人员、多学科复合型人才等，可在个人所得税税收上给予一定的优惠减免措施，以利于广泛吸引人才、留住人才。同时，为了顺利推进西部大开发战略，根据国家产业发展战略对西部地区的税收优惠政策作适时适当的调整，由所得税优惠为主转向所得税和流转税优惠并重，注重发挥增值税"消费型"抵扣政策的作用；由直接优惠为主转向直接优惠和间接优惠并重。注重发挥加速折旧、税收投资抵免、费用扣除等间接优惠方式的作用；由地区优惠为主转向地区优惠和行业优惠并重，注重发挥税收产业政策功能。

（2）金融扶持政策。金融理论家雷蒙德·W·戈德史密斯在他的"金融结构与金融发展"理论中指出，"金融上层结构为资金转移到最佳使用者手中提供了便利，它使资金流向社会收益最高的地方。"从这种意义上说，金融加速了经济增长，改善了经济运行，在现代经济体系中无可争辩地处于核心地位。西部地区经济基础薄弱，产业结构不合理，地区金融机构也是形式单一、规模狭小、经营状况差，多元化的金融格局尚未形成，竞争意识、进取意识和风险意识十分淡漠，金融业的整体水平较低，无论是资产的状况还是负债的结构，无论业务水平还是产品的开发都与东部地区有较大的差距。

因此，国家在开发西部的过程中必须充分重视和培育金融市场，采取金融扶持政策，在西部地区形成金融和经济良性循环的内在机制，在发展经济的同时实现金融整体水平和经营效率的迅速提高。首先，大力发展资本市场。中央政府每年发行专门用于西部产业发展的建设国债，通过国债资金的良性循环，不断推动西部产业的发展；针对投资大、工期长、建成后效益高、在建设期内又缺乏资金的大型投资项目，选择建业股票制度进行运作；摒弃地方保护政策和地方利益理念，通过各种政策措施，吸引东、中部资金积极投入西部建设。其次，建立西部发展基金。通过建立发展基金解决西部开发的资金短缺问题，基金的资本全由财政部拨付，主要用于基础设施建设和重点产业发展的投资补贴、城镇就业和农村剩余劳动力的就业补贴以及扶贫开发补贴等。再次，成立西部发展银行，发展区域性金融。可以考虑对西部一些中心城市的商业银行进行增资扩股，扩充资本金，通过资本运营把它们发展成为跨省区的金融机构。最后，深化金融体制改革，使金融在西部地区经济发展进程中发挥更大的作用。适当放宽西部地区人民银行的金融调控权限，利用人民银行分行在经济区域中的独特地位，加强区域信贷政策的研究；适当提高中央银行对西部地区的贷款利率水平，使其与西部地区企业的经济效益和承受能力相适应；增加再贷款限额，适当延长对商业银行再贷款支持；积极拓展再贴现业务，以促进商业银行调整和优化信贷结构，支持商业银行扩大票据业务，加大对重点行业和企业再现贴的支持力度。

三　西部大开发效应透视

回顾西部大开发的实践，取得的成效无疑是十分巨大的。如果说建国初期的第一次西部开发浪潮改变了旧中国遗留下来的畸形区域经济格局，第二次西部开发浪潮构筑了坚实的战略大后方，那么，第三次西部大开发的浪潮必将书写西部迈向现代化的崭新篇章。新世纪的西部现代化建设将推动中国迈向现代化强国，对中华民族生存和发展产生极其重要而深远的影响。

（一）宏观格局的调整

西部大开发的伟大意义在于将从根本上调整我国经济的总体布局。可以通过观察西部大开发战略实施前与实施后的各项数据指标得出这样的结论。在进行西部大开发实践以前，西部地区 GDP 占全国的比重呈逐步下降趋势，1990—1995 年，西部地区 GDP 占全国的比重基本以年均 0.6 个百分点的速度下降，1996 年、1997 年和 1998 年西部 GDP 占全国比重分别为 13.6%、13.5% 和 13.4%，而东部地区 GDP 占全国的比重则由 1990 年的 54.1% 上升到 1995 年的 58.48%；1990 年东部地区人均 GDP（1943 元）相当于西部地区（人均 1067 元）的 1.82 倍，到 1995 年扩大到 2.34 倍；1997 年东部农民纯收入最高的上海（5277.02 元）是西部地区最低的甘肃（1185.07 元）的 4.45 倍，而 1981 年只有 2.8 倍。而自实施西部大开发战略以来，西部地区的经济增长速度明显加快，基础设施建设成效显著。2000—2005 年，西部地区 GDP 年均增长速度达到 10%，全社会固定资产投资年均增长 20% 左右，发展的步伐明显加快，与全国平均增长速度的相对差距有所缩小。2012 年上半年的统计数据显示，西部地区 GDP 增长率全部高于两位数，平均值达 11.9%。1999 年底，西部地区的公路总里程为 417448 公里，占全国公路总里程的 30.88%；铁路营运里程为 14322.5 公里，占全国铁路营运里程的 24.73%。到 2005 年底，西部的公路总里程已达 639307 公里，占全国公路里程的 33.12%。相比 1999 年提高了 2.24 个百分点；铁路营运里程为 18619.3 公里，也增加了 4296.8 公里。2012 年底，西部地区公路通车总里程达到 1421087 公里，是 1999 年的 3.4 倍。据统

计，西部铁路总里程已经占全国铁路总里程的40%，甚至已经超过
这个数字。

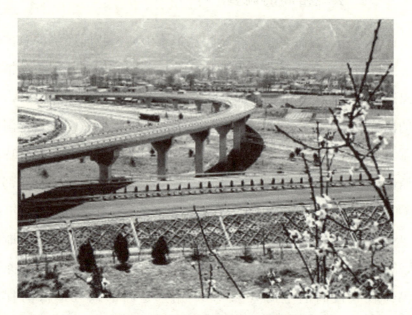

图 5-4　西部地区公路建设迅猛发展

　　通过西部大开发，加快西部地区发展，增强西部地区经济实力，
逐渐缩小与东西部之间的差距，协调地区发展，提高综合国力，是
实现中华民族实现伟大复兴、实现我国向现代化强国迈进的必由之
路，也是世界文明发展史上的一次伟大壮举。无怪乎澳大利亚前总
理霍克在"2000 年中国西部论坛"盛会上发出了这样的感叹："如
果西部大开发如同已经进行了 20 年的改革开放一样能为中国带来繁
荣，那么中国并不是繁荣的唯一受益者，世界其他国家和地区也将
从中受益。"当然，西部大开发的国际意义不仅仅是局限于为其他国
家和地区提供更大的市场和更多的商机，西部大开发还将对地区发
展不平衡问题的解决、贫困的减少、全球生态环境的改替产生积极
影响，为发展中国家开发资源、发展经济提供可资借鉴的经验。

（二）民族的团结融合

民族关系作为一种特殊的社会关系，在不同的社会历史条件下其发展状况是截然不同的，它包括国内各民族之间的关系、民族地区与非民族地区之间的关系，民族地区与中央之间的关系等。西部地区是少数民族的主要聚居区，又与中亚、南亚、东南亚地区大大小小的 15 个国家相邻，连绵 1 万多公里的陆地边境线，其国际地缘政治战略地位十分重要。西部地区民族问题处理得好与不好，直接关系到祖国边疆的稳固与国家政治稳定的大局。我国现阶段，民族问题集中反映为民族地区和各少数民族迫切要求加快经济文化发展。因此，实施西部大开发战略，加快少数民族和民族地区经济社会发展，既是各民族群众的迫切要求，也是解决我国现阶段民族问题的根本途径。

西部大开发作为当代中国社会的一次重大变革，它对协调西部乃至整个国家的各种关系，包括人与自然的关系、人与社会的关系、不同利益群体的关系、民族之间的关系产生极其深远的影响。西部大开发能加快西部少数民族和民族地区经济社会的发展，为我国社会主义民族关系的发展奠定坚实的物质基础。更为难得的是，它能进一步打破地区封锁、民族封闭的状态，建立了全国统一的大市场。使各民族、各地区的联系和交流有了牢固的纽带和便利的通道，为民族关系的发展提供强大的内在驱动力和良好的外部条件，可以说，西部大开发将从多角度、多层面对西部乃至全国民族关系的发展进步产生积极的影响。

（三）历史的伟大变迁

中国改革开放后确立的经济建设主要目标是在 2000 年实现工农业总产值翻两番，并确定了以经济建设为中心，分两步走的具体措施。之后，党中央又高瞻远瞩，总揽全局，面向新世纪提出 2010 年的规划，把实施西部大开发战略、加快西部地区发展作为我国现代化战略的重要组成部分，具有十分重大的经济意义和政治意义。

实施西部大开发是我国现代化事业的整体战略部署。据报道，我国的现代化水平在世界 120 个国家中排名第 66 位。2012 年，我国现代化水平排名为第 51 位。按当前发展速度预测，还需要 10 年才能达到现代化的标准。这是中国社会科学院社会学所社会指标研究课题组经过测算得出的结论。而西部地区别说与发达国家相比，就是与我国东部地区相比也是差距甚大，这种落后不仅仅体现在工业生产技术装备上，在机械化、电气化等方面全面落伍。其质量和数量都远远适应不了现代化的需求，甚至在传统的农业生产上也是如此，许多地方还处在"二牛抬杠"、"人拉犁"的耕作状况。没有西部地区的现代化，全国的现代化只能是一句空话，不可能获得成功；没有西部的繁荣昌盛，也不可能有我们整个国家民族的繁荣昌盛。面对如此严肃而重大的问题，党中央、国务院从全国现代化的大局出发，按照邓小平同志"两个大局"的构想，适时作出实施西部大开发的战略决策和战略部署，是推进我国整体实现现代化的最重要、最关键的一步。

实施西部大开发对我国现代化事业具有巨大的促进作用。西部大开发不仅可以使当地的资源优势得到充分利用，实现东西部的优势互补、共同发展。

而且可以有效地扩大内需，增强国民经济的发展后劲。改革开放以来，我国国内市场状况已发生根本性变化，从物质短缺转为相对过剩，从卖方市场转为买方市场，从供给不足转为供给过剩、有效需求不足。我国是一个人口大国，国内需求对经济增长的贡献率应该（也必须）高于出口需求，尤其在当前国际市场竞争激烈、价格不确定因素增多、市场变化无常的情况下，扩大内需也是降低经济风险的重要措施。西部地区占全国国土面积的56%，全国人口的20%，而社会消费品零售总额仅占全国13%。因此，实施西部大开发，加快西部经济发展，提高人民生活水平，增强人民的购买能力，对解决有效需求不足问题能产生立竿见影的效果。而从长远看，实施西部大开发，必将把大量资金投资于公路、铁路、通讯等基础设施建设，这样不仅可以增加投资品的需求，产生一个新的内需市场，同时还可以利用西部地区毗邻中亚、南亚和东南亚的区位优势，大力发展边境贸易，进一步拓展周边国际市场。

四 未来10年西部大开发的挑战和政策

（一）西部大开发面临的机遇

开发西部的国际国内环境和经济背景与以往相比，发生了很大变化。中国经济进入了一个新的发展阶段，这主要从以下三个方面体现出来。

其一，我国正从实现第二步战略目标转向开始实施第三步战略目标。这标志着我国社会经济发展已进入了一个新的阶段，即从小康逐步向现代化过渡的阶段，国家的总体实力不断提升，支持西部发展的条件愈发具备。

其二，"科学发展观"的树立与贯彻落实将使我国经济社会发展进入一个新的阶段，为西部大开发提供了众多契机。

其三，我国加入世贸组织以后，同世界经济越来越密切地联系在一起，越来越多地融入世界经济。这就要求我们必须充分考虑国内和国际市场的问题，从国内经济结构和国际经济结构来考虑我们的经济布局，来考虑西部开发的问题。

（二）西部大开发面临的挑战

新的世纪把我们带入了一个竞争更加激烈的时代，国际经济正在经历一场结构调整的革命，这使我国西部地区经济发展面临的国内外环境也出现新情况、新矛盾、新问题。首先，知识经济迅猛发展，经济全球化趋势加快。我们有可能利用更多国外的资金和技术加快现代化建设和经济结构调整的进程。但同时我国的经济发展不可避免地会受到国际金融市场、商品市场和国际资本市场变化的影响，在竞争中会面临更大的压力，并且带来了经济安全的问题。其次，我国加入WTO后，给西部带来更多的权利和义务，使得西部大开发不能简单类比过去东部沿海地区对外开放的经验，而必须尽可能快地熟悉和适应国际规则的要求。西部地区对外开放起步较晚，承受国际市场激烈竞争的风险意识、综合实力和实际操作技巧比东部地区还有较大的距离，如何探索新形势下的扩大对外开放的新路子将成为促进西部地区发展，开放经济的重要课题。再次，西部面临可持续发展的任务更加突出。我国经过几十年的发展，人口、资源、环境的矛盾越来越突出。我国地大物博，但是人均资源占有量并不丰富。研究表明，2000 年后，中国可能会有几十种资源供不应求，从淡水资源看，我国七大水系都已遭到了不同程度的污染。西部是长江、黄河的上游发源地，水土流失严重影响着下游经济发展的安全。

（三）未来政策调整方向

1. 要进一步改善投资软环境

在加强基础设施建设的同时，创造有利于民间资本进入的投资软环境。建立完善的国家投资引导政策。充分发挥财政资金的积极引导作用，并采取减免税收、贷款、投资补贴等途径，吸引国内外资本参与西部地区的经济建设，参与西部大开发。西部大开发的稳步实施并取得成效，需要国内外民间资本的大规模西进。可以说，如果没有民间资本的大规模西进，要实现西部大开发的长远目标，单纯依靠政府财政资金拉动将是十分困难的。因为政府的财政资金毕竟是有限的，它只能起到引导的作用。从长远发展看，民间资本尤其是国内民间资本将是推进西部大开发的主导力量，民营经济将是加快西部特色优势产业发展的主力军。为此需要建立完善的国家投融资引导政策体系，充分发挥财政资金的积极引导作用，并采取投资补贴、贴息贷款、减免税收、加速折旧、再投资返还等措施，广泛吸引国内外民间资本参与西部大开发。

2. 引导重点区域加快发展

坚持以线串点、以点带面，依托交通枢纽和中心城市，充分发挥资源富集、现有发展基础较好等优势，加快培育和形成区域经济增长极，带动周边地区发展。

第一，推进重点经济区率先发展。要在城市建设、土地管理、人口及劳动力流动、重大基础设施建设和重要产业布局等方面，加强统筹规划和协调，打破地区封锁和市场分割，优化经济发展空间布局，加快建立分工合理、协作配套、优势互补的成渝、关中—天水、环北部湾（广西）等重点经济区，成为带动和支撑西部大开发的战略高地。鼓励南贵昆、呼包银，兰（州）西（宁）等区域依托交通干线，加快形成有特色的城市带。

第二，推动重点边境口岸城镇跨越发展。依托重点边境口岸，改造一批以集散能源、原材料、特色农产品、粮食、棉花等资源性产品为主的商品市场和物流园区，促进优势产品出口。加快建设边境经济合作区、互市贸易区和出口加工区。积极推进中哈霍尔果斯国际边境合作中心建设。加快建设和完善边境口岸设施，完善边境贸易政策，提高通关效率，便利人货往来，逐步形成完善、规范的边境加工贸易体系。

第三，扶持少数民族地区加快发展。加大财政对民族地区一般性转移支付、民族地区转移支付和财政性投资力度，大力改善基础设施条件，着力解决少数民族群众特困问题，努力提高少数民族教育科技水平。积极发展少数民族文化事业，加强少数民族人才队伍建设。扶持人口较少民族的经济社会发展，推进"兴边富民"行动计划。加强对口支援，完善和落实支持西藏、新疆和新疆生产建设兵团发展的政策。

加大力度发展有特色的优势产业应该成为西部大开发战略今后一段时间努力的重点；如果没有产业支撑，基础设施的功能就不会得到充分发挥，财政收入得不到提高，就业岗位也不会增加，居民收入也就得不到提高。西部地区在能源、矿产资源、装备制造、旅游以及农副产品深加工等方面都具备相当的优势，应该尽快建立起有特色的产业，形成西部地区发展的新亮点。

第六章

振兴东北老工业基地战略分析

一　发展转型挑战的典型

　　东北老工业基地是新中国工业的摇篮,"一五"时期的 156 个重点项目中有 58 项在东北。在我国社会主义工业化初期,东北地区集聚了全国很大一部分工业资产存量,拥有众多关系到国民经济命脉的战略产业和骨干企业,是我国重工业的重要基地,也是重要的农副产品生产基地。可见,东北为建设独立、完整的国民经济体系,推动我国工业化和城市进程作出了历史性重大贡献。

　　建国以来,"北大荒"变成了"北大仓",荒蛮的黑土地上奠定了中国工业文明的基础,大庆的原油、"一汽"的"解放",一直是民族的品牌和骄傲。在我们所经历的那些艰难时期,是中华民族挺直的脊梁!

　　历史的数据见证曾经的辉煌:1978 年,辽宁人均 GDP 相当于全国人均 GDP 水平的 179%,黑龙江相当于全国水平的 149%,吉林相当于100.5%。但是改革开放以来，东北由于长期受计划经济的影响，国企改革和国有经济调整相对滞后。长期积累的各种深层次矛盾进一步显现。相对于东部沿海地区，东北老工业基地发展的步子显得更慢，一些区域经济已经面临资源枯竭的威胁，同时，一些重要的煤炭、石油、金属矿山基地的采掘成本不断加速上升，生态环境恶化的态势已十分严重。在20世纪80—90年代初，东北三省的人均GDP相对全国平均数显然是下降的，1981—1988年辽、吉、黑三省GDP增长速度分别为10.3%、11.0%和6.8%，而全国同期社会总产值平均增长率为14.2%，1989—1991年，辽、吉、黑三省社会总产值增长速度分别为3.5%、4.3%和5.1%，均低于全国平均增长率水平，而同期广东、山东、江苏三省的GDP增长速度分别高达14.0%，9.2%和8.4%。之后，特别是到20世纪90年代后半期，相对全国平均数才略有上升。整个东北三省GDP占全国的比重，1978年是13.51%，到1995年则下降到10.15%。从劳动生产率的角度看，根据世界银行的一项研究，1978年东北地区劳动生产率比东部地区约高出67%，到1995年，反被东部地区赶超，到2001年，东北地区劳动生产率已经落后于东部地区整整10个百分点。

相关东北经济衰落的解释很多，有"资源—产业解释"、"制度解释"、"文化—心理解释"等等。这些解释都有各自的道理。而且都与一种特定的政策或发展战略选择相关联。其中，产业结构、产权结构等方面的不合理因素给东北地区经济的发展带来严峻的挑战。

（一）产业结构不合理

结构转变是经济发展过程的基本特征，是解释经济增长速度和模式的本质因素。如果结构转变的频率太慢或无效率、不合理，将会影响资源有效配置并阻碍增长。就结构转变对经济增长的影响来说，最重要的也是最直接的是产业结构的变化，主要是再次产业结构变动和各个产业的结构升级。因此，经济发展的核心问题就是产业结构转换问题，产业结构转换的目标是三次产业结构合理化和各个产业结构高度化。一个地区产业结构的转换能力，直接决定着这个地区的经济发展能力和区域竞争力。

纵观东北地区产业结构、产品结构及技术结构，确有不合理的一面，突出表现为产业结构严重失衡。重工业占的比重过大、轻工业比重过小、农业基础落后等。正是这种问题，致使东北地区经济效益严重下滑，在市场经济中陷于被动。

1. 重工业比重大

东北地区是我国发展最早的重工业基地，悠久的重工业发展历史使得东北具有全国多数地区难以企及的工业发展基础。完整的重工业体系和配套能力使东北地区的石油开采、钢铁冶炼、重型机械制造等资本与技术密集型工业在全国都占有重要地位。但是随着经济发展的深入，东北地区的产业受困于利润率较低、技术水平不均衡、劳动就业吸引力差等一些亟待解决的问题。由于在计划经济条件下，重工业的发展服从于国家发展计划目标及长远利益要求，不需要过多考虑如何在市场竞争中获取最大利润的问题，所以其产业优势及特点能够依靠国家计划得以保持与发挥。但是在市场经济条件下，它显然不如轻工业能尽快地适应市场竞争，获取最大利润，并且重工业具有资金投入大、建设周期长、收效缓慢、产品利润率低等特点，这使东北地区经济发展陷入不利境地。

2. 农业比较收益偏低

从农业的角度来看，东北地区农业生产资源丰富，适宜规模化生产，且农产品的集中度高，生产成本比较低，产量和出口数量较大。这些比较优势使东北的农业生产在国家粮食安全中占据重要的战略地位。然而，受过去国家粮食政策的影响，东北地区沿袭了"以产量论发展"的思想，使农业生产的政策缺乏弹性，并且带有很强的行政运行色彩。当中国农产品供求关系发生变化时，东北的农业发展思路还不能适应市场变化产生的对农产品新的需求，表现出明显的"水土不服"。其次，东北地区主要靠出售原粮、传统的饲料业原料为主。农产品的加工转化能力比较弱，这不光使粮食生产者不能维持稳定的经济收入，还不能有效地支持农业生产的发展。再者，东北地区农业科技贡献率在30%—40%，远远低于发达国家60%的水平，这也说明了东北地区农业生产的组织水平较低，存在比较突出的产业整合问题。这些问题严重阻碍了农业比较优势的发挥。

（二）产业集群发展的制约因素明显

产业集群是经济发展的一种战略方式，能够有效提升产业的竞争优势。

东北地区的良好产业基础对集群化发展提出了现实要求。但是，由于东北地区存在国有企业众多，优势产业的竞争力不强，技术更新较慢，创新体系不够健全等因素，制约了集群化发展的步伐。具体表现在：

1. 产业链功能不完善

东北地区许多企业虽然在空间上集聚，但普遍存在配套产品异地化生产的问题，造成生产与配套的分离，产业链的延伸与对接程度较低。以吉林省为例，吉林石化公司生产六大类100多个品种的石化原料与省内汽车制造、农产品加工等行业有很高的关联度,市场需求量大。然而,由于吉林化工行业整体结构不够健全,产业层次较低,产业链条短,因此,只能把大量石化原料运往外省,等这些原材料被加工成高附加值的终端产品后,再进行高价回购。整个过程中,高附加值、高技术含量生产所能获取的效益白白外流。

2. 科技创新转化率低

东北地区虽然科技实力雄厚,技术工人众多。但是科技创新转化为现实生产力的能力还不高。同样以吉林省为例,工业企业装备具有自主知识产权的产品和技术不足5%,科技成果在本省的转化率还不到1/3。科技成果的市场化程度也不高,2005年吉林省技术市场成交额是12.23亿元,是辽宁省(86.5亿元)的14%,是广东省(112.23亿元)10.9%。这已成为制约东北地区产业集群发展的重要因素之一。

3. 集群文化氛围欠缺

良好区域文化氛围能成功助推产业集群的发展,美国硅谷的创新文化已经给我们树立了成功的典范。东北地区由于长期受计划体制影响,普遍存在循规蹈矩、按部就班的思想,缺乏开拓创新和合作互助的精神。因此,创新、合作、诚信的集群文化氛围相对薄弱。这也是东北地区难以形成产业集群的一个重要原因。

(三) 产权制度改革滞后,社会保障压力日益凸显

由于历史的原因,东北地区是中国国有经济最集中的地区,国有经济成分占据很大比例。据2002年初步统计,东北三省国有及国有控股工业企业增加值占规模以上工业的比重依次为:黑龙江89.34%、吉林77.8%、辽宁62.7%,均高于全国的52.8%的平均

水平。在赶超战略下建立起来的大量不符合我国比较优势的资本密集型国有企业在开放、竞争的市场环境中缺乏自生能力的问题也逐步由隐性变为显性，因此，国有企业对于老工业基地的振兴起着至关重要的作用。

其他省份经济发展的实践证明：凡是国有经济比例较大改革滞后、非国有经济比例较小缺乏生机的地区，经济发展的速度就偏慢，相反，企业普遍充满活力，经济发展的速度较快。东北地区由于国有经济的比重过大，企业制度相对落后，市场化程度低，企业缺乏活力和竞争力，削弱了整个地区经济发展活力。虽然随着经济体制改革的深入，市场需求的扩张和国家对东北老工业基地振兴的政策支持。使东北地区的国有企业进入一个新的发展机遇期，但是没有从根本上解决东北地区国有企业面临的深层次问题。东北国有企业的发展仍然面临一些严峻的结构性、体制性问题。

1. 国有经济涵盖面过广，国有产权配置不合理

东北地区的国有经济几乎涵盖了从垄断行业到一般竞争行业的所有领域，国有经济涵盖面过广和国有产权配置不合理的问题比较集中。在一般性行业中，老工业基地的国有企业由于其社会负担重、设备更新周期长、产品更新换代慢，加之一般性行业民营资本与国外资本市场准入政策宽、标准低，行业内竞争激烈，多数国有企业在经营上处于竞争劣势。在产权配置上，国有产权在能源、原材料、装备制造业、市政公用行业等产业中占绝大多数，产权结构过于单一，同时由于国有股、法人股不能自由流通，从而造成了国有产权流转的凝固化。这种状况，不利于迅速实现国有企业投资主体的多元化、产权结构的优化和经营机制的彻底转换。不仅妨碍了法人治理结构的建立和完善，挤压了非公有制经济发展的空间，而且使许多国有企业的公司化改制，只是披上公司制的"外壳"，而缺乏公司制的实质内涵。

2. 国有企业资质衰退，经济效益偏低

从微观层面来看，根据财政部对 2002 年企业财务决算资料统计，东北三省地方国有企业的利润总额、资产负债率、净资产利润率、不良资产占权益比重等主要指标，均排在全国的末尾。辽宁、黑龙江、吉林三省地方国有企业历史形成的债务突出，资产负债率分别为 81.8%、90.6%、92.5%，远远高于全国平均 64.8% 的水平，三省地方国有企业 2002 年盈亏相抵后均为净亏损。另据民盟中央调研组 2003 年对辽宁省的调查显示，该省地方国有及国有企业控股工业企业 1507 户中，资不抵债的企业有 308 户，平均资产负债率高达 135%。

3. 东北地区国有企业包袱，就业压力大

根据财政部对 2002 年企业财务决算资料统计：2002 年末，东北三省国有企业办社会机构共有 7183 个，年末职工人数 49.1 万人，企业补助额 153.8 亿元，分别占全国总数的 26%、28.4% 和 33.7%。其中，中央企业在东北三省办社会机构 3476 个，职工 30.7 万人，企业补助额 129.86 亿元。还有大量国有企业兴办的大集体，这些企业绝大部分是亏损企业，且与国有企业有千丝万缕的联系，涉及人员多，解决难度大。有相当数量的国有企业经营十分困难，已难以生存，东北三省 1507 家国有企业中，规划关闭破产企业 428 家，涉及 95.4 万人，拟核销银行呆账 492 亿元。企业的严重亏损，甚至关闭、倒闭、自然造成大批职工下岗，失业率增加，就业压力很大。

面对发展进程中的重重挑战，墨守成规、沿袭传统势必收效甚微。当务之急是要解放思想、更新观念、大胆创新，特别是有选择

地借鉴发达国家老工业基地重振的经验，才能迎头赶上。

二 制度创新的实践

10 年前（公元 2003 年），当年 3 月《政府工作报告》提出了支持东北地区等老工业基地加快调整和改造的思路。9 月 10 日，国务院常务会议提出了振兴东北的指导思想、原则、任务和政策措施。2003 年 9 月 29 日，胡锦涛同志在北京主持召开中共中央政治局会议。会议指出，支持东北地区等老工业基地振兴，是十六大从全面建设小康社会全局着眼提出的一项重大战略任务。应该说，过去对东北老工业基地的调整改造还主要局限于某些部门，属于一种部门层次的战略。党的十六大是一个重要的转折点，党中央已经把东北老工业基地的调整改造提升到国家战略层面。中国如炬的目光投向"雄鸡"昂扬的"头颅"，复兴与重振之梦蓬勃欲出，东北已经伫立在开拓纪元的拐点。2007 年 8 月，国务院正式批复了《东北地区振兴规划》，东北迈入了再度辉煌之路。

（一）产业链与集群化发展战略

反思东北地区产业层次低，产业链条短，市场化程度不高，制造业发展受制约等现实困境。总结发达国家经济重振的经验，努力强化产业集聚、构建产业链、走集群化发展之路是实现老工业基地经济振兴的一个重要途径。

可以说，集群经济的发展是市场经济条件下工业化发展到一定阶段的必然产物，是区域新型工业化和城市化推进的重要战略方式。

根据别国经验，产业集群在成本、效率、合作、品牌和区域创新等方面具有一定的竞争优势。在振兴东北老工业基地的过程中，根据当前产业发展的新趋势，切实把握集群经济发展和演化的基本规律，用新兴的产业集群统筹产业的重组、整合、转移和创新。从而形成内生增长机制和自主创新能力，是不断提升区域产业竞争优势、加速工业化进程、努力实现经济跨越式发展的必由之路。

目前，东北三省已经充分认识到培育和发展优势产业和产业集群对经济振兴的重要作用，先后提出各自的产业基地建设计划，这对整个区域的产业发展起到积极的推动效应。结合东北的历史基础和现实状况，一"大"、一"小"是值得重点发展的两类产业集群。这里的"大"是指具有较强国际竞争力的大型企业和企业集团为核心的产业集群，旨在激活东北经济的存量，激发企业生存能力，以寻求新的突破。在集群中，随着核心企业和配套企业竞争力的增强，产业集群的竞争力也会增强。反过来又促进了集群内企业的发展，从而形成良性的螺旋上升式的循环发展。"小"指的是由多种经济成分的中小企业集聚而成的中小企业集群，旨在打破国企垄断的局面，摸索经济增量发展的新路。实现东北新兴工业化的目标。中小企业集群又类似于威廉姆森所谓的"中间性体制组织"，这种组织形式是实现规模经济效益的有效形式。

在产业集群化发展过程中，尤其要发展装备制造业、能源和原材料的接纳产业、农产品的深加工产业等主导产业集群。

1. 集中力量发展装备制造产业集群

针对重工业大多数具有中间产品较多、产品价值链较长、分工协作程度高、技术含量较高、需求潜力较大、产业关联性强等特点，以此比较适合集群化的发展模式。一方面，一汽集团、第一重型机器厂、沈阳输变电设备厂等,大批具有很强的行业竞争力和较强区域经济带动作用的知名企业。其中,光一汽集团就在2003年生产汽车94万辆,其中轿车57万辆。在一汽的带动下,汽车零部件行业发展很快,配套产品达到2700种。这为发展装备制造业基地提供了有利的基础条件。另一方面,随着经济全球化进一步发展和国际产业转移日益加速,中国逐渐成为世界制造业中心,这又为装备制造产业集群的发展提供了千载难逢的历史机遇。

根据当今国际经济运行规律,从产业链整合的角度出发,只有以产业增值为目标,使各个环节形成合力,才能造就主导产业的竞争力。以东北地区的竞争力强、行业优势明显的大型企业为核心,把孤立的大型企业和单一门类的产业集聚成为装备制造业产业集群,既破解了国企"大而全"的组织结构,也使中小企业得到了发展。在这种模式下,负责零部件生产的企业可同时为多个核心企业提供配套产品,形成规模经济的效应;而核心企业又有多个供货商可供选择,通过优胜劣汰降低成本,提高质量。真正实现了良性互动,从而带动整个区域经济的发展。

2. 加大力度发展能源和原材料产业集群

东北地区有着丰富的自然资源。东北地区矿产丰富,全国已探明储量的矿藏有近160种,东三省就有140多种,其中40多种矿藏的储量居全国前三位。石油、煤炭和铁矿是东三省最重要的资源产业,围绕这三大资源产业兴起了几百家大中型企业,以这些企业为基地形成了十几个资源型城市。这些城市的人口数量、土地面积和经济总量均占东三省的很大比重。东北地区的森林面积达8.67亿亩,大概占到全国森林面积总和的50%。然而,过度的开采已经导致资源的枯竭和采掘成本的上升。为了延长产业链,有必要立足于可持续发展的高度，重新规划不可再生资源的开发利用和接续产业的发展思路。

如可立足于大庆的石化资源，依托现有的产业基础，建立石化深加工产业群。把化工原料的延伸加工及其精深加工作为资源整合的重要领域，提高化工原料在城市群内部的加工率，使其成为重要经济增长点。集中发展塑料粒子、腈纶纤维、橡胶制品、高档涂料、医药农药等具有明显资源和产业整合优势的产业链、产业群。建立化纤深加工产业群，继续支持辽化走"炼、化、纤"一体化发展之路，拉长石油化纤产业链条。还可依托煤炭资源的开发和转化合成的先进技术，生产诸如电能、热能等绿色能源和芳香烃类产品等煤化工特有的化工产品，优化能源梯级利用，建立经济效益高的煤化工产业集群。依托鞍钢、本钢等钢铁企业，加大新型合成钢材的技术含量，完善钢材的规格等次，形成适度的产业链，促进冶金工业产业集群的现代化。

3. 合理发展农产品深加工产业集群

东北地区有着得天独厚的资源条件，土地资源丰富，家庭土地占有量名列全国前茅，适宜进行规模化生产。由于土壤肥沃，氧分充足，农产品主要集中于生产成本较低的水稻、小麦、大豆和玉米。然而仅靠出售原粮或传统的饲料工业原料，不能带来可观的经济收益，甚至还会抑制农民的生产积极性。而发展农产品深加工产业集群，既能优化工业结构，又能提高农民收入，为解决东北地区"三农"问题疏通障碍。因此，东北地区的农业要围绕发展优势产业基地，按照企业带产业、基地带农户的模式，形成产业优势明显、产品特色突出、竞争力强，发展前景好的农产品加工产业集群。通过延伸农产品加工的产业链，减缓东北地区的就业压力，增加农产品的附加值。

东北地区集群化战略是一种协调、可持续的新发展观，因此，需要人们用发展的眼光和开放的胸襟去对待。地方政府要在提供公共产品、公共服务和制度环境等方面发挥积极的推动作用，完善责任意识和服务意识。

（二）产业带和大通道发展战略

依据国家提出的东北地区要建设成为面向世界的重大装备制造业基地和重要原材料基地及国家粮食基地的战略定位，优化产业布局和交通布局的整体架构是一项不容忽视的基础性工程。东北地区的产业带和大通道对进一步优化本地区经济布局，加快国家新型产业基地的建设，推动老工业基地振兴起到举足轻重的作用。

产业带的理论，是综合赫希曼提出的"不平衡增长"的理论、佩鲁提出的"发展极"的概念、波特提出的"产业集群"的概念、罗斯托提出的"优先发展主导产业部门"的理论以及梯度转移理论、点轴开发理论等得出的结论。这里所指的产业带并非一般意义上的行政区或部门经济区，而是当代产业空间布局的一种典型形式。产业带由一批具有规模经济效益、自身增长潜力以及能对地区经济发展产生辐射效能的发展极以"点阵"形式，呈带状分布的产业集聚区域。因其具备了生产要素的高度集聚、资本与技术的高度集聚、产业分工的高效有序、产业链的不断延伸交叉等特征，竞争优势无可比拟。而维系产业带内在活力和对外发展的核心要素便是有大通道之称的交通运输大动脉。

作为老工业基地，东北地区历史形成了偏向内陆的经济布局，形成了继珠三角、长三角、京津冀之后中国第四大经济增长区——

哈大产业带。哈大产业带以不足全东北 1/3 的人口和土地占有率，为整个区域贡献了半数以上产值、进出口总额，以及社会消费品零售总额。在这里，产业集聚特征明显，各大学科门类的科技人才云集，拥有全国各大经济区中密度最大的铁路网络，是东北地区经济发展的核心地带。

然而，东北地区除了哈大产业带外，没有第二条能够纳入国家、地区级发展水平的产业带。由于生产技术和交通条件的限制，很多诸如原料药资源、旅游资源、畜牧业资源等既没有得到很好的开发，也没有形成东北地区的特色产业带。即使是哈大产业带，其内部产业链联系也不够紧密，产业群虽然很多，但没有特别突出的。因此，在国家提出振兴东北战略的发展机遇期，迫切需要分阶段、分步骤地加快产业带和大通道建设。

1. 强化原有产业带的功能

根据当前发展的状况，现阶段应以加强哈大产业带建设为抓手，突出强化产业带的功能。要打破行政区划的限制。统筹不同行政主体的发展，协调产业带的分工与合作。要秉持适度均衡发展的原则，优化空间布局，根据不同的资源禀赋和环境容量，继续推进中部集聚。在哈大产业带集中发展装备制造业、能源和原材料的接续产业、农产品的深加工产业、汽车制造业、高新技术产业等产业集群。通过做大做强的方式，把哈大产业带建设成为国内一流、国际先进的超大规模的生产基地。

2. 加快新兴产业带的建立

纵观世界著名的工业经济带，一般临近沿海，港口与工业区融合发展。随着进出口数量的激增和产品国际化发展趋势的进一步推进，沿海城市的区位优势日益凸显。发展环渤海产业带，不仅能有效承接国际产业转移，还将为东北地区产业结构调整创造新的发展平台，形成面向沿海的发展模式，全面提升东北优势产业的国际竞争力。综合物流成本和原油资源等因素，环渤海城市应当是今后新上马原材料工业项目的首选。

同时，以长白山和大、小兴安岭地区的丰厚的天然资源为基础，扶持药材、绿色食品、旅游等生态产业带。依托三江平原、松辽平原肥沃的土壤资源，合理布局农副产品产业带。

3. 合理布局交通运输网络

东北地区拥有较好的交通基础条件，已基本形成了由公路、铁路、水运、航空和管道等多种运输方式构成的综合交通体系。区域内公路、铁路、内河运输线路总长度达到18.7万公里，运网密度达23.6公里/百平方公里，略高于全国平均水平（20.9公里/百平方公里）。但是，东北地区地处东北亚的地理中轴，面朝海外，连接俄、朝、日、韩等国家，具有既沿海、又沿边的独特区位条件。随着进一步扩大对外开放、发展对外贸易、参与东北亚经济合作，对公路水路交通提供的基础条件依赖性日益增强。同时，随着东北地区经济的高速增长、经济总量的迅速扩大，必将带动全社会交通运输需求的快速增长。

因此，应当紧紧围绕区域城镇布局、产业基地和资源分布，建立运能充分、运行高效、服务优质、安全环保的区域一体化公路水路大通道体系，以高速公路、主要港口和内河水运主通道为骨干，实现基础设施、运输服务、信息资源、政策法规等各方面的衔接与协调，全面适应东北地区经济和社会发展的需要。这也是大通道发展战略的总体思路。

由此可见，推进产业带建设有助于东北地区进一步融入国际分工体系，提升主导产业的国际竞争力，实现经济的跨越式发展；推动大通道建设有助于缩短东北与其他地区和国家的货物流通周期，提高物流效率。降低货物运输成本。产业带和大通道建设互为融合，共同构成了东北区域经济振兴的基础性工程。

（三）财政扶持和财政政策优化战略

著名发展经济学家刘易斯曾经说过，"没有一个国家不是在明智政府的积极刺激下取得经济进步的"。财政政策作为"刺激"的主要手段在其中发挥着重要的作用，其目标在于保持经济稳定、促进经济发展、提高就业水平、保障公平分配和达到平衡预算。根据国外老工业基地和其他国家的一些经验，我们认为，财政政策是有效解决老工业基地振兴的资金问题，推动落后地区经济发展的基础性手段。在老工业基地的调整改造过程中，我们所面临的城市基础设施的更新和完善，企业的扩容和技术改造，传统工业的结构优化和升级，失业人员的安置等问题都需要有大量的资金保障。因此，只有充分发挥财政政策的重要作用，才能有效解决资金瓶颈问题。

1. 加大国家财政对基础设施建设的投资力度

基础设施建设的好坏与完善程度，直接影响到整个东北老工业基地的发展前景。但是基础设施建设不是一朝一夕能够完成的事，不光投入大，建设周期长，而且许多是公益性项目，难以收回成本。许多基础设施投资兴建项目还不能单靠地方的财力。需要国家财政、地方财政、甚至私人出资共同参与。在这过程中，财政投资理应发挥主导作用。国家对基础设施建设项目投资的力度与项目的规模和地方经济紧密联系。正常情况下，工程项目规模与投资越大，国家的投入就应当越多；地方经济越落后，国家在基础设施建设项目投资总额中所占的比重就应当越高。在实施东北老工业基地振兴的战略以来，政府以积极的姿态，不断加大对东北地区基础设施建设的投入力度。提供一切优惠政策，有效提升了老工业基地基础设施建设的品质。但是，目前尚处于发展的初级阶段，没有达到完善的目标。因此，亟需优先给予优惠政策，进一步加大财政的支持力度，保证充足的资金和技术力量。也可以通过加大财政转移支付、增加专项财政补贴、优先提供建设项目、发行专项建设国债等方式，为东北老工业基地基础设施建设提供更多的资金来源。

2. 优化财政支出结构

在东北老工业基地实践财政支出结构的优化战略对缩小区域差距、加速经济复苏具有重要意义。与西部不同，东北老工业基地具有良好的基础，经济的振兴是一个重新"激活"过程，而不是低起点的"开发"过程。如何通过有限的财政投入，盘活固化的资本存量理应成为我们积极思考的问题。基于以往财政支出的经验教训，财政投资应当逐步缩减一般性投资项目和竞争性投资项目的比例，找准定位，把目光转向优化投资环境和保障充分就业的层面。尤其是在投资硬环境建设不断跟进的前提下，如何把有限的财政直接拨款着重用于加强投资软环境建设，是当前吸引外来投资，加快地方经济和社会发展的当务之急。

其中，衡量投资环境的指标主要包括：国际一体化程度（进口竞争、产品出口比例、外资企业比例和国内私营企业比例）、企业进入与退出机制（企业过剩的生产能力、企业外包业务所占成本的比例）、政府管理方面给企业造成的障碍（经理人员处理和政府有关事务的时间：一年中天数、拒绝回答此类问题的比例）、劳动力市场灵活性（企业临时用工的比例、劳动力素质、企业接受培训员工比例）、基础设施质量和方便性（企业对信息和电子计算机技术的获取和使用情况、企业 R&D 的支持环境、由于停电导致的损失和由于丢失或损坏造成的损失）、金融环境（金融环境指数）等6个方面，12个指标。

3. 实行规范的财政转移支付制度

在中央扶持东北老工业基地振兴的各项措施中，"实行规范的中央财政转移支付制度"已经被作为其中的重要措施之一。近年来，国家对东北地区转移支付的投入一直在不断增加，但占比重呈不断下降趋势。为更好地支持东北老工业基地振兴。国家应该逐步提高对东北地区转移支付的比重。转移支付的使用可以主要集中在以下几个领域：首先，通过国家财政转移支付，以职工养老金、养老保险、特困补助、医疗保险、最低生活保障等方式重点补助失业下岗工人，由国家承担部分改革成本及社会稳定成本。其次，通过国家财政转移支付，"提供一定的财政支持以补偿企业进行产业创新和技术创新时面临的外部性"。中央政府应当优先分担东北老工业基地在国有企业的破产和不良资产的核销过程中产生的成本。再次，通过国家财政的转移支付的方式，填补因免征农业税而产生的税收空缺，缓解东北地区"三农"问题的压力。最后，通过实行投资补助或贴息贷款等方式提高原有的资本利润率，最大限度地吸引民间资本或外来资本，加快老工业基地的改造进程。

4. 调节税收优惠政策

税收优惠政策是促进地区经济均衡发展的一项重要措施。在实践中，几乎被所有国家用来推动欠发达地区经济的发展。始于2004年的新一轮税制改革首先在东北地区试点。但是，面向振兴东北老工业基地的税收优惠政策横跨增值税与企业所得税两大调节领域，并且企业所得税优惠缺乏主体针对性，这就暴露出我国目前税收优惠政策目标不清的弊端。在一定程度上，甚至使税收优惠丧失对经济的调节作用。因此，首先，应当将税收优惠政策的调节范围由"普惠制"缩小至企业所得税领域。其次，税收优惠政策要突出重点区域。目前，我国的区域性税收优惠政策在东、中、西部都有不同的措施，这样一来，既大大削减了对东北老工业基地实施优惠政策的效能，造成市场经济条件下不公平的竞争环境；也为企业的偷税、漏税留有空间，使税基不可避免地受到侵害。因此，亟须在均衡区域间税收优惠政策的同时，侧重于扶持东北地区，重点放在鼓励科技进步上。

（四）国企改造与制度创新战略

东北老工业基地数量众多的国有企业、比重过大的国有经济，在市场经济发展到一定阶段的前提下，只能成为经济进一步发展的严重阻碍，必须采取相应政策对国有企业进行改制，这是经济结构调整和深化改革的现实要求，也是生产力发展的必然结果。时任温家宝总理在十届人大三次会议的政府工作报报告中指出："国有企业的改革仍然是经济体制改革的中心环节"，中国深化国有企业改革"一要坚持国有经济布局和结构的战略性调整，完善国有资本有进有退、合理流动的机制。二要加快国有大型企业股份制改革。三要加快解决企业办社会问题，继续做好国有企业政策性关闭破产工作，建立依法破产机制"。据此，要解决东北地区国有企业产业结构不合理、产权结构单一、资产负债率偏高等问题，应着重就以下几个方面进行国企改造和制度创新。

1. 制定统筹区域全局的国有经济布局调整规划

东北经济的振兴，国有经济整体布局和结构的调整是必须要谋划和实施的艰巨任务。只有从行业和企业两个层面建立国有资本有进有退的灵活机制，制定东北地区统一协调的国有经济布局和结构调整规划，才能充分发挥国有经济在关键领域和重要企业中的核心作用。首先，有计划分步骤地推动国有资本退出一般性竞争行业和非行业骨干企业，让渡于非国有资本进入竞争性领域开展有序竞争，增强整体经济的活力和市场竞争力。其次，按需分配政策资源，重点扶植诸如能源、原材料、装备制造业等关乎国计民生的产业领域，做强做大其中的骨干企业，全面提升国有经济的主导价值和地区的产业综合能力。第三，理顺产业组织的分工协作关系，在本地区形成以设计、研发、总装为主的大型核心企业与生产配套产品、提供配套服务为主的中小型企业的产业链，降低生产与交易的成本。

2. 加快产权制度改革

针对东北地区国有企业产权不清和产权结构单一的不合理配置状态，改革的核心应当放在完善产权制度上，建立权属明晰、权责明确、流转顺畅、政企分开的现代产权制度。近年来针对东北老。工业基地国有企业的改革措施由于拘泥于旧的运行体制，没有从根本上改变产权状况，因此，收效甚微。所以，我们的战略任务就是要加快产权制度改革，明确国有资产产权，支持具备条件的国有大中型企业通过重组上市、中外合资、部分转让国有产权等多种途径，吸收民营企业、外资企业等各种所有制经济参与国有企业改组改造，推进国有资本和其他各类资本交叉持股、相互融合。通过各种途径的改革，逐渐实现投资主体多元化，完善法人治理结构，建立现代企业制度。通过股权置换，推动东北地区中央企业之间、中央企业和地方企业的战略重组，强强联合。这也是培育和造就实力雄厚、竞争力强的大企业大集团的主要方式。从绝对控股向相对控股转变，有利于打破现存的企业"内部垄断"格局，加强企业内部利益主体间的制衡，从而真正实现公司法人化治理模式。

3. 构筑新的技术创新体系

东北地区国有企业资质较差，经济效益偏低等状况，很大程度上是由于设备陈旧、工艺落后、技术更新缓慢等因素引起的。过去，国有企业技术创新主要是靠引进或模仿国外的先进技术，一方面，引进技术所产生的费用被转嫁于产品的价格，失去同类产品在国际市场的价格竞争优势；另一方面，由于在技术支撑领域缺乏主动权，又失去了产品抢占市场的时效性。因此，在快速扩张中提高技术创新能力是东北老工业基地国有企业振兴的一项艰巨任务。鉴于此，东北地区要尽快改变科技资源布局的部门分割、创新主体之间互动有限、各自为政的状况，构建一个运作良好的区域创新体系。通过协调解决地方政府、企业、科研机构、大学、中介机构等参与技术创新活动的行为主体在技术创新所需的资金，人力和知识资源等资源性要素，以及科技基础设施、社会文化、制度环境和机制等外部环境要素，尽可能地维持"科技供给与需求平衡"。此外。在制度环境建设方面，东北政府部门的战略选择应从单纯的重 R&D 投入转到综合科技服务体系构建，疏通科技成果转化的中间环节，使技术优势最大限度地转变为产业优势。

制度创新的实践使东北地区在振兴中"脱胎换骨"，一个"新东北"凸现在中国经济的框架中，并由此成为续"珠三角"、"长三角"、"京津唐"之后又一重要的经济增长极。"新东北"显然不是原来意义上的东北，它是在市场经济体制下的东北，是融于经济一

大格局——变动中的中国区域发展战略布局

体化的东北。

三 振兴东北效应透视

振兴东北在科学发展的轨道上健康运行，再度辉煌已初露端倪。经济总量占全国比重由下降转为上升，增长势头锐不可挡。人均生产总值达到东部地区的平均水平；机制创新上，现代企业制度全面建立，非公有制经济活跃发展。地位大幅度提升；产业结构得到优化，新型产业基地的格局基本形成，主导产业在国际产业分工格局中占有重要地位；资源型城市问题和社会问题基本得到解决；区域一体化发展框架基本形成。各项统计表明，近几年是改革开放以来东北三省综合经济实力提高最显著、城乡居民生活提高最快的时期。

（一）创新：自身优势得以激活

国家振兴东北老工业基地体制机制创新给东北带来了新的机遇。使地区经济进入发展快车道。东北地区的自身优势得以激活，农业、装备制造业等拳头产业焕发出强大的基础优势和巨大潜力，这是东部沿海地区和中西部地区所不具备的。

2007 年，东北地区完成国内生产总值 23325 亿元，占全国 GDP 的 9.458％，其中，全社会固定资产投资 14302.58 亿元，社会消费品零售总额达到 8360.4 亿元，进出口总额达到 870.84 亿美元，均保持了持续快速增长。分产业看，第一产业增加值 2884.4 亿元，第二产业增加值 11998.9 亿元，第三产业增加值 8441.7 亿元，分别占该地区生产总值 12.4％、51.4％、36.2％。2007 年，东北地区地方财政一般预算收入 1842.7 亿元，比上年增长 27.1%。2011 年，东北地区完成国内生产总值 45060 亿元，占全国 GDP 总量的 9.55%。2011 年，东北地区实现地方财政预算收入 4487 亿元，同比增长 33.6%。

东北三省粮食产量在 2004—2007 四年间分别为 7231 万吨、7927 万吨、8225 万吨和 8254 万吨，占全国当年粮食总产量的 15.4%、16.4%、16.5% 和 16.5%。其中，辽宁省、吉林省、黑龙江省 2007 年粮食产量分别达到 1834.7 万吨、2454 万吨和 3965.3 万吨。东北三省粮食产量占全国的比重逐年上升，为全国粮食供求平衡和国家粮食安全做出了较大贡献。2012 年，东北三省粮食总产量达 2360 亿斤。

东北三省规模以上工业完成增加值在 2004—2007 四年间分别为 4869.6 亿、6374.5 亿、7799.5 亿元和 9792.07 亿元，同比增长 19.7%、16.6%、18.2% 和 18.8%。2007 年实现利润 2452.65 亿元，同比增长 27.9%。其中 2007 年，辽宁省增加值和利润分别为 5047 亿元和 762.62 亿元，同比增长 21% 和 62.1%；吉林省增加值和利润分别为 1873.8 亿元和 413.05 亿元，同比增长 23.6% 和 102.98%；黑龙江省增加值和利润分别为 2871.9 亿元和 1277.6 亿元。同比增长 15.8% 和 19.5%。2011 年，东北三省规模工业增加值同比增长 15.6%（同期全国平均增速为 13.9%）。

东北地区的装备制造业在实施创新战略以来飞速发展，成为其第一支柱产业，积聚效应明显。据不完全统计，2006 年东北三省装备制造业的总产值增速和利润增速均超过同期全国水平。其中，2006 年辽宁省的新增工业利润有 55% 来自装备制造业，仅装备制造业就完成 984 亿元的工业增加值，一举成为辽宁省的第一支柱产业。

2011年辽宁省装备制造业完成工业总产值首次突破万亿元大关，达到12456亿元。随着技术装备的不断更新，鞍钢、一汽等老牌重点企业产能和品质都达到国际先进水平，自主研发的汽车发动机和轿车已经能在国际市场立足。这从一定程度上拓展了市场空间，支持了国民经济发展和国防建设。

（二）转型：可持续发展迈开大步

东北地区资源型城市兼具老工业基地和资源型城市的特征。因此，不仅仅是解决现存的资源型城市的产业衰退、社会矛盾突出、生态环境恶化问题，更重要的一个方面就是寻找一条发展接续产业的出路。党的十六大报告明确指出："支持东北地区等老工业基地加快调整和改造，支持以资源开采为主的城市和地区发展接续产业。"在国家振兴东北政策的积极推动下，东北地区通过加快城市结构调整和产业转型，取得初步成效。

先期启动的辽宁阜新资源型城市经济转型试点工作取得阶段性成果，国家支持的23个重点项目累计完成投资45亿元；以农产品加工业作为接续产业的态势已基本形成；2005年国务院批准资源城市转型试点范围扩大到大庆，伊春、辽源和白山市，试点工作有序展开。2006年，辽源和白山市实现工业增加值分别增长37.9%和26.5%，增速位居吉林省的第一和第二位。自实施振兴战略以来，国家累计投资65亿元用于东北三省15个采煤沉陷区项目的治理改造，新建住宅面积907万平方米，安置居民15.24万户。

在节能减排工作方面，辽宁省经过不懈努力，2007年万元GDP能耗1.7吨标准煤，下降了4.5%，化学需氧量和二氧化硫排放首次双下降，完成节能减排计划目标。2011年，万元GDP能耗1.096吨标准煤。吉林省强化了节能目标责任制，实行了投资项目节能评估审查制度，2007 年万元 GDP 能耗 1.524 吨标准煤，下降 4.2%。2011 年，万元 GDP 能耗 0.923 吨标准煤。黑龙江省化学需氧量排放量下降 2%，二氧化硫排放量下降 0.5%，单位 GDP 能耗持续下降，实现了 2007 年初确定的节能 4% 的目标。2011 年，万元 GDP 能耗 1.042 吨标准煤。

在改善生态环境方面，辽宁省 5 年造林 2070 万亩，退耕还林 1380 万亩，耕地保护连续 10 年实现占补平衡。2012 年，辽宁省计划完成造林绿化总任务 792 万亩。沈阳、辽阳生态市建设规划已开始实施，海城等 20 个区县生态县（区）建设规划通过专家论证，沈北新区等 22 个县区被命名为全国生态示范区。生态示范区数量达到 23 个。2007 年末自然保护区数量达到 96 个，面积占全省土地面积的 9.8%。吉林省取缔一级水源保护区的全部排污口 8 个，实现了全省一级水源保护区无排污口的目标；国家级自然保护区 2 个，各类自然保护区已达到 34 个，总面积 222 万公顷，占省域国土面积的 12.6%；共有生态示范区 23 个，面积 11.71 万平方公里，占省域国土面积的 62.5%。黑龙江全年完成造林面积 8.8 万公顷，完成幼林抚育面积 59.4 万公顷。目前，森林覆盖率提高到 43.6%。2007 年末全省有自然保护区 186 个，比 2006 年增加 9 个。自然保护区面积 590 万公顷，比 2006 年增加 44 万公顷。截止 2011 年末，黑龙江省已建立自然保护区 211 处，总面积 652 万公顷，占黑龙江国土面积的 13.78%。

东北地区现正根据《国务院关于促进资源型城市可持续发展若干意见》提出的"要把促进资源型城市可持续发展作为振兴东北地区等老工业基地的一项重要任务"的要求，扎实地推进东北地区资源型城市可持续发展，为我国资源型城市可持续发展发挥很好的示范作用。

（三）开放：内外兼修共谋前景

东北地区能否发展成为外国先进技术的引进和消化市场、口岸与腹地分工合理的出口加工中心、重工业出口创汇基地，沿袭过去那种单纯靠技术更新或行业调整是难以实现真正振兴的。只有提高综合对外开放能力，才是东北地区实现全面振兴的必经之路。近几年，东北地区从建立出口加工区、引进技术和成套设备起步，逐渐发展到建立合资企业、开发区，开展边境贸易等，现已成长为东北亚地区重要的经济增长地带。

图6-1　东北地区城市魅力

其中，大连通过与日、韩等国密切往来，正在逐步成为北方的"香港"；哈尔滨通过与俄罗斯的贸易往来，正在向"东方莫斯科"迈进。吉林则在全力打造图们江流域的东北亚跨国合作新模式，谋求新的出海口；沈阳作为区域枢纽和中心的地位正在向上海、广州等地靠近。东北老工业基地正迎来一个全方位对外开放的新时代。

2004年，东北三省实际利用外商直接投资为59.4亿美元，同比增长51.7%，高出全国增速37.6个百分点。2005年，按商务部调整后口径计算，三省实际利用外商直接投资为57.0亿美元，同比增长89.5%，高出全国增长90.0个百分点（全国实际利用外商直接投资同比下降0.5%）。2006年，三省实际利用外商直接投资为84.6亿美元，同比增长48.3%，高出全国增速52个百分点（全国实际利用外商直接投资同比下降4.1%）。2011年，东北三省实际利用外商直接投资额达到323.8亿美元。从实际利用外商直接投资来看，外商对东北三省经济发展的信心在不断增强。

在2004—2007年4年间，东北三省实现进出口贸易总额分别为480.2亿美元、571.1亿美元、691.6亿美元和871亿美元，同比增长26.2%、18.9%21.3%和25.9%。其中，出口额为243.2亿美元、319.8亿美元、397.5亿美元和515亿美元，同比增长23.8%、31.5%、24.3%和29.4%；进口额为237.1亿美元、251.4亿美元、294.1亿美元和356亿美元，同比增长29.2%、6.1%17.0%和21.1%；贸易顺差为6.1亿美元、68.4亿美元、103.4亿美元和15亿美元。2006年贸易顺差首次超过100亿美元。2011年，东北三省实现进出口总额1564亿美元，增长25.1%（同期全国平均增速为22.5%），占全国比重的4.3%。

2004—2007年，对外贸易不断创出新高，外商直接投资继续增长。光就 2007 年而言，辽宁外贸进出口总额完成 594.72 亿美元，同比增长 22.9%，外贸出口总额完成 353.25 亿美元，同比增长 24.7%；吉林外贸进出口总额 102.99 亿美元同比增长 30.1%，出口 38.58 亿美元，同比增长 28.7%；黑龙江省进出口总额完成 173 亿美元，同比增长 34.5%，出口 122.7 亿美元，同比增长 45.4%。黑龙江省对俄贸易再上新台阶，实现进出口 107.3 亿美元，同比增长 60.4%，占全省进出口总额的 62%，占全国对俄进出口总额的 22.3%，均创历史最高。2007 年，东北地区实际利用外商直接投资 120.75 亿美元，比上年增长 42.7%。辽宁省、吉林省、黑龙江省实际利用外商直接投资分别为 91 亿美元、8.85 亿美元和 20.9 亿美元，比上年分别增长 52%、16.3% 和 22.1%。2011 年，辽宁省、吉林省、黑龙江省实际利用外商直接投资分别为 242.7 亿美元、46.5 亿美元和 34.6 亿美元，同比增长 17%、12% 和 25%。

东北地区通过对外开放实现新的振兴，也将使中国的经济发达地带在沿海地区自南往北连成一片，使对外开放展现出新的区域经济格局。

（四）发展：振兴成果惠及百姓

事先实现老工业基地全面振兴是一个系统工程，涉及经济社会发展的方方面面。党的十七大报告中把"加快推进以改善民生为重点的社会建设"作为一大重点，从发展教育、扩大就业、增加收入、社会保障、医疗卫生、社会管理等 6 个方面提出了要求。老工业基地的发展进程正是遵照以人为本、改善民生、科学发展的理念不断前行。

2004—2007 年，辽宁、吉林和黑龙江三省城镇居民家庭人均可支配收入增速均高于全国当年水平。2004 年辽宁、吉林和黑龙江三省城镇居民家庭人均可支配收入，分别为 8008 元、7841 元和 7471 元，同比分别增长 7.6%、11.9% 和 11.9%，辽宁省的增速与全国基本持平，其余两省均高于全国 4.2 个百分点；到 2005 年分别为 9108 元、8691 元和 8273 元，同比增长 12.8%、10.8% 和 10.7%。增速高于全国 3.2 个、1.2 个和 1.1 个百分点；2006 年分别为 10370 元、9775 元和 9182 元，同比增长 12.6%、12.5% 和 11.0%，增速高于全国 2.2 个、2.1 个和 0.6 个百分点。2011 年，辽宁、吉林、黑龙江三省城镇居民可支配收入分别达到 20467 元、17797 元和 15696 元，增速比 2010 年提高 0.6 个、5.4 个和 3.0 个百分点。

辽宁、吉林和黑龙江三省农村居民家庭人均纯收入，2004 年分别为 3307 元、3000 元和 3005 元，同比分别增长 12.7%、18.6% 和 19.8%，增速分别高于全国 0.7 个、6.6 个和 7.8 个百分点；2005 年为 3690 元、3264 元和 3221 元，同比增长 7.3%、8.8% 和 7.2%，增速高于全国 1.1 个、2.6 个和 1.0 个百分点；2006 年为 4090 元、3641 元和 3552 元。同比增长 9.0%、11.6% 和 10.3%，增速高于全国 1.6 个、4.2 个和 2.9 个百分点。近几年，三省农村居民家庭人均纯收入增速均高于全国当年，辽宁和吉林两省农村居民家庭人均纯收入绝对值均高于全国当年，黑龙江与全国基本持平。截止 2011 年，辽宁、吉林、黑龙江三省农民人均纯收入分别达到 8297 元、7510 元和 7590 元，增速分别比 2010 年提高 2.3 个、1.9 个和 2.9 个百分点。

东北地区社会事业发展加快，各类教育全面发展，办学条件得到改善。辽宁省提前一年全面实施农村义务教育"两免一补"政策。2007 年，全部免除 260 万农村学生义务教育阶段学杂费，全面完成农村中小学 D 级危房改造。新建农村九年一贯制寄宿学校 500 多所。吉林省"两基"（基本普及九年义务教育、基本扫除青壮年文盲）成果巩固提高取得新进展，2006 年全省小学生辍学率为 0.11%，普通初中学生辍学率为 0.61%；职业技术培训机构 3204 所累计结业人数达 81.6 万人次。黑龙江省 2007 年教育经费投入 223 亿元，普通高等院校发展到 68 所，成人技术学校培训学员 119 万人次。城乡医疗卫生事业进一步发展。辽宁省新型农村合作医疗实现全覆盖，参合农民 1900 万人，吉林省城乡卫生设施条件进一步改善，食品药品安全监管得到加强。黑龙江建成了省、市、县三级功能完善、结构合理的疾病预防控制体系和突发公共卫生事件应急指挥体系。

图 6-2　东北二人转

初步建立起资金来源多元化、保障制度规范化、管理服务社会化的社会保障体系。截止 2011 年，辽宁、吉林、黑龙江三省在 2010

年就业的基础上实现新增就业 105 万人，55 万人和 61 万人，城镇登记失业率分别为 3.7%、3.7%、4.3，均低于全年控制目标。

2011 年，辽宁、吉林、黑龙江三省分别开工保障性住房（含棚户区改造）37 万套、49 万和 86 万套，超额完成任务。

东北老工业基地的发展让我们切身感受到：经济振兴与改善民生要相辅相成，良性互动。只有将经济发展成果更多地用于改善民生，提高百姓收入，健全社会保障制度，解除百姓后顾之忧。才能最大限度地调动群众参与经济建设的积极性，促进经济社会协调发展。

四　未来 10 年振兴东北的挑战与政策

（一）未来挑战

总体来看，东北振兴战略的开局之年势头良好，各类政策措施形成的"集合"效应正在逐步释放。20 世纪 80—90 年代基本处于"边缘化"倾向的东北经济，现在已经开始发生变化。通过各地政府对中央战略的积极响应，市场力量作为经济增长的原动力正在发挥越来越重要的作用。

但是，从社会经济可持续发展角度衡量，东北经济仍面临比较严重的挑战，一些深层次的矛盾还没有得到解决。这些矛盾既是困扰目前东北地区经济发展的主要因素，也是东北地区可持续发展中需要付出长期努力重点解决的矛盾。除体制因素外，下列问题比较突出：产业结构调整的任务艰巨，目前已经形成的偏重型的产业体系在结构转型、规模扩张、技术升级等方面面临较大挑战，新兴产业发展的能力不强；依据资源基础所形成的传统产业优势与本地资源保障间的矛盾日益突出。建设"重要原材料基地"的战略面临较重的资源、环境压力，且东北资源型城市的可持续发展问题突出；依据都市经济区形成的区域创新能力和经济竞争能力不强，面临经济国际化和国内主要城市的挑战；虽然农业在全国的地位越来越强，但基础不稳，产业化发展缓慢，现代农业体系还没有形成；局部区域生态环境问题突出，恢复与治理的任务较重等等。这些深层次的问题如何解决，直接关系到东北振兴战略政策的制定及其未来的发展。

（二）未来政策调整方向

1. 重视规划，实行分类指导和区别对待

加快老工业基地调整改造，规划必须先行。目前，辽宁、吉林、黑龙江三省已分别制定实施了老工业基地振兴规划。东北许多老工业基地城市，如沈阳、大连、长春、哈尔滨、鞍山、抚顺、营口、伊春等，也相继制定实施了老工业基地振兴规划。国家有关部门也编制完成了相应的专项规划，如《东北地区电力工业中长期发展规划》、《振兴东北老工业基地公路水运交通发展规划纲要》等。这些规划的制定实施将有利于进一步推进东北老工业基地的调整改造和振兴。

对于不同的老工业基地，应该采取不同的策略，实行分类指导、区别对待。例如，对于单一资源型基地和原材料老工业基地，要重点解决资源枯竭和接续产业的发展问题，延长产业链条，积极培育新兴产业，逐步实现产业的多元化；对于以装备制造业为中心的老工业基地，应把重点放在提高经济增长质量和产业竞争力，促进产业升级，增强发展后劲上面；对于综合性老工业基地，要重点发展先进制造业、高新技术产业和现代第三产业，增强中心城市功能，

提高城市综合竞争力。

2. 着力解决就业和再就业问题

针对东北地区下岗职工多、技能单一等特点，提供就业培训、创业条件和政策优惠；继续推行社会保障体系试点工作；提供社会生活保障等公共服务解决基本生活问题。

实施促进就业的长期战略。广开就业门路，通过发展商贸、旅游、现代物流、社区服务等劳动密集型产业，政府出资购买公益性就业岗位，建设项目更多的使用老工业基地内劳动力等方式，努力缓解就业压力；引导下岗失业人员转变观念，接受弹性和非正规就业；大力开拓省外、国外劳务市场，组织劳务输出，增加劳务输出总规模；加强再就业培训工作，增强下岗失业人员转岗就业能力；为劳动就业弱势群体提供就业照顾和就业援助；发展和培育劳动力市场，建设区域或城市就业信息平台，引导劳动力合理流动。

3. 继续加大金融和财政支持力度

由于东北地区国企问题严重，遗留问题多，可采取专项资助、产业转移援助等政策，从资产、融资、职工安置、医疗保险等方面推行具体措施。同时，要加大对不良资产和贷款的处置力度。目前，由于中央政府的介入，东北地区处理不良资产取得了一定成效，很多国有企业的呆坏账被核销，不良贷款率开始下降。2005年底，辽宁省不良贷款率比年初下降11个百分点，吉林下降7个百分点。但是，不良贷款的增量仍在增加。由于不良贷款存量的处理并未有效地与企业重组联系起来，必然会产生"前清后欠，重复再生"的问题，因此，必须把消化不良资产与企业重组结合起来。

4. 改善投资环境，吸引外资

政府要加大对基础设施建设的投资力度，建设良好的招商引资环境。要进一步加快开放步伐，内引外联，广泛吸收国际资本；加快与周边国家的边贸经济合作，形成有生命力的区域性经济贸易合作带；通过扩大对内对外开放，拓展发展空间；适应经济全球化和我国加入世贸组织的新形势，坚持用开放促改革、促调整、促改造，把老工业基地调整改造到更加开放的环境中来，实施全方位、宽领域、多层次的对外开放，构筑对外开放的新格局。要进一步扩大利用外资规模，提高利用外资水平，招商引资以国有企业调整改造为重点，把引进资金与引进技术、人才和管理结合起来，组建一批能够参与国际市场竞争的中外合资大型企业和企业集团。

5. 将转变经济增长方式与环境保护密切结合，搞好东北地区生态环境建设

中央应加大对东北地区生态环境保护与治理的支持力度，实施一批对改善东北地区生态环境具有重大影响的重点建设工程，扭转东北地区生态环境恶化的势头，使生态建设由治理与破坏相持阶段向治理大于破坏阶段转变。要在矿区生态环境恢复、森林与草场恢复、重化工业污染、土地沙化退化等影响东北地区生态环境的重点领域开展综合治理与保护。不断改善东北地区的生态环境。要把走新型工业化道路的国家战略转化成具体推动企业转变增长方式的政策体系和法律法规，形成政策保障、法律保障、资金保障和技术保障以及公众的生态环境安全意识，建立有利于生态环境保护和治理的长效机制。地方政府也应在东北地区生态环境建设过程中发挥更大、更积极的作用，增加地方公共财政对环境保护与治理的投入，改变有关职能部门不作为或不充分作为的状态，在生态环境保护与治理方面提供有效的公共产品和公共服务。

第七章

中部崛起战略决策分析

一　发展进程中的中部塌陷

晋、豫、鄂、皖、湘、赣中部六省，承东启西，接南进北，这里是中华神州的腹心之地。中部是中国人口最密区之一，是中国重要的农产品生产基地、能源原材料和加工制造业基地，是承接东西的咽喉，也是中国的脊梁，在政治、经济、文化、军事方面占据着重要地位。

我国在制定"七五"计划时，划分了东、中、西部3个经济地带，中部包括黑龙江、吉林、内蒙古、山西、河南、湖北、湖南、安徽、江西等9个省区。2000年底国务院明确将内蒙古自治区纳入西部大开发的政策范畴。2003年国家振兴东北老工业基地政策的出台，将黑龙江、吉林纳入其中。至此，经济政策意义上的中部地区就主要包括山西、河南、湖北、湖南、安徽、江西等6省。面积共102万平方公里，占全国国土总面积的10.7%；中部地区拥有人口

3.65亿人，占全国的28.1%，其中农村人口2.44亿，占全国农村人口近1/3。

在飞速发展的时代，何止是不进则退，即使稍慢也会落后。1990年中部六省国内生产总值占全国的份额为23%，2003年则下降为19%。反映在人均GDP水平上，1980年中部地区人均GDP相当于全国平均数的88%，1990年下降到83%，而到了2003年，更下降到75%，中部地区与东部地区的GDP差额比扩大了6倍。从居民收入看，2002年在全国31个省、自治区、直辖市城镇居民收入中，中部地区人均可支配收入比全国平均水平低1369元，比西部地区低183元；城镇居民人均收入排名前10位的省（区、市）中，西部地区有2个，中部地区没有一个。历史上曾代表"中国"本义，曾是繁荣象征的中部地区，反而成了"经济盆地"。

（一）工业化进程滞后，经济结构不够合理

中部地区大多为内陆地区和不发达地区。土地贫瘠，生态环境恶劣。对外交往较少，经济发展的"先天"条件较差。同时，不合理的所有制结构、产业结构和投资结构一方面制约了中部地区自身的发展，另一方面也造成中部地区经济发展环境的不完善，对东部地区的产业转移、企业投资等缺少吸引力，影响了中东部地区经济一体化的形成。中部地区在改革开放的形势下丧失了原有的产业优势、区位优势、体制优势、地域文化优势和资源优势等。

从经济总量来看，2000年东部地区在全国经济总量中的比重为51.03%，到2004年，东部地区在全国经济总量中的比重为64.61%，短短四年间上升13.58个百分点；而中部地区的份额仅从22.12%增加到23.44%；2004年中六省生产总值为32088.3亿元，

占全国经济比重为23.4%；GDP总量只相当于东部地区的36.3%。反映在人均GDP水平上，2004年东部地区人均GDP为13609.4元，中部地区为8814元，人均GDP比东部地区少4795.4元。增长速度上看，在1992—2004年的10多年里，除了少数年份（1995年、1997年）外，中部六省大多数年份都要滞后于东部地区。这反映了中部地区经济竞争力远低于东部地区，与东部的差距正在进一步扩大。

中部地区长期偏重发展农业、能源、原材料产业，造成经济结构严重不合理、层次偏低。表现为：第一产业比重过高，第二产业优势不够突出；重工业比重高，轻工业比重低；原材料和初级产品比重大，深加工产品没得到应有发展，资源加工企业规模小、能力弱，现代高科技企业起点低、数量少。中部地区改革开放前绝大多数仍是农业大省，农业在生产总值中仍占有较大份额，农业劳动力在全部劳动力中占一半以上。

其中，中部地区是我国现阶段二元经济矛盾最为突出的地区。2004年，中部地区第一产业就业比重高达51.3%，比全国平均水平高5.4个百分点，比东部地区水平高13.16个百分点；而产值结构在三大区域中相对较小，中部17.27%，比全国平均水平高2.07个百分点。这就导致中部地区第一产业产值结构与就业结构的偏差比东部地区及全国平均值分别偏大5.5个百分点和6.95个百分点，即中部地区二元结构矛盾比东部及全国平均水平要更突出。

在中部地区，能源、原材料的一般加工业所占比重要远远大于新型工业和高科技产业，占主导地位的仍然是传统的基础工业。2003年，中部六省资源型产业占工业增加值的比重达45.1%，高于全国平均水平8.5个百分点，而高新技术产业占工业增加值比重仅

大格局——变动中的中国区域发展战略布局

为 4.09%，比全国平均水平低了近 4 个百分点。即使是中部六省均具有优势的采掘业和能源原材料工业，由于发展上的各自为政，战略布局上的各自圈地，品牌拓展上的各打旗号，技术开发上的互不往来，制约了产业链延伸。

中部地区低层次的生产分工格局，诱发了资源利用率低，产业技术水平低、产业关联度低、产业效率低、产业竞争力弱等诸多问题。因此，正确认识和能动地调整中部的分工定位，是加快中部发展中的重要问题。

（二）城市化进程缓慢，城市辐射能力弱

中部六省人口数量多，农业人口比重大，城市化水平低，尽管中部城市和城市群架构正在形成，但是推进城市化的任务十分艰巨。2004 年全国的城镇化率为 41.8%，除了湖北以外的其他省份均低于这个值。最低的河南仅 28.9%，比全国低了 12.9 个百分点，各种类型地区的城镇化水平分布差异明显。大部分山区，如江西的上饶，由于交通闭塞，城镇化水平较低；平原地区的传统农牧业区，如河南的漯河。由于工业化水平较低，城镇化水平也明显低于周边地区；以省会为中心的城市群地区，如中原城市群，由于分布在地形较好的平原地区，城镇化水平较高。同时，中部正处在快速城市化阶段，大量的农村富余劳动力使外出打工的群体不断扩大，非农人口数量加速扩大，城市空间布局架构形成了一个沿京广铁路轴线和长江轴线的"十"字型中部经济隆起带。在这两条经济带，人口、经济比重占到中部经济的四成以上。无论从人口、经济的密集程度看，还是从城市、交通的密集程度看，这两条经济带均构成了中部崛起的重要发展轴。

从城市规模分布来看，2004 年中部地区有特大城市 8 个、大城市 21 个、中等城市 44 个和小城市 16 个，其中中等城市所占比重达 50%。但至今还没有形成一个具有全国意义的、足以引领整个中部地区的发展的中心城市。可见，中部虽然城市数量较多，但以中等城市为主，且城市的辐射和带动能力弱，缺乏核心龙头城市的支撑。在全国 30 多个 GDP 超千亿元的城市中，中部只有武汉和郑州两市。2004 年上海、广州、北京的 GDP 分别是武汉的 3.8 倍、1.4 倍和 2.2 倍，是郑州的 5.4 倍、2.57 倍和 3.1 倍。2003 年中部地区市辖区生产总值为 11287 亿元，占中部 GDP 的比值为 44.3%，该指标不仅低于全国的平均水平，更是大大低于长三角、珠三角。这也反映出中部地区之所以经济不发达的一个重要原因在于中部城市对于整体经济的贡献率偏小。

此外，从整个中部各省经济联系的主导方向来看，安徽在向东发展、湖南在向南发展、江西在对接长珠闽等，促使中部地区难以形成区域经济发展的合力，城镇空间格局"离心化"发展趋势明显，中部地区成为东部沿海边缘化地区的倾向初露端倪。

（三）观念更新迟滞，经济运行机制更新乏力

思想观念往往主导着人们的行为方式，虽然它不是经济发展的直接原因，但它从深层次影响着经济的发展，而且这种影响往往是最根本的。中部地区农耕意识浓厚，经济发展观念落后。虽然在历史的发展进程中，中部地区的农民以勤劳和智慧创造了灿烂的农耕文明，但也在农业经济、自然经济条件下成了保守思想，突出表现为：一是求平求稳、小富即安、怕担风险；二是"等、靠、要"思想严重，创新意识差；三是观望等待。行动迟缓，对国家政策反应

慢，常常是步东部地区后尘而错过了利用和发挥国家政策效益的最好时机。这种思想观念与商品经济、市场经济形成了强烈的碰撞，冲突和矛盾日益凸显。虽然不乏晋商、徽商、江右商等著名的商帮，但就整体而言，中部地区的投资意识、经营意识、市场意识、风险意识不强。这种传统观念的影响，阻碍了中部地区商品经济的发展和市场经济的推进。加之产业惯性和体制惯性，发展过程出现严重的"路径依赖"，中部地区构建新的发展优势的内在动力严重不足。

另一方面，在计划经济运作模式形成的发展靠政策、投入，靠拨款、习惯于行政手段，习惯于照搬照套等旧思想，使制度创新障碍重重。中部地区面临产业结构低水平同化，企业竞争力不强，经济结构条块分割等问题的现实挑战。政府职能的实现和完善过程较为缓慢，"越位"、"错位"和"不到位"的现象时有发生，很大程度上制约了非国有经济发展和要素市场的发育。所有这些都阻碍了中部区域经济的跨越式发展。

（四）城市基础环境不健全，人力资源开发不足

基础环境除了有硬件设施的因素、生产生活环境的因素外，也少不了作为生产活动主体的人的因素。

中部六省独特的区位优势在全国板块经济中具有不可替代的作用，是全国重要的交通要地、客货运输的集散地和中转中心，全国约25％的公路、铁路和河流分布在其中，承担了全国22.64％的货运量和24.5％的客运量。因此，在影响区域经济发展的诸要素中交通要素首当其冲。中部地区综合交通运输体系从总体上看已见雏形，形成了陆路为主、内河航运为辅的基本格局。但是存在不少问题：其一，通道能力明显不足，各省区通往东部地区的高速公路只有一

二条可供选择，个别省区间也只有唯一通道相连。由于设计运力较低，道路拥挤时有发生。其二，道路技术等级不高，低等级公路与等外公路比重较高。在农村公路中，有超过半数的道路为铺装路面，60%的建制村没有沥青（或水泥）路，尚有近1.3万个建制村没有通路。其三，受长江中游航道变化的影响，航运效率受牵制明显。再加上航道沿线港口基础建设滞后，黄金水道远未能发挥功能。并把运输压力"转嫁"于陆路运输。干线铁路不堪重负。其四，交通运输的协同能力不足，发展"大交通网"的理念薄弱。揆诸各主要因素，随着中部工业化和城市化步伐的加速以及区域分工体系的日益完善，硬件设施的"瓶颈"效应会日益显现，运力不足的矛盾也会日益突出。

而人力资本积累是区域经济发展的又一重要因素。中部地区人口占全国1/4，是我国人力资源最丰富的地区，也是全国重要的教育基地。但是，在工资待遇、社会福利和其他社会经济条件差异的制约下，这种潜在优势条件在经济运行中产生了偏移。与经济发展水平低、经济位势低相关联，中部地区大量人才、资金外流的趋势难以遏制，相当一部分中高级人才、优秀经营管理者流向东部地区，形成了较长时期的"孔雀东南飞"现象，加上人才引进困难造成人力资本短缺，科技创新能力不足，已严重地制约了中部地区的发展。中部地区的经营管理人才在企业家所必须具备的素质如创新精神、扩张意识、洞察力和组织协调等方面，与东部地区的企业高管相比存在一定的差距，且这种差距已经成为制约中部地区崛起的最重要因素之一。

（五）对外开放滞后，投资环境亟待改善

由于中部地区处于产业低端位置，造成中部利用外资规模较小、质量低。其主要表现为外商投资项目规模小、投资产业结构不合理、外资来源渠道窄等方面。2001—2005 年，东部外商投资额的增长速度为年均 7.19%，而中部六省要少 2.69 个百分点，为 4.5%。以 2003 年为例，中部各省利用外资总量分别为：山西 2.1 亿美元，河南 5.4 亿美元，湖北 18.0 亿美元，湖南 10.2 亿美元，江西 16.1 亿美元，安徽 3.7 亿美元，而东部的浙江为 49.8 亿美元。在商贸依存度方面，山西为 56.6%，河南为 50.4%，湖北为 38.1%，江西为 43.4%，安徽为 44.8%，而浙江为 52.6%，全国为 52.2%。2004 年，中部六省出口总和、实际利用外商直接投资分别仅占全国的 3.5% 和 12%，出口依存度为 5.3%，与全国平均水平 35.9% 相比，差距显而易见。

从进出口额来看，中部地区 2000 年进出口额为 148 亿美元，到了 2005 年增加到 415 亿美元，增加了 267 亿美元，但占全国的比重却由 2000 年的 3.1% 下降到 2005 的 2.9%。就在 2005 年，东部地区和西部地区的进出口额分别为 12782 亿美元和 451 亿美元，分别占全园进出口额的 89.9% 和 3.2%，这当中，出口额占全国的 90.7% 和 3.4%。从贸易依存度看，2005 年中部地区的贸易依存度为 9.13%，其中，出口依存度为 5.37%。同年，东部地区的贸易依存度和出口依存度分别为 95.25% 和 50.66%，西部地区的指标分别为 11.04% 和 6.3%。由此可见，中部地区各项指标和增幅均不仅低于全国平均水平，更无法和东部地区相比拟。从中部较低的贸易依存度和出口依存度可知，该地区的产品缺乏市场竞争的能力，对市场

的拉动作用明显不足。

此外，中部区域内的各省份之间，相互开放程度也很不够。区域内协调联动发展机制没有成型，省际之间缺少经济联系。中部地区各省的经济活动一般以行政区划为限，形成相对封闭的经济体，因此，中部区域尚停留在地理区域的意义上。进一步说，不仅经济内在联系少，深层次的文化、技术、人员、制度改革等方面的交流也很匮乏。在促进中部崛起的过程中，政府没有发挥在区域经济联动发展中应有的作用，没有及时设立推动区域间经济协作的协调机构，中部六省缺乏区域经济联动发展的协调机制，市场机制对区域经济的作用也由于行政区划的限制而大大缩小。

当中部的发展陷入困境之际，中央提出"中部崛起"战略可谓正当其时。这不仅在于，改革开放以来，国家先后实施了东部开放、西部开发、振兴东北等分区推进的发展战略，使中部地区处于相对"政策洼地"；也不仅在于，中部地区具有"承东启西、联结南北"的区位优势，而东部经济的飞速发展已经为中部提供了产业承接和经济崛起的机遇；还在于，中部的发展是解决我国"三农"问题不可逾越的"结点"。因此，"崛起"战略势在必行。

二　制度创新的实践

2004 年 3 月，时任总理温家宝在政府工作报告中，首次确提出促进中部地区崛起。2006 年，促进中部地区崛起列入了全国人大审议通过的"十一五"规划纲要。2006 年 4 月 15 日，《中共中央、国务院关于促进中部地区崛起的若干意见》出台，提出将中部地区建设成为全国重要的粮食生产基地、能源原材料基地、现代装备制造及高技术产业基地和综合交通运输枢纽。这标志中部崛起战略正式启动实施。科学发展的理念和强有力的政策支撑，使中部六省迎来了前所未有的发展机遇。

（一）产业布局的升级战略

产业发展是人类文明发展的一部分。产业的不断发展与更替才有产业体系的不断演化，才有产业结构的变动与提升。从这个意义上说，产业发展就是经济的发展，并且产业的发展是经济发展的动力来源。因此，要促进中部区域经济的协调发展，当务之急是发展区域产业。

1. 区域产业的发展，有赖于区域产业结构的持续升级

改革开放30多年来，中部地区的产业发展速度，虽然不能与东部地区相比拟，也已经达到较高的水平。但即便是高速发展，也不能掩盖中部地区在产业构成上的缺陷。以2004年为例，中部的产业构成偏重于附加值增幅率相对较低的第一产业，这在一定程度上影响了中部地区人均生产总值占全国生产总值比重的大小。

西方发达国家的实践表明，第三产业虽不生产物质产品，但它自身的活动却是促进物质生产发展，方便居民生活必不可少的保障条件。因此，发达国家的产业结构发展趋势均以第三产业逐步占据主导地位为特征。可见，扩大第三产业是第一、第二产业寻求高层次发展的客观要求，符合经济发展的规律。

中部地区要弥补过去产业构成的缺陷，首先应着眼各省的实际，以优化结构、拓展领域、扩大总量、提高层次为重点优化发展第三产业。在继续搞好商品流通、餐饮娱乐、交通运输、邮电通讯、金

融保险、仓储服务等传统产业升级换代的同时，重点发展现代物流业，着力培育旅游、房产、科教文卫、综合技术服务等新兴行业，逐步形成以传统行业为基础，新兴行业为支撑，布局合理，城乡统筹发展的第三产业新格局。

在发展第三产业过程中，应当提升文化生产力的量能，大力发展文化产业。党的十七大报告指出："当今时代，文化越来越成为民族凝聚力和创造力的重要源泉、越来越成为综合国力竞争的重要因素。"虽然，文化资源只是经济和产业发展的基础，但是整合文化优势资源以形成文化生产力却是一个国家软实力的重要构成要素。也是促进经济发展和社会进步的动力源之一。中部地区在开发文化资源的过程中，应以市场化为手段，以产业化为目标。在美国，文化产业的市值及其效应已经成为仅次于军事产业的第二大产业，据统计，美国文化产业的产值已占 GDP 总量的 18%—25%；在澳大利亚，文化经营产业已经成为主要出口产业，年均产值近 200 亿澳元，与电力、通讯、住宅建设、银行、交通等行业不分伯仲。文化产业在中部地区也得到了一定的发展。以湖南为例：2007 年全省文化产业总产值达 870 亿元，增加值达 443.81 亿元。比上年增长 21.5%，增加值占全省 GDP 比重达 4.9%，对全省经济增长的贡献率达到 7.5% 以上。2006—2008 年，《中国文化品牌报告》共发布 133 个文化品牌，其中"湘字号"文化品牌 29 个，占到 21%。文化产业已经成为湖南重要的支柱产业。

中部地区在推进文化产业发展的进程中，要从区域文化资源的特色出发，打造知名文化产业品牌；依靠产业政策扶植，建立健全良性的行业协会竞争环境；获助于现代信息技术的全息动态发展态势，跻身国际文化产业竞争舞台。

其次，中部地区要充分发挥"国家重要农业基地"的平台优势，以解决"三农"问题为着眼点，大力发展特色农业。中部地区的农业不仅具有举足轻重的地位和作用，而且对中部地区经济发展贡献巨大。例如，2003年，中部农业占GDP的比重为19.0%，农业总产值占工农业总产值的43.3%，农业就业人员占社会劳动者总数的51.9%，农村消费品零售额占全社会消费品零售总额的45.4%，农业各税占国家财政收入的9.3%，均高于同期的全国水平。虽然中部地区农业有其固有的优势，但也存在诸多不足，如农业人口多，人均耕地少，农民负担过重。据统计，2003年中部六省总人口为3.63亿，其中农村人口高达2.44亿（指户口在乡村的常住人口），占全国农村人口的31.2%，占中部总人口的比重高达67.59%，是全国农村人口比重最高的地区。再如，中部六省农村人均占有耕地仅为0.125公顷，是农业劳动力人均占地最少的地区，也是全国农村剩余劳动力最多、压力最大的地区。由此可见，中部"三农"的解决直接关系到整个国家"三农"问题的解决。

　　要协调区域之间产业发展水平，促进中部地区崛起。就应该"坚持把解决好三农问题作为全党工作的重中之重"，"支持农业产业化经营和龙头企业的发展"，以市场为导向，充分发挥中部现有的产业优势，把农产品生产基地的建设与优势产业的形成、龙头企业的发展紧密结合起来，加快形成优势产业带。"促进农业科技进步"，增加农业科技的转化程度，做到以先进技术来武装农业，着力开发绿色农业和生态农业，走特色农业的发展之路。邓小平同志就曾指出："农业的发展，一靠政策、二靠科技，科学技术的发展和作用是无穷无尽的。""将来农业问题的根本出路，最终要由生物工程来解决，要靠尖端技术。"因此，要大量"培育有文化、懂技术、会经营的新型农民"，发挥中部地区农民建设新农村的主体作用。

2. 通过产业集群的发展，提高区域产业的竞争力

产业的升级是在产业聚集的条件下完成的，而产业聚集则有利于提升城市竞争力，推进城市化进程。产业集群可以降低企业交易成本、提高企业创新能力、有利于知识外溢和技术扩散，使当地企业都呈现出旺盛的生命力，成为一国或一个地区经济持续增长的核心增长极。这是很多国家产业发展的有效模式，也是我国现在产业发展的趋势。世界各地已有许多成功产业集群的范例，如美国硅谷IT 产业集群、日本汽车业集群、瑞士的钟表产业集群，等等。我国经济相对发达的省份依靠产业集群效应也取得了经济上的极大优势，如浙江的义乌、永康、海宁、崇福的小商品、五金、皮革、皮草等行业集群效应明显；广东的玩具、服装、电子以及寨电等行业集群效应明显。产业集群的壮大，对提升区域竞争力、促进区域经济发展、保证经济运行质量的作用越来越大。

目前，中部地区在产业集群发展的客观需求下，形成了一些产业集群。但受限于聚集密度、规模和科技含量，大多未能真正发挥集群优势的效能，徘徊于简单划片的起步阶段。这种初级的产业集群不仅不能吸引已经被东部高度发达的产业集群所固化了的地区资源，也阻碍了区域间整体梯度推进的进程，更是中部地区"承东启西"的链接价值旁落的直接诱因。显然，无论从防止区域内资源的流失还是吸引区域外资源的流入来发展产业，中部地区都有必要因地制宜，"量身定制"产业集群发展之道。结合制造业产业集群的发展，推进创意性产业集群和生态农业产业集群的发展；结合开发区建设，搭建企业创新交流的平台；立足于产业集群良好发展环境，引导发展配套服务系统。

（二）空间结构的优化战略

产业的合理布局和良性发展以合理适度的空间结构为基础。从发展区域经济的层面来理解，城市由于是承托第二、三产业的主要空间，因此，我们也可以认为，空间优化的基本内涵是城市优化。这其中，很重要的一个方面就是城市化。中部地区的城市化正处于加快发展时期，但都低于全国平均水平。同时，中部区域内部的城市化水平也相差悬殊。按地级市市辖区非农业人口和县级市城镇人口口径，最高的为湖北24.9%。最低的是安徽12.9%，相差12个百分点。按地级市市辖区总人口和县级市城镇人口口径，最高的为湖北39.8%，最低的是河南19.4%，相差高达20.4个百分点。这种悬殊的差距，反映了中部地区空间优化在城市化的层面还停留在低水平的不均衡状态。据此，中部地区在战略选择上，必须加快城市化的进程，要转变城市化的发展模式，走新型城市化道路，发展中心城市，推动城市组团化。

1. 走新型城市化道路

新型城市化道路强调社会经济结构的变化，在城市化率还比较低的情况下，不仅要继续推进人口转移型城市化进程，更要深度推进社会经济结构的城市化转型，提高整个社会的"城市性"。中部地区走新型城市化道路，并非立足于城市规模的扩张，而是在于城市功能的提升，即培育和发挥城市作为区域中心的功能，带动整个区域社会经济结构的城市化转型。首先要通过第二、三产业经济的繁荣，获得高质量的城镇功能和城镇经济，获得外来劳动，就业人口和家庭人口的规模进入。同时，在产业集聚和人口集聚的基础上，助推规模消费，提高城镇公共基础设施的利用率，使第三产业快速发展。其次，完善户籍管理制度，使外来务工人员和新落户城市的农民享有平等的住房、教育、医疗保障等权利，从根本上解决影响城市化进程的制度障碍。最后，建立明确的城市化远景规划，以可行性研究为先遣，避免自然增长方式带来的无序开发。但城市化并非"唯大是图"，大城市不等于城市化，真正的城市化也并不意味着某个城市成为了大城市就大功告成。相反，城市规模的简单扩张还容易产生诸如人口、环境、就业等一系列的现代"城市病"。许多发达国家的大城市已经深陷其中，难以自拔，这是中部乃至全国城市化发展的前车之鉴。

2. 加快中部地区城市群的发展

城市群的构建，既有空间布局上的整体思考，又有产业布局上的合理调配，以达到结构上与功能上的完善。从知识互补、人力互补、技术互补、产业互补和设施互补中，降低交易成本，克服市场壁垒，取得协作效益，分散创新风险。最终享受"发展红利"。当前中部地区在城市群的建设上，不仅制定了城市群发展规划，更采取了许多有效措施开展城市群建设：如湖北省谋划建设武汉经济圈，河南省谋划建设中原城市群，山西省谋划建设太原经济圈，湖南省谋划建设长株潭城市群，江西省谋划建设环郡阳湖城市圈，安徽省计划建设省会经济圈等。但是，中部地区光靠城市群的建设来提高空间利用率，诱发协同效应和乘数效应是远远不够的。各大城市群唯有变各自博弈为携手共赢，才是中部崛起的正确方向和出路。首先，中部要破除各省之间的行政壁垒，降低微观经济主体的外部成本，提高要素配置的效率，促进生产要素自由流动。其次，中部地区各城市群要就规划思路、一体化发展策略、跨省市重大建设项目规划布局等建立经常性协商对话机制，避免重复建设，在均衡整体利益的基础上化解矛盾。最后，中部各地区要构建资源共享机制，依托城际间的信息网络，使各城市群平等地享有区域内政务信息、产品供求信息、招商引资信息等。

3. 加快中心城市的发展

城市发展成本的高低，与城市的经济实力之间具有明显的相关性。城市经济实力越强，城市规模越大，城市财富集聚能力越高，城市发展成本也就越低。因此，加速中国城市化步伐，要充分发挥中心城市的带动、辐射功能，这是提高我国社会经济发展效率，节约资源，保护生态环境，可持续发展的必由之路。中心城市的发展，可以扩大区域经济、交通、行政、文化、市场中心的作用，有力地带动腹地及"卫星城市"的发展。中部六省要利用中心城市发展层面对区域经济发展的积极作用，着力发挥省会城市的优势，将省会经济圈建设成中部崛起的空间主体，做好城市空间规划，为各种设施建设预留充分的空间，保障良好的城市结构的形成。

（三）基础环境的提升战略

良好的基础环境有利于区域经济的发展。当硬件设施、生产生活环境、作为生产活动主体的人等因素的综合作用呈良性发展态势时，必将助长整体区域的协调发展。

1. 中部区域经济的协调发展需要"大交通"的支持

没有网络化的交通支撑，就不能为企业提供良好的经济环境，就不能为中心城市发展、城市组团化提供良好的环境，进而难以保障所有城市、整个区域的协调发展。过去，中部地区交通、通讯和信息等基础设施薄弱，无疑在很大程度上制约了产业集群的发展。近几年中部地区交通运输体系建设力度很大，中部地区综合运输网络已初具规模，交通主通道已经初步形成。但仍存在诸多薄弱环节：中部地区高等级公路通道数量少、能力不足，公路网络通达深度不够，农村交通落后，长江等主要水运通道作用尚未充分发挥，内河航道通航等级偏低，港口功能不完善，不适应未来中部崛起经济发展的需要等。

温家宝指出，在中部崛起中要"加强综合运输体系建设，搞好交通规划，加强铁路、高速公路、干线公路、长江航运、民航等建设，充分发挥中部在全国交通格局中的枢纽作用"，明确了中部地区综合运输体系建设的方向。要支撑中部地区的经济发展，除了要"继续提高公路网络密度，勾勒出交通网络的基本框架；挖掘内河航道潜能，提升交通网络的品质；架构铁路网络，加固交通网络的基本框架；扩充航空站点，缩短运输周期"外，最重要的是有效整合交通网络资源，发挥交通网络软硬件资源的最大效能。可以建立中部地区现代交通综合体系发展的多方合作协调机制，加强跨省区的铁路、公路和航道等重要交通基础设施的规划、建设协调和检查的力度，实现跨省域交通基础设施的空间布局、运能设计、技术标准等各方面的统筹规划。建立长江沿线大通道规划建设协调机制，统筹规划长江沿线的铁路、公路和水路综合体系建设，使长江沿线真正成为中部地区连接东、西部的交通大动脉，充分发挥"黄金水道"的作用。

2. 中部区域经济的协调发展提升人才的竞争力

人力资本是经济增长的重要引擎。人力资本理论指出，现代经济增长最主要的源泉就是人力资本存量的增长。而人力素质的提高、区域产业的升级、区域经济社会的有效管理、区域创新文化的培育都离不开教育。同时，教育的发展并不能做到"今天投入，今天产

大格局——变动中的中国区域发展战略布局

出"，而是一个循序渐进的过程，具有时滞性。因此，在中部经济协调发展的过程中，有必要大力发展教育事业，尤其是对中部相对落后地区进行预期的、长期的教育投入与扶持。

鉴于中部人力资源开发的现状，应当从长远利益和整体利益出发，充分挖掘各级财政增加教育投入的潜力，确保现有预算口径教育支出的稳定增长。实现普通高等教育和职业技术教育并行的教育体系，实现中部地区人力资源分层式的合理分布。推行高等职业技术大学，鼓励就地培养发展急需的应用技术人才，平衡优质教育资源的地区分布，保证城乡之间拥有均等的受教育机会。打破企业、科研院所和高校相对独立封闭的结构体系，充分发挥武汉大学、中南大学、南昌大学等中部地区著名院校的研发优势，建立以企业为主，科研院所和高校优势互补、风险共担、利益共享的产学研合作机制。调动企业的积极性，以各种形式投资于教育，鼓励企业设立研发基地，各省设立高新产业孵化区，催生科技成果转化为现实生产力。设立专项基金，加大奖励力度，鼓励科研创新活动。建立人才流动的柔性灵活机制，采取多样化的就业方式，如兼职、特聘、融智等，扩大人才使用的外延。

3. 中部区域经济的协调发展要充分考虑环境的可持续性

无论是区域协调发展也好，区域崛起也好，都应以可持续发展为前提。不能因为眼前的利益不顾长远的发展前景。中部地区在过去的发展中，由于各种形态的工业和生活废弃物的排放、农业的农药和化肥的不合理施用等人为因素的积累，使基础环境受到严峻的挑战。一方面，日益恶化的环境严重制约了正常生产生活的展开；另一方面，给外资注入带来一定的障碍。因此，要提升中部基础环境的水平，从生存环境的可持续化与投资环境的绿色化角度考虑，

第七章　中部崛起战略决策分析

必须采取有效措施，强化环境保护力度。积极倡导节约能源资源的生产方式和消费方式，形成节约意识和风气。加快建设节约型社会。要大力发展生态农业、环保农业、有机农业，增强农业竞争力。在工业园区的建设过程中，也要正确处理经济发展与环境保护的关系，在学习沿海发达地区的经验的同时，也要汲取他们的教训，避免走"先发展，后治理"的老路。

（四）体制机制的创新战略

过去中部地区有着明显的区位优势、资源优势、人文优势，但不能领跑全国经济社会发展，其主要原因是受到体制机制的制约。因此，体制机制的合理调整是中部崛起的先导和基础。中部崛起要走符合中部区情和时代要求的发展道路，要依托中部的资源和产业优势，按照中部在全国的功能和地位，依靠体制机制创新增强内在发展动力。

1. 争取国家政策援助

中部经济的协调发展，首先，要受到国家层面大环境的影响和制约，仅仅依靠各省苦练内功、发愤图强是不够的。从东部经济起飞的经验看，政策的优惠、税收减免和利用政策的时间差等都在东部的发展中起到了重要的作用。因此，国家对中部地区实施适当的政策倾斜势在必行。首先，在金融政策方面，适当降低中部设立金融机构的条件，增加区域性商业银行和非银行金融机构的数量；成立中部开发银行、中部发展银行和其他政策性银行的分支机构，避免受到国有银行和其他股份制商业银行"惜贷"等因素的影响。其次，在财政政策方面，加大国家对中部转移支付的基数，增加水、电、煤等基础设施的投入力度，出台相应的配套政策，确保落到实处；加大对中部地区的专项补助范围和数额，尤其是治理和改善中部生态环境的专项补助和对公益性项目的配套补助要率先到位；对中部能源、原材料等重大项目企业的发展，要通过政府担保财政贴息等办法，确保顺畅的资金来源。最后，在税收政策方面，国家要平衡好税收这一宏观调控的杠杆，充分发挥其对微观经济的调控作用。过去，东部沿海地区之所以发展迅速，很大程度上得益于中央在税收上的减免政策，西部大开发和振兴东北等老工业基地也不例外。在实施中部崛起的战略中，国家加大其应对中部地区实行免征或返还政策，使他们通过税收优惠和劳动力价格的优势，促进劳动生产率的提高，逐步缩小与东部的差距。

2. 加快中部地区城市经济网络建设的协调机制

中部地区各级地方政府应打破行政管理体制的束缚，加强各层次的横向交流与合作。形成区域之间特别是各种城市网络之间的互动发展机制。第一，建立由中部各省分管区域协调发展主要领导人参加的促进中部地区城市经济网络建设的合作与发展协调会，并促使中部地区各省、市之间的交流与合作模式由对话协商等非法制性安排，向着组织、协议，立法等制度性安排转变；第二，成立由武汉城市经济圈、长株潭城市群、郑州为龙头的中原城市群、以昌九工业走廊为主体的赣北城市群、以"马芜铜"产业带为主轴的皖南城市群、以陇海线为主轴的皖北城市群、河南中原城市群和以太原为中心的晋中城市群共同参与的中部地区城市规划与协调发展委员会，重点商讨中部城市经济网络建设的整体规划与资源整合，协调各地综合规划，并在区域产业规划、城镇规划、国土规划、环境规划等领域全面展开交流与磋商。第三，进一步强化中部地区一些中心城市政府协作办公室的窗口作用与管理职能，进一步扩大中部地区各地政府职能部门的对外交流，在工商、金融、信息、交通、旅游、会展、科教、文卫、人才人力资源等众多管理领域开展对口合作与交流，努力构筑中部地区城市经济网络建设所需要的政策平台与投资发展环境。

（五）外向发展的促进战略

对外开放是一个国家或地区经济发展的强大动力。要改变中部地区对外开放滞后、投资环境亟待改善的现状，就必须用新的思维重新审视中部的战略地位和比较优势，选择适宜的开放模式和采取更加有效的途径，提高对中部地区扩大开放重要性的认识，以开放战略带动其他战略的实施。

1. 要转变经济发展模式

改革开放以来，中部资源型产业始终保持着一定的竞争优势，这种产业优势有丰富的资源优势为依托，得到了市场的认可。但是，资源型产业的发展给中部带来的增长成效并不明显。从中部与东部地区收入差距不断拉大这一现实可以看出，资源依赖型经济发展模式对于中部地区来讲，有很大的局限性。原因有三：其一，随市场需求的波动，资源型产业的发展不稳定，产品价格起伏明显；其二，受加工增值潜力的限制，资源依赖型经济发展模式缺乏技术与制度创新的支撑，局限性突出；其三，受本地区资源储量的限制，资源型产业并非可持续型发展产业。它追求单纯的经济增长速度，对自然资源进行掠夺式开发，一方面，给下一步经济增长留下隐患，另一方面，使人民群众生存的环境遭到破坏。随着资源消耗殆尽，必然会导致产业的衰退。

因此，当前中部地区对外开放要打破体制惯性和思维定式，发挥自身优势，以创新求发展。利用外资或引进国外的先进技术设备，超越或缩短土地经济和技术发展阶段，提高中部地区资源的使用效率，实现跨越式发展。根据市场需求，发展优势产业，以"市场导向型"发展战略取代"资源导向型"发展战略。改变过去那种以资源浪费、环境恶化为代价的状况，以充分、高效地利用资源为准则，把资源的开发利用与市场的需求紧密结合，积极寻找一种能够参与国际和区域产业分工与竞争的新的经济"增长极"。

2. 要进一步吸引外资

根据"投资发展周期论"，中部地区尚处于经济发展水平较低的阶段，因此，扩大开放的最根本的途径就是通过外资的引入，加速资本形成解决就业压力，解决资本投入不足的根本性问题。中部地区依托人口多，市场大的优势，扩大外商在国内的销售比例，将成为吸引外商扩大投资的主要手段。而引进跨国公司的投资，应当成为中部地区拓宽外资进入渠道的重要方法之一。目前，全世界约有4万家跨国公司，其生产总值约占全世界国内生产总量的25%，占工业化国家国内生产总值的40%；世界上60%的贸易、70%投资、80%的民用技术的研究开发和技术转让都是由跨国公司生产的。跨国公司不仅是国际贸易的主体，更是国际投资的国体。因此，中部地区应当充分重视引进跨国公司的投资。中部地区拓宽外资进入渠道的方式便是鼓励外商进行海外再投资。各跨国公司为了扩大经营规模，适投资环境的改善，往往选择扩大海外企业再投资的方式。我国政府在扩大开放的政策中也鼓励在华外商企业在中部地区再投资，并享受外企业同等待遇。这必将使外资企业向中部地区再投资成为可能。

中部地区拓宽外资进入渠道的同时，也要拓宽利用外资的领域。

以往外资多以中部的制造业为主要投资对象，忽视了对第一、第三产业的投入力度。当前，应当采取积极的产业政策和区域政策，合理引导外资更多地投向科教文卫、经贸、地产、旅游等服务业及基础设施建设领域。通过调整投资领域，既弥补中部地区基础设施建设资金短缺的现状，又能提高外商投资的收益率，实现双赢。

3. 要继续加快发展对外贸易

对外贸易是对外开放的重要内容，中部应当在保持过去出口快速增长态势的基础上发挥本地区的市场优势和人力资源优势，优化出口商品结构，增强出口商品的国际竞争力，提高抵御风险的能力，带动中部经济持续健康的发展。一方面，根据国际市场的新动向、新特点，有针对性地开拓新兴的国际市场，广泛参与国际经贸交流和产品展销活动，推进产品出口的多元化。另一方面，继续深化外贸体制改革，加强现代企业制度建设。培育和壮大外向型企业龙头。发展高新技术产业和新兴产业，提高产品的科技含量。形成中部区域出口产业集群在质量效益上的优势。扶植中小型企业、民营企业和合资企业的出口能力，给予必要的政策倾斜，提高各个企业应对国际贸易摩擦的能力。

三　中部崛起效应透视

继西部大开发和振兴东北的喜人成就之后，中部崛起已经展现的美好朝霞毫不逊色。

据国家统计局统计，2006年以来中部地区主要经济发展指标均实现两位数增长，普遍高于全国平均水平。2006年中部六省的经济总量达到了 42961.6 亿元，占全国比重上升到 20.5%，这是进入 21 世纪后，中部地区经济总量占全国比重的第一次"止跌回升"。2007 年，中部各省经济发展明显加快。2012 年，中部 6 省经济增速保持了超 10% 的高增长。事实证明，中部崛起是区域发展新格局中重要而精彩的一幕。

（一）城市群带动：形成具有竞争力的现代经济增长极

城市群的集聚，正在推动中部六省加强协作。从河南的"中原城市群"到湖北的"武汉城市圈"，从湖南的"长株潭城市群"到江西的"环鄱阳湖城市群"，从安徽的"沿江城市群"到山西的"太原经济圈"，城市群凸显着规模效应及其辐射带动能力。这些城市群已成为当地经济发展水平最高、投资效益最好的地区。2006 年"武汉城市圈"实现生产总值、社会固定资产投资、社会消费品零售总额和实际利用外资均占全省 60% 以上。"长株潭城市群"的生产总值、一般预算收入分别占湖南省的 37.6% 和 38.2%。增长速度高出全省 2 个百分点。"中原城市群"人均生产总值高出全省近 37 个百分点，城镇化水平高出全省 8.8 个百分点。"沿江城市群"则集中了安徽的家电、建材、汽车等支柱产业，拥有亚洲最大的水泥企业，也是我国第三大家电生产基地。2008 年 9 月，以武汉为中心的"1 + 8"区域经济联合体——武汉城市圈"两型社会"改革试点方案正式获得了国务院的批复，这一发展机遇将有力撬动中部崛起。2012 年底，国家发改委正式发布《中原经济区规划》。规划以河南为主，涵盖安徽、山东多个市，是迄今为止国家批复的地区规划中覆盖面最大的一个，无疑为中部发展增添动力。

"中部畅，全国通"，以城市群发展为抓手，中部各省将交通等基础设施建设放在突出位置。河南高速公路通车里程连续几年年增1000公里，2007年在全国率先突破4000公里。拥有百年铁路史的武汉市也正在构建我国铁路四大枢纽之一、六大客运中心之一，坐火车从武汉到北京或上海有望缩短至4个小时。到广州只要3.5个小时，到重庆或西安只需6小时左右。作为中部崛起战略的重要组成部分，城市群的发展，推动了中部地区成为我国城市化发展新的动力区域的实现。

（二）强势开放：助推产业结构跨越式升级

发展中部地区走工业化反梯度推移的发展道路，是要发挥后发优势而实现跨越式发展，其前提是开放，即在世界范围内选择和引进先进的技术和资本来实现产业结构的跨越式升级。中部的强势开放使世界发达国家和中国沿海及东部地区产业开始向发展相对滞后的中部地区转移，而且呈现出步伐越来越快、规模越来越大、产业层次越来越高的势头。

在素有中部"桥头堡"之称的武汉，海内外客商的投资连续3年以30%以上的速度增长，70多家世界500强企业在武汉"中国光谷"和"中国车都"兴建了生产基地、研发中心或中国区总部。

（三）农业产业化：创新牵动新"龙头"

农业产业化正在中部地区扎实推进。近年来，河南省以工业理念谋划农业发展，把农田变为"第一车间"，从技术创新到市场创新，再到品牌化经营，河南食品正大规模进入国人的"厨房"：全国每10个饺子里有4个是河南"思念牌"的，每10个汤圆中有6个是河南"三全牌"的，每10根火腿肠就有5根出自河南的"双汇"。周口"莲花"味精、驻马店"十三香"调料等30余类农副产品，市场占有量居全国前列。目前，中原大地2800余家新兴农产品加工企业正迅速崛起。湖北省加强优势产业板块基地建设，壮大农业产业化龙头企业，已形成销售收入过5亿元的加工型龙头企业50个、创汇超1000万美元的工贸型龙头企业50个。湖南省目前已初步形成优质稻米、柑橘等十大优势产业带，以"隆平高科"等为代表的一批农业产业化龙头企业茁壮成长。"十二五"时期，湖南将为中部地区乃至全国的粮食增产做出更大贡献。

（四）新型工业：发展成果初露端倪

在转变经济发展方式中，中部各省把推进新型工业化作为促进中部崛起的重要突破口。

2004年11月，国家唯一的科技创新型试点城市落户安徽省会合肥。为发挥自身比较优势，合肥市计划到2020年建成国内一流的技术创新中心、知识创新中心、高层次人才聚集中心和创新型示范基地。2006年，合肥在促进科技与经济融合方面取得了明显成效，全市高新技术企业发展到366家，占全省的44%；高新技术产值达到631亿元，比上年增长29.3%。2007年，安徽全省科技投入和全社会研发经费较2003年增加了3倍，创新环境和创新能力进一步提升。2012年，安徽省工业增加值8025.8亿元，增长15.3%，增幅比2011年回落4.3个百分点，工业化率为46.6%，提高0.4个百分点。

湖南提出，要实现富民强省的发展目标，必须坚持以信息化带动工业化，以工业化促进信息化，走新型工业化道路。2007年，意大利菲亚特公司的几位工程师来到湖南湘潭市楠竹山镇，他们准备在那里的众泰江南汽车公司工作一年之后，来自菲亚特的蓝旗亚车型生产线可望在此落户。这是湖南发展现代汽车产业计划的一个缩影。到 2010 年，湖南计划形成每年 40 万辆轿车的产销规模，加上带动发动机、零部件生产，有望新增工业产值 500 亿元。2012 年，湖南省工业结构优化显著，工业新产品增长 20.3%，所占比重达 12.2%。工业效益取得良好进展，规模企业实现利润增长 7.7%，比全国平均水平快 4.7 个百分点。

工业兴省战略在湖北也深入推进。随着企业改制的基本完成，科教优势转化为现实生产力的"平台"逐步建立，湖北新型工业化步伐加快。2006 年，全省高新技术产业实现增加值 670 亿元，同比增长 25%，为"十五"以来最高水平，高出全省规模以上工业增幅 8 个百分点。2012 年，湖北省第二产业税收占比为 72%，充分反映了湖北工业经济保持平稳增长态势。

据国家统计局统计科学研究所一份最新统计报告指出，2007 年中部工业产出增长速度快于东部。规模以上工业企业增加值增长率中部为 22.4%，比东部的 18.3% 快 4.1 个百分点。2012 年，中部地区工业增加值同比增长 11.4%，全部规模以上增加值所占比重中，中部地区为 25.2%，比东部地区高。

四 未来 10 年中部崛起的机遇与政策

（一）机遇与挑战

首先，科学发展观的提出在全局上突出了中部地区的战略地位，摆正了中部的位置。2003 年十六届三中全会提出的科学发展观是以人为本、全面、协调、可持续的发展观，以促进经济、社会和人的全面发展。这种发展观，既以经济为发展重点，又强调经济以外因素的作用，强调人与自然、经济、社会关系的正确处理，使社会得到和谐发展。从区域角度讲，就是高度重视我国区域发展不平衡的矛盾，并以统筹区域协调发展为基本原则和总体要求的发展观。

中部地区在全国战略发展中处于何种地位，自改革开放以来一直不明确，属于政策边缘化地区。党的十六届三中全会明确定义了科学发展观的内涵，提出了东中西以及东北四大区域的战略划分，并提出要统筹区域发展以实现我国区域经济的协调发展。这一战略部署首次突出了中部的战略地位，克服了过去中部被淹没和模糊化的难堪处境，使其成为经济增长的重要一极。

其次，中央正式提出了"中部崛起"战略设想。促进中部地区崛起，是党中央、国务院从我国现代化建设全局出发作出的重大决策，标志着我国新阶段区域发展的国家战略全面确立，给中部地区带来了前所未有的大好发展机遇。随着中部崛起战略的实施，中央制定的东部沿海开放、西部大开发、振兴东北老工业基地等政策，将可适用于中部地区发展经济、解决贫困地区问题和支持国有企业改革等，特别是支持粮食主产区建设将使农业比重较大的中部省份受益。

再次，我国经济增长方式的转变，给中部地区带来了新的机遇。当前，我国对外经济环境产生了较大的改变，世界经济增长放缓、国际市场需求不旺，给我国扩大出口带来了相当大的压力和困难，高度依赖外需将导致国民经济的不可持续增长，因此，必须通过扩大内需来弥补外需的不足。通过内需带动经济增长，将成为我国今后一段时间内经济增长的主要方式。内需主要包括投资需求和消费需求。投资过热造成物资和资金上的紧张，可能引起通货膨胀。因此，只有消费需求才是最终消费，所以，当前我国扩大内需的主要问题是消费需求不足。决定消费的关键因素是居民的收入水平。当前由于东部地区居民的收入水平已经达到了一定高度，故其需求能力持续旺盛。但是，作为拥有全国 35.1% 人口的中部地区，人均GDP 水平还落后于全国平均水平，消费需求还很弱。为了提高整体需求水平，必须想方设法提高中部居民的收入水平。只有中部地区的内需扩大了，全国宏观经济形势才会产生质的改变。

促进中部地区崛起，既是千载难逢的机遇，也面临着不可回避的挑战。中部地区崛起面临的主要制约因素表现在，一是粮食生产的基础还不牢靠，"三农"问题表现得尤为突出；二是产业发展的层次较低，经济结构调整任务繁重；三是经济发展方式比较粗放，自主创新能力比较弱；四是人口就业压力比较大，环境承载能力不强；五是开放水平还不够高，体制性的制约因素还不少。

面对这些难题，迫切需要从中部地区及六省各自的实际出发，进一步理清思路，把握重点，强化措施，去破解难题，进而有序地推进中部地区崛起战略。

（二）未来政策调整方向

第一，实现中部地区崛起，必须明确战略定位和努力方向。中部地区的战略定位和努力方向，《中共中央国务院关于促进中部地区崛起的若干意见》中已经有了明确的表述，就是"三个基地，一个枢纽"，即努力把中部地区建设成为全国重要的粮食生产基地、能源原材料基地、现代装备制造及高新技术产业基地，以及连接东西、纵贯南北的全国重要的综合交通运输枢纽。这是从全局角度对中部地区提出的要求，完全符合中部地区的实际，构成了促进中部崛起的基本骨架。

第二，实现中部地区崛起，必须高度重视和大力加强农业发展。中部不能只搞农业，但决不能放弃和忽视农业。在中部地区建设全国粮食核心主产区和优势农产品基地。加大政策支持力度。切实加强农业综合生产能力建设，特别是加强农田水利基础设施建设。建立中部地区农业发展的长效投入机制和农民增收机制。国家要加大对中部地区农业的投入。提高农业产业化水平。全面推进中部地区农业结构战略性调整，稳定提高粮食等农产品产量、质量、效益和竞争力。加大对农业产业化龙头企业政策支持力度。充分发挥劳动力资源优势。认真解决农民工的政策问题，切实保护农民工的合法权益。

第三，实现中部地区崛起，必须坚持以结构调整为中心。中部地区崛起的过程，就是一个经济结构从较低层次向较高层次跃迁的过程。这个经济结构，不仅包括产业结构，而且包括就业结构。要按照科学发展观的要求，一开始就坚持走新型工业化道路，坚持走统筹城乡发展的道路，坚持走资源节约型、环境友好型发展的道路。必须要有超前的眼光、创新的精神和新的举措。

第四，实现中部地区崛起，必须加强区域之间的联动协同发展。区域之间的联动协同发展对区域规模经济的实现是至关重要的。从中部各省实际的区际关系发展分析，中部六省经济发展具有明显的差异性、同一性和互补性，其地理区位优势不可替代、科教综合实力位居中国前列、产业基础较为雄厚和完备。中部地区在积极接受沿海地区经济辐射的同时，若能对内部资源进行整合，加快产业结构调整，实施城市功能重新定位，必将成为中国经济多极化趋势中的重要一极，且能有效解决"三农"问题。

第五，中部地区还应加强与其他地区的密切合作。（1）要积极开展与长三角、珠三角、闽三角及京津唐等沿海发达地区的经济技术合作。（2）要积极参与西部大开发和东北大改造的合作，提高产品在西部市场的份额，利用西部开发的契机，争取西部相关项目建设的竞标，改善中部生态环境的建设，扩大中部地区对西部的辐射效应。同时东北老工业基地振兴的有关政策，中部也可以合理地加以利用，带动中部的老工业基地的发展。（3）培育出口优势产业和优势产品，政府要努力扶持一批具有规模、品牌和市场优势的大中型企业集团到境外投资，引导优势企业走出去，积极开拓国际市场。

第八章

区域发展的科技与生态战略

一　区域发展科技创新实践

　　人类社会发展的历史表明，科学技术是经济社会发展的重要推动力，现代经济增长的源泉是科学技术的进步。马克思和恩格斯在考察科学技术与生产力的关系中充分认识了科学技术的力量，明确指出："固定资本的发展表明，一般社会知识已经在多么大的程度上变成了直接的生产力"，"另一种不费资本分文的生产力，是科学力量"。这深刻揭示了科学技术对社会生产力发展的伟大变革作用，同时也指明了科学技术在生产力中的首要地位。邓小平同志根据马克思主义科学观和生产力理论，高瞻远瞩地指出"现代科学技术的发展，使科学与生产的关系越来越密切了。科学技术作为生产力，越来越显示出巨大的作用"，"科学技术是第一生产力"。这指明了科学技术的生产力性质及其在社会经济发展中的重要地位。

　　另一方面，科技与经济作为现代国际竞争的核心，是主导新世纪区域发展的重要力量。区域的科技进步与经济增长，由相互独立甚至相互阻隔走向相互协同、全面进步，是社会生产力发展的客观要求。因此，区域发展进程中的科技战略具有十分重要的理论和现实意义。

（一）区域科技创新能力与发展水平的正相关差异

国际区域经济合作组织（OECD）1996 年的研究报告指出，在 OECD 主要成员国中，科技知识对经济增长的贡献已达 50% 以上，以科技为核心内容的知识是经济增长的动力。我国区域科技创新力的区域差异导致了经济发展水平的区域差异。以 R&D 为例，2004 年全国 R&D 投入 15396 亿元，东部地区为 1094.7 亿元，占全国 R&D 投入的 71.1%；中部地区为 244.8 亿元，占全国 R&D 投入的 15.9%；西部地区为 200.1 亿元，仅占全国 R&D 投入的 13.0%。如果以省区的 R&D 投入进行分析，则省区之间的 R&D 投入差异更大，R&D 投入前 10 名的省区依次是北京、广东、江苏、上海、山东、辽宁、四川、浙江、陕西和湖北，除湖北为中部省区、四川和陕西为西部省区之外，其余的 7 个省区均为东部省区，这 10 个省区的 R&D 投入为 1179.7 亿元，占全国 R&D 投入的 76.6%；其中排前 5 位的北京、广东、江苏、上海和山东的 R&D 投人为 819.3 亿元，占全国 R&D 投入的 53.2%。R&D 投入排名后 10 名的省区分别是西藏、海南、青海、宁夏、新疆、内蒙古、贵州、云南、甘肃和江西，除海南为东部省区、江西和内蒙古为中部省区之外，其余的 7 个省区均为西部省区，这 10 个省区的 R&D 投入仅为 65.1 亿元，仅占全国 R&D 投入的 4.2%，只相当于北京的 25.42%、广东的 36.22%、江苏的 43.29%、上海的 50.53%、山东的 62.73%。如果用 R&D 投入占 GDP 的比重进行度量，则 R&D 投入占 GDP 比重排前 10 名的省区依次为北京、陕西、上海、天津、四川、广东、辽宁、江苏、湖北和甘肃，除湖北为中部省区，四川、甘肃和陕西为西部省区之外，其余的 6 个省区均为东部省区，而排名后 10 名的省区分别县海南、西藏、新疆、内蒙古、云南、江西、广西、贵州、黑龙江和河南，除海南、广西为东部省区，江西、黑龙江和内蒙古为中部省区之外。其余的 5 个省区均为西部省区，如果从国家实施西部大开发战略的角度看，广西和内蒙古已经纳入国家的西部大开发战略之中，这样在排名后 10 名的省区中，西部就有 7 个省区。

从以上数据比较分析可以看出，科技创新能力的不同是我国省区经济增长差距的主要原因，两者之间存在着正相关的关系。除个别省区之外，凡是经济实力比较弱的省区，都是科技创新能力比较弱的省区，科技创新能力排前 10 名的省区大多数是东部省区，科技创新能力排后 10 名的省区大多数是西部省区，而经济实力排前 10 名的省区也大多是东部省区，经济实力排后 10 名的省区也大多数是西部省区，两者之间具有较好的对应性。事实上，中、西部省区经济落后的主要原因不在于自然资源拥有量的多少，而在于科技创新能力的不足。中、西部地区的科技创新能力指数远远落后于东部省区，例如贵州省的科技创新能力指数仅相当于北京的 9.46%，排在全国第 26 位，人均 GDP 排在全国第 31 位，经济实力指数排在全国第 29 位。

（二）"开发区"：城市与科技的双重发展

自古以来，中国就是按照区域来发展的，区域的发展又离不开城市的发展，各个区域的发展总是以中心城市为特色或标志的，中心城市又是科技创新的"摇篮"。进一步强化中心城市作用，也是编制城市区域规划一个十分重要的内容。

1. 传统城市经济区的划分情况

我国大都市分为大区域性、省级和地区级 3 个层次，大区域性大都市是区域经济中心，地域范围和综合功能较大，在全国占有重要地位。区域的发展是以中心城市为代表的，我国城市经济区的划分大体上包括以下几个。

以沈阳为中心，哈尔滨和大连为副中心的沈阳经济区；以京津为中心，济南、青岛、徐州为副中心的京津经济区；以西安为中心，郑州、兰州、包头为副中心的西安经济区；以上海为中心，南京、杭州为副中心的上海经济区；以武汉为中心，长沙、株洲、湘潭为副中心的武汉经济区；以重庆为中心，成都、贵阳、昆明为副中心重庆经济区；以广州、香港为中心，台北、福州为副中心的广州经济区；以乌鲁木齐为中心的乌鲁木齐经济区；以拉萨为中心的拉萨经济区。

我国区域的发展，是以中心城市为"龙头"的，有其独有的特色和优势。而中心城市又是科技创新的"摇篮"。中心城市应当是该地区的经济中心和科技中心。在中心城市办"科技特区"，可能是在现有条件下建设经济、科研两个中心的一条有效途径。也正是出于这样的思路，改革开放后，形形色色的经济技术"开发区"像雨后春笋般在全国各地先后冒出头来，既发展了城市，促进了城市化的进程，又为科技创新提供了条件，实现了城市与科技的双重发展，城市与科技相互促进，水涨船高。

2. 经济技术开发区的勃兴

中国的开发区，全称经济技术开发区，是中国实行对外开放政策的产物。1984 年邓小平同志第一次南巡，国务院召开沿海部分城市座谈会，拉开了建立"不叫特区的特区"的经济技术开发区的序幕。在短短的二十多年间，开发区由小到大，由弱到强，由试办到全面开花，取得的辉煌成就，已经引起国内、国际的瞩目，从 1984 年末到 1986 年末，自首批在沿海的 9 个省、直辖市的 12 个城市建立了 14 个国家级开发区以后，随着中国对外开放的不断深入，由沿海到沿边（边境）、沿线（铁路干线）、沿江（长江），开发区的事业迅速发展，至 1998 年初，已经在 16 个省、直辖市、自治区范围内扩展到 32 个，还有高新技术开发区 52 个。属于国家级的各类开发区总计 122 个。至于各省、市自行批建的、不同等级的开发区，据不完全统计，在册的就有 400 多个，实际上远远不止这些。伴随着改革开放大潮而涌现的经济技术开发区有着它独特的历史使命与功绩。

以 1984 年开放的 14 个城市为例，中央对其寄予厚望，某种程度上甚至超过特区。因为 14 个城市中包括上海、天津、大连、青岛、广州五大工业基地，经济发展的条件远非深圳、珠海开放初期可比。其任务是："开创利用外资，引进先进技术的新局面；抓老企业的技术改造，上一批投资少、周转快、收益好的中小型项目；在财力、物力、人才方面积蓄力量，支援全国，总结经验，向内地推广。"从中央批复的主题词"扩大开放、利用外资、引进先进技术"来看，当时中央希望经济技术开发区的主要功能是发展工业，所给予的优惠政策也主要是对工业而言，不希望重蹈特区创办初期热衷于商业、旅游、房地产等的旧路，对经济技术开发区期望更高。其潜台词是，经济技术开发区背靠中国的工业基地，不应再重复"三来一补"等低层次合作，也不应搞一些技术水平一般化的项目，开发区的发展前景也不应满足于搞成工业卫星城镇，而应该探索工业现代化的道路，成为改革开放试验区，功能界定是清晰的。

首先，据全国开发区联网统计，2003年，全国49个国家级开发区实现GDP4144.35亿元，工业销售收入10663.10亿元，出口386.71亿美元，完成税收608.26亿元。在那里，没有走私猖獗，没有繁荣"娼"盛，只有一个个崛起的现代化新城市和堪称世界级的工业区。发展较快的几个开发区，其工业规模已经超过了很多中等发达省、自治区的省会城市的水平，在探索中国工业现代化的道路上，留下了它们踏实的足迹。

其次，发展历史达到10年以上的开发区，几乎都成了本地区现代制造业的基地，同时也日渐成为高新技术产业的聚集地。到1996年，最早的14个开发区工业产值达到了1360亿元，比1991年增长了858.2%；到2001年，天津、广州、青岛、大连等开发区都成为所在城市中名副其实的"新的经济增长点"，工业产值及投资密度都十几倍、几倍于其他一般行政区。同时，在吸引外资和进出口方面所占的比重也都占据了半壁江山。所以说中国的经济技术开发区是中国改革开放的一面旗帜，而且也是中国现代工业融入全球经济的一面旗帜。

再次，在开发区建设初期，中央给予开发区的全部物质支持，是三年内提供了21亿元的开发贷款，平均每个开发区1.5亿元，期限15年内，利率4.5%—7%不等。但是自1996年开发区向国家上缴税收以来，仅天津开发区一家，2003年一年就上缴税收40亿元，7年内共计163.9亿元，是初期贷款的51.2倍，是国家级开发区全部贷款的7.8倍。1999年，首批14个开发区已实行与国家的完全分税制，由于财政口径的不同，没有准确的统计数字，但可以肯定的是将有更多的财政收入上缴中央。就对国家的贡献而言，开发区在中国对外开放的前沿，与先行者经济特区和后来者浦东新区和苏州工业园以及各个保税区相比，在国内方兴未艾的高新技术开发区的激烈竞争面前，在政策宽度、国家倾斜支持方面明显居劣势，但开发区的投入—产出效益、机会成本、边际成本和资本边际收益、人均 GDP 和劳动生产率各方面，都有明显的比较优势。

实践证明，由沿海开放城市和其他开放城市为核心划定的经济技术开发区，由于注重投资软、硬环境的建设和完善，坚持"以引进外资为主，兴办工业项目为主，加工出口产品为主，致力于发展高新技术产业"的方针，在对外开放、吸引外资、改革试验、促进区域经济新的增长和可持续发展等方面，起到了窗口、辐射、示范、带动作用和快速发展经济的作用。经济技术开发区已经成为我国国民经济新的增长点，在区域经济结构调整和产业结构调整方面起了很重要的作用，收到了很好的效果，已成为我国外贸出口的生力军和外商投资的热点地区。

2004 年 12 月 14 日，时任副总理吴仪在全国国家级经济技术开发区工作会议上说，20 年来，国家级经济技术开发区取得了令人瞩目的成效，已成为改革开放的试验田和先行区，成为现代制造业集中、产业集聚效应突出、经济高速增长、带动力强的外向型工业区，成为安排就业的重要渠道，成为我国土地集约利用程度最高的区域之一。

当然，各地政府在建设开发区上也存在一些误区与负面影响。1992 年前后，全国出现一阵"开发区热"，各地区不顾自身条件纷纷占用农田建开发区，却又因没有项目使土地闲置，影响了农业基础，很多是形象工程，劳民伤财，引得舆论一片哗然。因此，温家宝强调，"在新的发展阶段，国家级经济技术开发区建设必须贯彻落实科学发展观，努力实现经济体制改革和经济增长方式的转变。要严格执行国家关于经济技术开发区的各项政策，认真总结经验，更加注重结构调整和优化升级，更加注重引进技术和开发创新，更加珍惜和合理利用土地，防止盲目追求数量和规模，努力提高国家级经济技术开发区的发展水平。"

（三）我国产业群及其科技创新的基本状况

改革开放以来，我国产业群的发展也可以称得上是迅速而颇具活力。目前来看，已经形成了传统工业基地、外协加工基地、经济开发区、高新技术产业群、乡镇企业集群五种类型的集群。从地域上看，我国东部沿海的浙江、广东、江苏、福建等省份产业群的发展走在前列。以浙江省为例，在全省 88 个县市中，有 85 个县市形成了"块状经济"，其中，年产值超过一亿元人民币的小企业集群有519 个。2001 年，从全省 519 个区块的产业规模来看，每个块状经济的平均总产值已达到 11.5 亿元。其中，总产值 10 亿—50 亿元的区块有 118 个，50 亿—100 亿元的区块有 26 个，100 亿元以上的区块有 3 个。还有 52 个区块的产品国内市场占有率在 30% 以上。产业集群在我国地区经济发展中的良好绩效由此可见一斑。

自 20 世纪 90 年代后半期以来，我国区域发展的压力开始明显加大。"可持续发展"已成为发展状态和战略评判的综合指标。面对国内外市场竞争的加剧和资源环境恶化的双重约束，我国各省区和市县无不在积极推行国民经济战略性结构调整，营造持续健康、快速发展的氛围。

进入 21 世纪后，面对全球和全国区域发展格局重塑的机遇，寻

大格局——变动中的中国区域发展战略布局

求有效的发展途径，增强竞争优势，成为各级决策层的中心工作。

现阶段国家和地方政府对产业集群给予了特别的关注。在《国家中长期科技发展战略研究》"区域科技发展"专题中，"产业集群与高新区发展，成为子课题。国家发改委、科技部、信息产业部的相关部门也对产业集群给予了重视。由于浙江、广东等省的产业集群出现了示范效应，2003 年后，江苏、河南等省相继召开了促进产业集群发展的会议。目前，我国许多地方都存在着质量和技术创新水平不一的产业集群，而且各地通过培育产业集群来构建区域特色，经济的热情也很高。

但我们同时也应该看到，面对全球化和加入 WTO 后日益激烈的竞争环境和更多的发展机遇，技术创新能力的不足制约着产业集群的产业升级和持续发展。我国的产业集群多从农村和小城镇兴起，多以非公有制的中小企业为主，大部分技术水平较低，多从模仿创新的阶段起步。我国东部沿海地区是全国经济发展水平最高和中小企业及其产业集群发达的地区，以江苏、浙江和福建为代表的东部沿海地区中小企业的实地调研反映出其技术创新模式逐步由发展初级阶段的模仿创新向更高发展水平的合作创新和自主创新转变。依据技术创新能力的演进阶段也提出，我国产业集群还处在模仿和消化成熟技术，以生产定型和常规产品为主的层次上，离形成自主创新能力尚有不小差距。因我国产业集群的技术创新水平总体较低，大部分产品的技术含量和附加值也较低，导致很多产品集中于低端市场，多在生产成本和产品价格方面寻找有限的优势。

因此，今后我国产业集群的持续发展和竞争能力的提高，关键在于培育和形成产业集群自主创新的能力。通过技术创新活动的开展和累积来推动集群群体创新和发展能力是摆在我们面前的一个现实而又重要的科学命题，亟待深入研究。

（四）提高科技自主创新的能力是重大战略任务

毋庸讳言，我国在改革开放以来，主要是实行技术上的"追赶战略"，多是"拿来主义"，采取"以市场换技术"的政策。但实践已充分证明，科技的自主创新不但关乎国家竞争力，也关乎国家主权和国家安全。一个国家没有经济独立，就没有政治独立；而没有科技独立，就很难有经济独立。如果在科技上依附于人，在经济、政治上就难以摆脱受制于人的被动局面。而要实现科技上的独立，最重要的就是自主创新。特别是对于中国这样一个大国来说，那些关乎国家竞争力和国家安全的关键核心技术是花多大价钱也买不来的。倘若我国没有在原子弹和氢弹的核心技术上实现自主创新，不难想象，今天在国际格局上就没有与资本主义大国平起平坐的资格。

随着改革开放的不断深入，我国技术研发的投入力度也逐年加大。如何大幅提高技术进步对经济增长的贡献率成为当务之急。目前，世界上诸如美国、日本、韩国、芬兰等国家之所以成为创新型国家，主要原因就在于这些国家的科学技术对经济的贡献率均超过了70%，远远高于30%的对外技术依存度。为此，我国也提出了要在2020年前进入创新型国家行列的远景目标。近年来，我国通过引进技术、引进设备等措施，正在缩小同国际先进水平的差距。大批技术人才的培养与成长又为我国快速提升自主创新能力注入了力量。据不完全统计，我国目前有科学家和工程师226万人，仅国有企事业单位的专业技术人员就达2170万人科研队伍壮大，门类齐全；每年科技经费总额高达3500亿元……这些强有力的保障，已经造就了诸如海尔、华为、奇瑞等靠自主创新迅速发展壮大的成功典型，极大地鼓舞了靠创新谋发展的信心。

但是横向比较来看，目前我国科技创新能力还很低，主要存在五个方面的问题。一是关键技术自给率较低，对外技术依存度平均达到了50%，尤其是科技含量高的关键装备，都要依赖进口；二是发明专利数量较少，以中国占世界1/4的人口，发明专利总量仅占世界1.8%；三是科学研究质量还不高；四是尖子人才匮乏，缺乏世界一流的新一代科技大师和世界级领军人物；五是科技投入严重不足。

正如国家发改委原主任马凯所说：正是"由于自主创新能力不强，缺乏核心技术，缺少自主知识产权，缺少世界知名品牌，我们不得不更多地依靠廉价劳动力的比较优势换来微薄的利益，成为低端产品的'世界工厂'。我国出口商品中90%是贴牌产品。我国纺织服装出口占全球纺织服装贸易总额的24%，但自主品牌不足1%，且没有一个世界名牌。美国《商业周刊》和国际品牌公司2006年公布的全球100个著名品牌中，美国拥有50个，欧洲占有38个，亚洲也有11个（其中日本8个、韩国3个），而我国却一个也没有。我国彩电、手机、台式计算机、DVD播放机等产品的产量虽居世界第一。但关键芯片依赖进口。我国企业不得不将每部手机售价的20%、计算机售价的30%、数控机床售价的20%—40%支付给国外专利持有者"。

因此，《中共中央关于制定国民经济和社会发展第十二个五年规划的建议》提出：要深入实施科教兴国战略和人才强国战略，一是要增强科技创新能力，二是要完善科技创新体制机制，三是要加快教育改革发展，四是要建设人才强国。党的十八大报告中就提高自主创新能力、建设创新型国家强调指出，这是国家发展战略的核心，

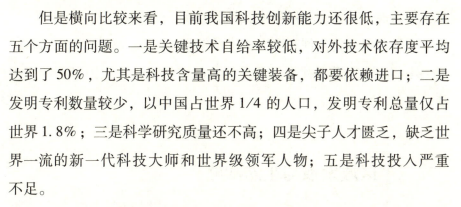

第八章 区域发展的科技与生态战略

是提高综合国力的关键。要坚持走中国特色自主创新道路,把增强自主创新能力贯彻到现代化建设各个方面。

可见,提高自主创新能力,建设创新型国家,是顺应时代特征、事关中国经济建设和社会发展全局的战略选择,是我国目前的重大战略任务。

二 区域发展与生态战略

当今世界正处在巨大变革时期,重要表现为"三重转变",人类文明形式由工业文明向生态文明的转变即其中之一。西方的工业文明自产生伊始就因其存在弊端而广受批评,启蒙思想家卢梭曾对工业社会人的道德理性日愈丧失、人与自然和谐关系日趋弱化发出警告,马克思、恩格斯更是就资本主义工业文明所导致的人与人、人与自然的异化这个问题进行过深刻的反思。20 世纪中叶以来,全球环境污染加剧,人们开始有意识地寻求新的发展模式,生态文明渐入人们的视野。生态文明是指人类的主流价值取向和社会实践已能自觉地把自然生态的正效应和负效应纳入一切社会经济活动之内,是社会文明在自然环境中的扩展,是一种比工业文明更高层级的文明形态。生态文明强调从维护社会、经济、生态系统的整体利益出发,尊重和维护生态环境价值和秩序,重视资源和生态有限的支撑力,重视人类社会与自然界的相互协调、共同发展,本质是通过实现人与自然的和谐,从而实现社会、经济与自然的可持续发展。

（一）绿色视野中的区域合作

区域经济是经济社会发展中的重大战略问题。改革开放30多年来，我国区域经济发展呈现出千帆竞发、百舸争流的态势，但受区位地缘、历史基础和社会人文等诸多因素的影响，地区之间发展的差距正日益拉大。可以看出，东中西经济发展的大致脉络，在由计划经济向市场经济转轨时期形成的发展空间比例失调、区域发展的不平衡的问题始终困扰我国经济的协调发展，具体可以归纳为三类病症：西部地区重点表现为"欠发达"；东北三省体制和结构的双重矛盾表现尤为突出；东部沿海地区的经济总量虽然快速增加，但经济增长方式转变相对不足，资源和环境难堪重负；中部地区则兼有上述杂症。三大经济地带不仅是在经济上存在很大差距，在自然资源的种类、数量也是千差万别。因此，利用中西部自然资源打牢东部经济发展的能源与原料基础的同时使中西部自身经济得以发展，即区域合作是缩小地域之间经济发展差距的唯一途径。

传统意义上的区域合作就是为了实现不同利益主体的优势互补以获得更大的经济利益和社会利益，不同地区间各利益主体以一定的资源要素作为合作基础，实施合作行为，形成共同一致的经济行动和行为目标。区域合作是现代区域经济发展的普遍现象，打破了过去以行政区域配置资源和规划经济发展的模式，按照生产力发展的内在要求，为跨省区交流与合作搭建了一个平台，通过优势互补、优势共享、优势叠加，把分散的经济活力激发出来，形成一种合作生产力，促进各区域经济社会的快速发展。而在生态环境已成为影响经济全局发展的背景下，挣脱传统区域合作观念的束缚，从生态环境恶化的产生与发展关联的角度赋予区域合作新的内涵，注重在区域合作的过程中建立有效的区域生态补偿机制，促进区域经济、资源、环境协调发展，将为进一步完善区域生态环境保护体系提供新的理论支持。

（二）生态建设与区域经济增长

自然资源的无限制利用、开发，自然条件的日愈恶化，使得资源与环境在生态系统中的总体特性也随之发生相应的变化，进而影响其所在的生态系统的结构和功能。由于相互牵制的关系，经济系统所处的生态系统发生变化，又使得整个"经济增长、发展"的基础发生动摇。因此，在资源与环境的开发利用过程中，应该考虑到一定的限制条件，既要考虑到资源的可使用量与环境的承受力问题，又要考虑到经济开发利用的效益问题。我国经济发展长期实行的是粗放型经济增长方式，这种以大量资源消耗支撑的粗放型经济增长方式，其基本特点就是高投入、高能耗、高排放、低效率，对资源与环境开发利用的限制条件基本不予考虑，使我国已经面临着资源短缺与环境破坏、国民经济难以实现可持续发展的问题。同时，中国在未来将面临着激烈的外部竞争压力，粗放型增长方式使得国际竞争力难以提升。占世界85%的人口正陆续进入工业化阶段，全球性的人口、资源、环境矛盾尖锐，使中国的现代化面临严峻挑战。

当然，资源严重短缺、环境急剧恶化并不仅仅是我国面临的问题，当今世界正面临一场全球性的生态危机，要化解这场危机，就必须转变经济增长方式，发展循环经济。循环经济要求走出传统工业经济"拼命生产、拼命消费"的误区，提倡物质的适度消费、层次消费，在消费的同时就考虑到废弃物的资源化，建立循环生产和消费的观念。循环经济的精髓可以归结为3R原则，即"减量化、再用化、循环化"。循环经济具有三大特点和优势：第一，把经济活动组织成一个"资源—产品—再生资源—再生产品"的循环流动过程，充分提高了资源和能源的利用效率，最大限度地减少了废物的排放，保护了生态环境。第二，以协调人与自然关系为准则，模拟自然生态系统运行方式和规律，实现资源的可持续利用，使社会生产从数量型的物质增长转变为质量型的服务增长，实现社会、经济和环境的共赢。第三，在不同层面上将生产和消费纳入可持续发展的框架中。将生产（包括资源消耗）和消费（包括废物排放）这两个最重要的环节有机地联系起来。

对于循环经济与区域经济增长的关系，时任总书记胡锦涛指出："要加快转变经济增长方式，将循环经济的理念贯穿到区域经济发展、城乡建设和产品生产中，使资源得到有效的利用。"只有按照循环经济的要求组织经济活动，才能将经济活动对生态环境的破坏减少到最低程度。发展循环经济是解决我国区域经济高速增长与生态环境日益恶化之间矛盾的根本出路。

城市是区域空间结构中重要的点，生态城市建设对于整个区域空间结构都将产生至关重要的影响。2002 年第五届国际生态城市大会上通过的《深圳宣言》提出，生态城市建设包括 5 个方面：生态安全、生态卫生、生态产业代谢、生态景观整合以及生态意识培育。目前我国设市城市 660 个，建制镇有 2 万多个，城市的数量、面积和人口还在大幅上升之中。然而，伴随着城市化速度的加快、城市规模的扩大和人口的增多，产生了大量的"城市问题"，如环境污染、资源短缺、空间拥挤、交通堵塞、就业困难、治安恶化、城乡冲突与社会失衡等等。因此，建设生态城市是我国城市化进程中的一项刻不容缓的任务。我国生态城市建设的目标应包括：促进传统农业经济向资源型、知识型和网络型高效生态持续的生态经济转型；促进城乡及区域生态环境向绿化、净化、美化、活化的可持续生态系统演变；促进城乡居民传统生产、生活方式及价值观念向环境友好、资源高效、系统和谐、社会融洽的生态文化转型。

区域一体化是缩小区域差距的空间模式，通过区域之间的经济活动与资源共享，实现发达区域对相对落后区域的带动和促进作用。在我国的区域发展进程中，区域一体化在促进区域之间的信息、物流、劳动力等经济要素和森林、矿产、水资源供给等方面协作的作用愈加明显。按照一般的区域空间结构的划分，东中西三大地带的协调发展关系是我国基本的区域空间结构关系，东部可以继续发挥在经济方面的辐射和带动作用；中部有连接东西的区域优势和良好的工农业基础，在经济发展的同时应注意生态资源的配置；西部则应以生态优势的发展积极探索区域经济增长的新思路。三大地带真正在"促进东中西互动、优势互补、实现各地区共同发展"的指导思想下，按照区域生态一体化的要求，做好生态、经济与社会和谐统一的区域可持续发展。目前主要举措有"西电东送"、"南水北调"、"西气东输"等。

我国现在区域产业结构总体呈良性调整状态，产业比例关系逐步趋向合理，产业结构逐步向高级演变。但在发展的同时，也面临一些问题，如在工业化过程中，产业结构与生态资源配置不协调，产业结构与资源结构严重不协调，资源浪费与资源短缺并存；区域产业配置中过分注重经济指标的可行性评估，缺乏生态指标（主要包括资源耗费程度和环境污染程度两项）的安全性评估；尤其在不发达区域的产业结构中生态问题突出，资源优势远未转化为经济优势，资源潜力还有待于进一步开发，资源开采效率有待于进一步提高；资源型产业忽略了对其他产业的培育，区域经济的发展过分依赖自然资源，一旦资源供给进入枯竭期，区域经济将面临衰退。随着文明的进步与生产力水平的提高，区域可持续发展日益成为区域发展的追求目标，生态环境与产业结构之间的依存度愈来愈高，相关性越来越强，区域产业结构的调整也更倾向于实现人与自然的和谐发展，因此，自然资源禀赋与生态环境条件成为产业结构调整的主要依据之一，产业结构只有适宜地域生态环境的特点、充分发挥自然资源优势，才具有强大的生存力与竞争力。

区域产业调整的总趋势就是区域产业结构由资源耗费快于生成增长的初级阶段向生产增长与资源耗费基本按照同一比例变化的中级阶段转化，进而再向生产增长快于资源耗费的高级阶段转化，使产业结构向有助于减轻生态环境承载力的方向发展，维护生态系统的良性循环，实现区域可持续的产业协调。保护生态环境、建设生态环境、进而改善生态环境是产业结构调整的基础与前提。生态建设首先要求大力发展生态产业，形成以生态农业、生态工业、生态旅游业、生态畜牧业、生态林草业等为主体的生态产业体系，实现自然资源可持续利用；其次，增加生态环境保护建设的资金投入，大力推进高新技术的应用，同时，增强生态环境保护建设的经济激励，调动群众参与的积极性，逐步实现生态环境建设的产业化（准产业化）、市场化（或准市场化）和民营化，使生态环境建设成为一系列产业或行业，直接参与区域产业结构的调整，成为区域产业结构中的重要组成部分。

三 区域发展生态战略的新布局

（一）西部大开发的区域生态谋略

实施西部大开发战略，是以江泽民同志为核心的党的第三代中央领导集体根据邓小平同志关于"两个大局"的重要区域发展思想作出的战略决策，是解决当前区域发展不协调的迫切需要。党的十六大以来，党中央高度重视西部大开发，采取了一系列重大政策措施，推动西部地区经济社会加快发展。

从 2001 年西部大开发战略被正式提出并付诸实施以来，西部较之东部依然落后，区域差距仍然比较明显，但西部大开发取得的卓越成效是不争的事实，区域发展质量的全面提升有目共睹。2000—2005 年，西部地区生产总值年均增长 10.7%；城镇居民可支配收入和农村居民纯收入年均分别增长 10% 和 6.8%。交通、水利、能源、通信等重大基础设施建设取得实质性进展，科技、教育、卫生等社会事业全面发展，改革开放不断深化，城乡面貌有了很大变化。同时，西部大开发还促进了东中西互动，为保持国民经济平稳较快发展发挥了重要作用。西部大开发以来的几年，是西部地区经济增长最快，发展效益最好，综合实力提高最为显著，城乡居民得到实惠最多的时期。在生态建设方面，退耕还林、退耕还草工程全面启动，退耕还林工程累计完成造林 2.88 亿亩，退耕还草工程治理草原 1.9 亿亩，中西部地区农民因退耕还林直接增收 492 亿元。新疆、青海、内蒙古等一些荒漠化草原植被覆盖度增加 20% 以上。

在充分肯定西部大开发成绩的同时，还要清醒地看到西部开发面临着不少困难和问题，其中生态环境问题尤为严重，主要存在以下几个方面的问题：（1）水土流失。西部十二省（区、直辖市）主要位于黄土高原、西北干旱区、青藏高寒区和西南山地丘陵区，是我国水土流失最严重的地区，轻度以上侵蚀面积（含水蚀、风蚀和冻融侵蚀）在 20 世纪 90 年代初一度达 411 万平方公里，占全国轻度以上侵蚀面积的 83%。其中水蚀面积达 104 万平方公里，占全国水蚀面积的 58%。（2）土地沙漠化。西部现有沙漠化土地约 160 万平方公里，占全国沙漠化土地的 95%。其中干旱区的重度沙漠化土地占 62%，分布于荒漠草原、典型草原、森林草原的沙漠化土地约占 38%。（3）干旱少雨。我国西部地区特别是西北地区，全区平均降水量仅 235 毫米，地下水和地面水径流总量约为 2846 亿立方米/年，仅占全国水资源总量的 10.07%，90% 以上的面积处于干旱地区。近几十年，由于农业灌溉的发展，使得新疆、青藏高原东部及云南的湖泊明显收缩，内陆河严重退化，地下水水位急剧下降。（4）环境污染。目前，西部地区城市垃圾污染和工业"三废"污染日益严重，据国家环保局的有关数据统计，西部乡镇企业中，有 65% 存在不同程度的污染问题。一些工业和农业生产的重心区由于长期未注意在生产的同时进行环境保护，环境恶化的趋势不断加剧。

西部地区的生态建设在全国的生态布局中占有极其重要的地位。之所以这么说，主要是我国西高东低的地理特征使然。受此地理特征影响，长江、黄河两条动脉自西而东横贯全国，西部地区作为源头必须把治理水土流失等生态环境任务作为区域发展的主要任务，否则势必造成全流域生态环境恶劣的局面，继而影响到整个国家的安全。西部地区的生态建设，首先要转变经济发展方式，加快西部产业结构调整。对西部经济系统现有的运行方式进行一些变革，通过对产业结构的战略的调整，加快建立以高科技为主导的产业结构体系，将高投入型经济转变为集约型、效益型和科技型经济，形成生态系统与经济系统的有效对接。其次，转变资源利用方式，依靠科技进步提高环境资源利用水平。建立鼓励科技创新的体制，形成推广科技的公共服务体系，通过先讲技术合理使用、节约和保护资源，提高资源利用率；重点推进土地、矿产、水资源的节约使用和合理开发利用，提高资源综合利用水平，强化水资源的开发、利用与保护。最后，制定切实可行的优惠政策和生态效益补偿制度。坚持责、权、利相结合的原则，提倡包括国家、集体和个人的多元化投资机制，制定切实可行的优惠政策和生态补偿制度，拓宽生态环境保护与建设投入渠道。鼓励和吸引省内外、国内外的投资者投资建设生态环境项目和相关的经济开发项目。加强对外合作交流，吸引国际金融机构的优惠贷款和民间社团组织及个人捐款进行生态环境建设。

（二）中部崛起的区域生态重建

中部是联结东部沿海发达地区和西部欠发达地区的纽带，历史上是中国主要的农业生产基地，自古就有"湖广熟，天下足"的美誉，其经济发展状况直接关系到整个中国经济的腾飞与综合国力的提升。

中部地区综合资源优势突出，是我国重要的能源、原材料基地，但长期以来的粗放型经济增长方式使得该地区的资源优势出现严重弱化。近些年中部各省的经济增长在某种程度上主要是依靠大量消耗物质资源而得以实现，资源新增探明储量的增长速度远低于开采耗竭速度，资源枯竭严重影响了中部地区资源产业的持续发展。据统计，在中部122个矿业城市（镇）当中，处于"中年期"的92个，"老年期"的14个，"幼年期"的仅为15个。江西11个黑钨矿山，8个已列入关闭破产计划；安徽铜矿资源已基本枯竭，80%—85%以上铜矿石主要靠进口；湖南32个大中型有色金属矿山当中，25个几近资源枯竭。同时，粗放型经济增长方式使得中部地区的生态环境受到严重的污染和破坏。

长期的资源开采使得大气、水、土壤等受到不同程度的污染。如山西受污染河流长达3753公里，河南省几大水系受严重污染河段达2938公里，湖北主要湖泊水库受污染的三类以上水体近70%，黄淮海地区也几乎有河皆污；以长沙、赣州、南昌、怀化为代表的华中酸雨区现已成为全国酸雨污染最严重的地区；耕地质量下降导致粮食产量逐年下降。中部经济发展进程中生态建设的缺失使得生态环境惨遭破坏，而生态破坏的结果必然是经济整体素质更加低下，最终会因资源过度耗费、经济结构严重失衡、经济效益每况愈下、通货膨胀层出不穷以及生态环境急剧恶化等问题，而使经济增长难以为继，现代化大业难以实现。经济增长与资源、环境的矛盾是中部崛起进程中不可回避的问题，在转变经济发展方式的同时改造生态环境、通过转变经济发展方式改造生态环境是中部崛起的必选之道。

具体来讲，中部崛起中的生态重建需要做好以下几个方面的工作：（1）全面贯彻落实科学发展观。摒弃传统的发展思维和发展模式，树立以人为本、全面协调可持续发展的科学发展观念，在发展思路上彻底改变重开发而轻节约、重速度而轻效益、重外延发展而轻内涵发展、片面追求GDP增长而忽视资源深化企业改革，建立符合生态经济要求的生态工业网络。（3）调整优化经济结构。一是要大力发展现代化农业，提高粮、棉、油和畜产品、水产品的商品率，发挥传统主导产业的优势。二是要坚持用高新技术改造传统产业，提高工业部门的技术含量，调整工业内部结构，推进技术创新，走新型工业化道路。三是要积极发展与一、二产业规模相匹配的第三产业，加大服务业投入力度。（4）依靠科技进步。重点开发推广资源节约和替代技术、延长产业链和相关产业链接技术、能量梯级利用技术、有毒有害原材料替代技术、"零排放"技术、回收处理技术、绿色再制造技术等，努力突破制约生态友好型经济发展的技术瓶颈。（5）加大宣传教育力度。组织开展形式多样的宣传培训活动，提高全社会特别是各级领导对生态建设和环境保护重要性的认识，引导人们正确处理资源开发、经济发展与环境保护之间的关系，开展以节能、节水、节地、节材为主要内容的节约活动，在全社会树立节约资源的观念，培育人人节约资源的社会风尚，逐步形成有利于节约资源的产业结构和消费方式。

（三）振兴东北的区域生态再开发

我国东北的工业大多形成于 20 世纪 50—60 年代，被称为"中国工业摇篮"，主要生产原油、汽车、造船、钢铁及重型装备等制造业。东北三省作为共和国的长子，在国家建设初期的倾斜政策支持下，经济获得了长足的发展，发展速度始终位居全国前列。直到改革开放之初，除了京、津、沪三个直辖市以外，在全国 27 个省、市、自治区中，辽、吉、黑三省分别位于全国的第一、四和第二位，其中，辽宁省在 1994 年以前一直名列全国第一。1995 年以后，东三省人均 GDP 增长速度放缓，尽管经历了近年来的一系列调整和深化改革，但经济发展情况仍不乐观。

东北老工业基地的发展，伴随着严重的资源与环境问题。在资源消耗方面。首先，是黑土地的退化与土壤的流失，这主要归因于长期的过度开垦和毁林开荒。目前，东北黑土区土壤流失面积已达27.59万平方公里，占总面积的27.1%。而且土质严重退化，黑土层由开垦初期80—100厘米的厚度下降到目前20—30厘米的厚度，平均每年流失表土0.7—1厘米，有些地区甚至出现了沙漠化和盐渍化现象，仅吉林省西部就有67万公顷优质土地退化为盐渍和荒漠，现在仍以每年1.2%—1.4%的速度递增。其次，是森林资源的剧减。东北拥有的森林资源总面积高达3.67亿亩，约占全国森林总面积的50%。自建国以来，东北超量砍伐森林，已累计为国家生产木材10亿立方米，使得森林资源迅速减少，高大的树木、茂密的森林已成往昔，青山绿水变成荒山野岭，水土流失严重，水患不断。再次，是矿产资源因超强度采掘被迅速消耗。目前东北三省面临的资源形势十分严峻，据统计，东北现有煤炭保有储量仅占全国的0.5%左右，而东北三省的能耗却占到全国的10%以上。鸡西、鹤岗、双鸭山、阜新、抚顺等以煤炭产业为主导的城市集体陷入困境，已有30多万煤矿职工下岗。在环境方面，尤其以江河污染最为严重。近几年，由于工农业开发和工业污水的排放，辽河与松花江已遭到严重污染，90多种鱼类基本灭绝，剩下的抗污染能力较强的鱼类数量也在逐步减少。20世纪70年代前，黑龙江的一些小支流水质比较清澈，没有污染，可以直接饮用，但近几年的工业开发，使得污染加剧，昔日景色已不复存在。

　　党中央国务院关于振兴东北等老工业基地战略决策的推出，给东北三省带来了新的发展机遇，如何把经济发展和环境保护结合起来，走生态经济之路，是摆在东北人面前的重大课题。面对这一课题，应注意从以下几个方面去把握：（1）发挥自身的优势，引入外力促发展。认真研究新形势下东北地区的现状与潜在优势，通过自身改革激发内部要素活力，结合对外开放，使内外部要素有机组合，促进新增长点的出现和发展。东北地区有较好的工业特别是重工业基础，较好的基础设施条件，较高的城市化水平，这是区域振兴的基本条件。但东北老工业基地还部分保留计划经济的体制、机制，市场经济的传统较为缺乏，必须通过改革开放引入的外部要素予以解决。（2）把矿区生态恢复与创造就业岗位结合起来。要实现东北地区的振兴，必须把资源型城市的环境修复工作放在首位，把它当作一个新兴产业来培育，把这个产业与解决矿工的就业和再就业问题结合起来，让矿工参与重建家园。围绕扩大就业和再就业，将矿区土地复垦和第一产业有机结合起来。此外，为了加快资源型城市环境修复，国家还可考虑以特别优惠政策让民间资本参与沉陷矿区改造，加快治理，为城市经济转型营造良好的社会氛围。（3）大力发展逆向物流产业。逆向物流是出于环保和资源的充分利用而发展起来的新理论、新方法，最早足在 1992 年由 Stock 在美国的物流管理协会的一份报告中提出的，他在报告中指出"逆向物流是指包含了产品的退回、物料的替代、物品再利用、废弃处理、再处理、维修与再制造等流程的物流活动"。实施逆向物流不但会给企业带来经济效益，更会带来社会效益。老工业基地的振兴应该重视逆向物流在经济发展中的重要作用，逐步推行逆向物流以保护环境和节约资源，同时也为企业进行绿色供应链管理奠定较好的基础。

（四）东部率先发展的区域生态牵引

以长三角和珠三角为代表的东部经济在国民经济中一直保持着领先地位。东部沿海 10 省市经济总量约占全国经济总量的 65%，经济增长速度高出全国平均水平 4 个百分点以上，单独广东、江苏、山东和浙江等 4 个国内生产总值过万亿元省份的经济总量之和就占去了全国经济总量的半壁江山。

过去一个世纪以来，东部地区由于地理优势，一直是我国经济发展的一面旗帜。尤其是建国以来，东部被列为优先发展的对象，国家在政策上予以倾斜照顾，经济得到率先增长，在人口多、资本少、技术远远落后于西方的条件下，自觉或不自觉地以消耗大量资源换取 GDP 的增长、以牺牲生态环境为代价推动现代工业化进程，人为地打破了生态各组成要素之间以及各要素与周边环境之间的固有平衡，造成了严重的生态危机。近年来，在各级政府部门的强烈关注下，环境问题得到些许缓和，但并没有从根本上得以消除，震惊社会的公害事件仍屡屡发生，"工业三废"排放、水资源枯竭、噪音污染、水土流失、土地荒漠化、温室效应、大气臭氧层被破坏等每天都在进行，"现代工业体系尽管拥有它全部体现高度智力的先进技术，但却在摧毁自己赖以建立起来的基础"。东部经济在全国经济体系中处于上端，如果连东部地区也不能寻找到一条既能发展经济又能很好地保护生态环境、使经济的发展与生态建设相互促进、相互依存的道路，则很难为经济相对落后的中西部作出表率。因此，东部的生态建设必须走在全国前列，为中西部提供一些可资借鉴的经验与做法。

第一，合理控制城市发展的用地规模，加强以耕地为主的土地资源保护。工业化、城市化以及各项基础设施建设必然要占用部分耕地，由于所获得的经济与社会效益巨大，同时耕地的减少一定程度上也可以通过提高农业生产效率予以弥补，这种占用因而可认为是必要且无需额外考虑的，但由此造成的后果是在建设过程中对土地的大量浪费。因此，必须制定科学合理的城镇用地规模，保护耕地，节约用地，提高土地利用强度，尽力避免各种盲目开发，使城市经济的发展与城市的成长符合客观发展规律。

第二，通过区域产业的协调布局，实现经济要素流的合理化。要使区域内经济要素流更加合理，就必须整合每个城市的产业空间，防止过度重复建设，强调城市之间的产业运作更为紧凑，经济联系更为紧密，从而达到各物质功能要素最优化效果，最终引导整个区域经济有序、合理、适度地发展。

第三，城乡统筹规划，区域资源共享。城乡统筹规划、城乡一体化发展的理念，是在坚持区域可持续发展道路前提下实现城市化、现代化的一种理想的发展模式，问题的关键是如何既能保证每一个城市与区域生态环境的良好状态，又能保持城市经济稳定增长、实现小康社会的目标。在这种理念的指导下，可以采取以下三种措施：一是继续加强城市的集聚程度，强化大城市的集中度与新功能，努力建设一批具有全球影响力的国际化大都市；二是促进大中小城市与重点中心镇的协调发展，在强调高度集约型大都市的同时，又要适当扩散其功能，增强其辐射力。带动周边市、县、区的发展，逐渐实现城乡一体化的远大目标；三是重视环境保护与生态安全，防止城市（含乡镇）郊区、工业开发区、房地产、港口、码头的盲目开发与无序建设。

第四，打破行政区划壁垒，建立区域一体化发展的规划与协调机制。在现有行政区划的制约之下，很难实现区域一体化，统一规划、协调管理以及实施区域内经济事实的跨行政区管理机构的建立势在必行。如何建立这样一个机构并赋予其相应的调控权，对各级地方政府的行为构成有效约束，是实现区域一体化发展的关键所在。

第九章

区域发展战略对区域经济差距的影响机制

从中国区域协调发展战略的政策支持体系来看，国家对东部地区没有非常明确的支持具体某一方面的政策，仅有部分综合支持政策，而国家对西部大开发、东北等老工业基地振兴战略关注得更多，并对西部地区、东北地区有明显的支持政策。如加强基础设施建设、加大物质资本的投资力度等。从时间维度来看，由于中部崛起战略、东部地区率先发展战略实施时间较短，政策效应尚未完全显现。同时，从中央政府角度来看，西部大开发在中国区域协调发展总体战略中居于优先地位，以此为例，从教育、资本、基础设施、政府四个方面阐明其对区域经济差距形成的影响。

一　教育对区域经济差距的影响机制

教育是传播人类文明成果、科学知识和社会生活经验并培养人的社会活动，通常有广义和狭义两种概念。广义的教育泛指影响人们知识、技能、身心健康、思想品德的形成和发展的各种活动；狭义的教育主要指学校教育，即根据一定的社会要求和受教育者的发展需要。有目的、有计划、有组织地对受教育者施加影响，以培养一定社会所需要的人才的活动。人力资本是指凝聚在劳动者身上的知识、技能及其表现出来的能力。并且劳动者身上的这种能力是生产增长的诸因素中的主要因素。一般来讲，人力资本是促进区域经济发展的重要因素，而教育则是形成人力资本的重要途径。

（一）教育促进西部地区经济发展

西部大开发以来，西部地区教育水平大幅提高。实证分析结果表明，劳均受教育年限前系数显著为正，且通过了10%的显著性水平检验，这表明劳均受教育年限的提高对于经济增长具有积极的促进作用，教育水平的提高总体上促进了西部经济发展，这与相关研究结论基本一致。教育水平的提高促进西部地区经济发展及区域差距收敛的可能作用机制主要涉及以下几个方面。

图9-1　西部地区儿童在阅读课文

1. 通过提升创新能力、学习能力提高了生产率

教育对于提高生产率增长具有重要作用。人力资本提高了劳动者素质，进而提高了劳动者的生产能力，从而促进了经济增长。一般来讲，教育（特别是高等教育）不仅能大幅提高受教育者的综合能力和业务素质，而且通过提供必要的人力资源，为探索新科技提供保障，进而促进科学技术的不断进步与发展，最终使劳动生产率得到大幅度提高。

人力资本是 R&D（研究与试验性发展）过程中的关键投入品之一，而 R&D 又会产生新产品、新思想，并促进技术的进步。教育不但使一个国家采纳、吸收及应用其他国家新技术的能力得以提高，而且决定着其国内的创新能力。教育提高了劳动者模仿和应用发达国家所开发的新技术的能力。技术水平的差异给予落后地区借鉴的机会，由于后发地区的学习成本一般会大大低于发达地区的开发成本，从而可能会导致趋同的发生。而一个地区的这种学习能力主要是由这个地区的人力资本禀赋的初始水平所决定。对于中国尤其是西部地区这样的非技术前沿地区，技术进步主要依赖于对世界前沿技术及发达地区先进技术的吸收和模仿，而对这些技术的吸收和模仿需要接受良好教育的人力资本作为其主要实行者。专家们曾检验了人力资本投资对技术吸收及经济增长的主要作用，发现人力资本投资不但通过提高劳动者的受教育程度、职业技能、技术熟练程度以及劳动生产率而直接增加产出水平，而且还通过增强本国技术吸收能力和研发水平从而间接促进经济增长。教育通过对新技术的应用、创新成为生产率增长及经济增长的首要的、必备的条件。同时教育水平的提高有助于提高吸收新产品和新思想的能力。对于一个经济体来说，如果人力资本存量越高，那么其吸收新产品、新思想

的能力也就越强。因此，教育对于改善效率、促进技术进步，即促进生产率的增长具有积极的促进作用。

2. 降低交易成本，提高交易效率

随着人们教育水平及文化程度的提高，人们对于与生产活动及交易活动的相关知识、技能的识别及学习能力会得到提高，如识字能力、对财产权的认知能力、谈判技巧能力等均会得到提高，从而有助于降低交易成本，提高交易效率。而根据新制度经济学的解释，交易成本的降低及交易效率的提高，有助于提高资源配置和经济运行的效率，从而促进经济体的经济增长。

3. 通过外溢效应促进经济发展

教育对西部地区经济发展的作用还体现在教育具有外溢效应。人力资本可能会产生一定的外溢效应，而这些外溢效应对于经济发展具有积极的推动作用。研究表明，人力资本积累对物质资本积累有正的外部性。根据内生增长理论（其核心思想是认为经济能够不依赖外力推动实现持续增长，内生的技术进步是保证经济持续增长的决定因素），教育可以抵消生产函数中收益边际递减效应，从而成为维持增长的驱动力之一。作为物质资本投资的必要补充，教育投资使得劳动者能够使实物资本得到更加有效的使用、促进新知识的发展与传播。经验表明，实物资本并未表现出从富裕国家流向贫穷国家，这可以用贫穷国家相对较低的人力资本进行解释。事实上，低质量的人力资本会从根本上制约物质资本效率的实现。如果仅有大量的先进机器和厂房，没有相应的人员匹配，这些先进设备的效率就会大打折扣。以前，由于西部地区教育水平不高，各类人才招募困难，人力资本远远不足以满足如此高的物质资本投资的相应需求，所以外来投资者不愿投资。有研究表明，人力资本短缺的现实

使得外来投资在西部地区的投资减少了一半。近年来，西部地区教育整体水平得到了大幅度提高，这对于其外溢效应的发挥，进而促进西部地区经济增长起到了积极的推动作用。

4. 教育影响产业结构调整

合理的产业结构会促进区域经济的发展，而劳动力就业结构的调整与优化则是产业结构的调整与优化的基础。劳动力的数量和质量影响一国产业结构的选择和调整方向。一般来说，当一国或一个地区人力资本总量水平较低、高质量人力资本占比较小时，由于该国或该地区的劳动力技能水平较低，会促使该国或该地区发展低加工度或劳动密集型产业，从而导致该国或该地区的经济发展处于相对较低级阶段。随着该国或该地区人力资本总量水平的提高、高质量人力资本所占比重的提高，该国或该地区的劳动力技能水平就会得到提高，从而能够更好地利用先进设备与技术，有利于该国或该地区发展高加工度与技术密集型产业，从而有利于该国或该地区的产业结构的高级化。近年来西部地区不断调整经济结构，产业结构不断优化与合理化，在一定程度上得益于从业人员素质的提高，而这又在相当程度上是由西部地区的教育水平的提高所决定的。同时，人力资本积累状况影响投资方向，进而影响经济增长。投资在不同产业部门的投向偏好会影响产业结构。一般来说，经济发展需要物质资本形成与人力资本相互适应。就人力资本与物质资本的互补弹性、普通劳动力与物质资本的互补弹性来说，前者要大于后者。随着技术的不断进步，物质资本投入的增加会导致对人力资本需求的更快增长。从发达国家的发展经验来看，伴随着科学技术的不断发展，经济不断增长，人力资本和物质资本的互补弹性有逐步提高的趋势，这会导致经济体的经济结构经历从劳动密集型转向资本密集型，进而转向技术密集型的一个发展变化过程。而如果物质资本投资和人力资本投资不相匹配、相互脱节，就可能由于物质资本的边际生产率递减而影响到经济的增长。因此，人力资本的产业间配置和转换会在相当程度上影响到物质资本在产业间的配置和转换。人力资本积累的状况会影响到西部地区产业结构的演进，进而影响到西部地区经济的增长。

5. 通过互补效应，促进经济运行效率的提高

发达国家的发展经验表明，在经济增长过程中，人力资本积累和储备可以在一定程度上弥补资金、技术、物质资本以及市场制度产品供给等方面存在的不足。中国及西部地区二元结构明显，其发展道路在许多方面具有模仿性，可以在一定程度上借鉴其他发达国家和发达地区的经验，大大降低发展中的试错成本。随着产业结构的高度化，经济增长的演进过程需要冲破原有制度的束缚，探寻与之相匹配的新的制度结构，这将会涉及物质资本投资、金融资本以及人力资本投资体制等方面的变革。而在这些制度的变革与演化过程中，要求人们在认知制度能力、发现制度不均衡的能力、再造制度的能力以及将这一过程中潜在收益转变为现实收益的能力得到不断提高，而这依赖于整个经济体人力资本的积累。因此，教育整体水平的提高，促进了西部地区人力资本的积累与储备，而这又使西部地区在借鉴其他发达国家、发达地区的发展经验过程中弥补了其技术、资金等方面的不足，促进了经济运行效率的提高。

（二）不同层次教育与西部地区经济发展关系

对于不同层次教育的经济增长效应，学者们进行了系列研究。尽管教育促进经济增长的观点基本能够达成一致，但各层次教育在

经济增长中的作用大小存在争论。国外许多学者的研究认为初等教育、前期高等教育对经济增长具有显著的积极影响，韩国、马来西亚和泰国等亚洲国家的初等教育对经济增长的作用至关重要。实际上东亚国家的发展关键在于小学和初中教育的发展。也有专家认为初等教育和高等教育对经济增长的影响有限甚至为负面。事实表明，小学及初中人口存量对中国经济增长的促进作用要大于高中及大学人口存量的作用。不同教育程度劳动力的产出弹性存在较大差异；大学教育对效率改善和技术进步均有利，中小学教育对于效率改善则具有不利影响。人力资本存量不足和结构层次是解释人力资本的投入对中国经济增长作用机制不强的直接因素。研究还发现1993—2004年中国不同层次教育对经济增长的贡献率存在较大差异。高等教育与当地经济发展存在高度正相关，但存在地域差异，高等教育文化程度的人力资本与经济增长正相关，中等教育程度人力资本与经济增长显著负相关，而基础教育程度人力资本与经济增长关系不具有显著性。接受初等、中等、高等、研究生教育的劳动者其产出弹性也不同。同时，教育投资与经济增长之间存在结构差异，高等教育、中等教育和初等教育对不同地区的经济增长作用不同，人力资本对全要素生产率增长的影响存在即期效应和滞后效应之分，而这两种效应在不同地区表现不尽相同。不同层次受教育程度对中国引进外资质量的影响不同，大专及以上人口比例对经济发展具有重要作用。

实证结果表明，不同层次教育水平对中国及西部地区经济增长效应有所不同。接受过大专及以上教育的从业人员对经济增长具有明显的促进作用，并有利于西部地区与其他地区的经济收敛。而接受初中教育、高中教育的从业人员并没有对西部地区经济效率的提高起到显著的促进作用。其原因有以下几点。

1. 与发展阶段相适应

教育的发展水平应与经济发展水平相适应，经济发展水平不同，教育促进经济增长的作用机制也会不同。一般来说，人力资本要素构成是动态的，并非一成不变。在农业时代，强调体力为主；在工业时代，强调人的技能、经验等；而到了知识经济时代，更强调人的知识、创新能力和社会协作能力等。在工业化起步阶段，生产过程中科技含量低，较低的知识水平即能满足生产过程的要求，经济增长主要以体力劳动者的数量投入为主。因此，在此阶段，受生产方式、生产制度的限制，部分潜在的人力资本并未有效地参与实际生产，知识的经济增长效应没有得到充分发挥。随着工业化进程的推进与经济发展水平的提高，人力资本的积累效应逐步显现。接受过高等教育的劳动者在经济增长过程中的重要性逐步增强。

经济发展分为要素推动阶段、投资推动阶段、创新推动阶段和财富推动阶段，高等教育发展水平以及高等教育对经济增长的贡献与经济体产业结构升级、经济增长模式的演进之间相互影响。改革开放以来，中国经济发展总体上处于从第一阶段向第二阶段的过渡期。中国农业发展投入主要是以体力劳动为主的劳动数量方面的投入，资本投入不断增加，技术集约化进程基本处于资本替代劳动的初级阶段；工业技术水平低下，工业资本尚处于总规模收益递增阶段。西部地区的这些特征表现更为明显。由于这一时期经济增长主要靠初级资源、劳动力、资本等要素投入拉动，产业结构以劳动密集型产业为主。此时，接受不同层次教育的劳动力与物质资本的组合效应不同，其中，能够较为接近生产可能性边界的组合是接受过9年左右教育的初中文化程度劳动力与物质资本的组合，其表现为接受初中教育的劳动力对中国整体及西部地区的经济增长具有正向的推动作用。然而，随着产业结构的不断升级，近年来中国及西部地区劳动力平均教育程度上升。工资和社保成本上升，产业部门对非熟练劳动力需求下降，对专业技术工人、高素质人才的需求上升，这些改变意味着素质较低的劳动力越来越不适应经济的需求，低素质劳动力在经济中的重要性下降。高素质人力资本的重要性上升，因此，接受初中教育的劳动力对经济增长的边际贡献开始递减，表现为其促进作用并不显著。一般来说，进入高等教育的青年接受更高级的知识，无论从文化层次，还是专业技能方面都得到了巨大的提高，人力资本上升到一个新的层次，因此，从一定意义上来说，高等教育更有助于高素质人才资本整体水平的积累与提高。当然，中国尤其是西部地区市场经济体系还不完善。经济增长主要依靠投资规模的扩大，基本属于粗放型资源和资本消耗为主的外延扩张型经济增长模式，高素质劳动力发挥的作用在一定程度上受到限制。随着市场经济体制的不断完善、经济结构的优化调整、产业层次的不断提升，接受过高等教育的劳动力对经济的贡献程度在逐步提高，高等教育对于中国及西部地区经济发展的重要性会越来越强。近年来，西部地区发展水平逐步提高。高等教育劳动力对经济增长的贡献逐步增大，呈现出递增趋势。

2. 不同层次教育水平对经济发展的促进能力不同

不同层次教育水平对经济发展的促进能力不同，首先，表现为接受不同教育程度的劳动力的吸收和模仿能力不同。对于中国及西部地区这样的非技术前沿地区，技术进步主要依赖于对世界前沿技术及发达地区先进、适用技术的引进、吸收和模仿。由于接受了正规和系统的专业教育，受过高等教育的人力资本对新技术的模仿能力都要明显强于中等教育和基础教育程度的人力资本。一般来说，接受过高等教育的从业人员对新技术有更强的领悟和适应能力，对新技术的排斥性更少，可以更容易地进行新产品的开发与模仿。具有大学教育水平的人能够进行良好的管理并进而提高技术应用的效率，而具有其他层次教育水平的人的这种能力可能不显著。同时，由于缺乏大学的专业教育，接受低层次教育的从业人员对新技术的适应和模仿能力相对较弱，尚未达到技术模仿的"门槛水平"。在跨越门槛之后，高层次人力资本更适合吸收国外 R&D 溢出技术。

其次，表现为接受不同教育程度的劳动力的创新能力不同。劳动力受教育程度或年限与劳动力在"干中学"或"边干边学"的人力资本积累成正相关，受教育程度越高的劳动力在劳动中积累经验的能力越高，越容易接受新技术、新知识。人们进行研发的素质越高，生产量就越高。具有大学教育水平的劳动者更容易产生新观点、开发新技术和新产品。同时，大学教育有利于内生性技术进步，并通过竞争而扩散，从而使知道怎样革新和模仿的技术诀窍具有正的外部性，这对于中国及西部地区这样的仍处于较低发展阶段但外部环境竞争却变得越来越激烈的发展地区尤为重要。总之，不同层次的教育对于劳动力吸收、模仿先进技术的能力及创新能力的培养效果不同，进而表现为经济发展的促进能力不同，最终导致不同教育层次的劳动力对经济增长的贡献有所不同。

3. 教育体制影响着不同层次受教育者对经济的促进能力

一般来说，只有与经济发展水平相适应的劳动力结构，才能最有利于经济的健康快速发展。然而，中国目前在教育自身发展中存在着教育总体发展的规模和结构、方式和机制、质量和速度与社会经济发展不协调等问题。发达国家各层级教育关注的重点是学生今后是否具有终身学习的能力，能否顺利实现向劳动世界转换和长期职业生涯发展目标，而中国整个学校教育从组织体系、教学内容到评价系统处于层层向上应试、学历狭隘拉动的僵化封闭状态。

首先，我们来分析教育体制对大专及以上受教育者经济能力的影响。从理论上讲，高等教育首先应该可以为受教育者提供系统的思维方式和学习技巧。同时，高等教育应该能够提供更多的直接教育机会，教师的能力更加专业，从而可以系统化促进人力资本的存量上升。近年来，中国的高等教育取得了较大的成就，但同时应该注意到，目前中国的教育尚存在教育的供给结构与需求结构严重脱节、教育的社会经济相关性差等方面的问题。虽然大专及以上教育对于劳动力吸收、模仿先进技术的能力及创新能力的培养有一定的效果。但由于教育体制的原因，可能会使大专及以上教育对受教育者来说，其作用主要体现在使受教育者的综合素质水平在一定程度上有所提高，甚至教育在西部的作用主要体现为信息性。这在一定程度上制约了接受过高层次教育的从业人员对经济发展的促进。

其次，分析教育体制对接受初中和高中教育的劳动力经济能力的影响。一般来说，初等教育和中等教育应该侧重于对文化知识的学习（其中，中专教育侧重于技能培训），掌握基本知识，为以后的专业学习打下良好基础。而中国目前的教育体制则表现为应试教育，也就是说它是一种应付考试的教育。在这种教育模式下，判断一个学生是否合格的标准，不是看他是否具有解决实际问题的能力、是否具有健康的体魄和心智、是否具有创新能力，而主要是看他考试的成绩怎么样。能够贯彻老师和学校的意图，听老师和学校的话，考试中能得高分，就是好学生，否则就不是好学生。而老师和学校的判断标准又是以教育主管部门的意志为转移的。教育计划、课程设置、教材编写、考试制度和评价体系等都听命于上级，甚至是全国一盘棋。在中等教育阶段，中国教育的"应试"特点表现得异常明显。多年来，中国以升学为目标的普通高中在校生占高中阶段在校生总数的比重非常高，初中等教育主要为了更高层次的应试目的而运作，教育特别是中小学教育的供给与社会经济需要，尤其与当地和社区经济发展需要严重相脱节。因此，目前的教育体制可能会使得受教育者的实践、动手能力较差，抑制了受教育者的创新思维，可能会在某种程度上抑制受教育者模仿、创新能力的培养与发挥，而这种负面效应在高中教育阶段更为明显。较差的教育质量是造成中、小学教育对经济效率提高具有负效应的原因之一。同时，一方面，长期以来，高中类教育中侧重于技术教育的中专类教育人数所占比重较少，专业技术教育分流非常有限；另一方面，中专教育中职业技术教育教学质量、专业设置等存在一定的问题与偏差，以至于只有部分受教育者能够成为真正学到过硬本领的高素质人员。再者，受教育者毕业后所从事的专业与所学专业不相符的现象十分普遍，以至于"学不能致用"，使得以职业技术教育为内容的中专类教育达不到应有的效果，这都在相当程度上制约了接受过中等教育的从业人员对中国及西部地区经济增长应有的积极促进作用。

二　物质资本对区域经济差距的影响机制

物质资本一般是指购买资本品（包括机器设备、建筑物、存货）而形成的资本，是生产活动的重要基础。区域经济增长受多种因素相互作用，而生产要素的投入是区域经济增长的必要条件。资本作为一种相对稀缺的生产要素，是一种重要的经济资源，资本形成和积累是区域经济增长的重要因素。长期以来，中国经济呈现出粗放型增长方式的特点，主要表现为经济增长由大量资本、能源和原材料以及劳动力投入推动，资本形成成为支撑中国经济持续高速增长的最主要的因素之一。

（一）物质资本促进西部地区经济发展

西部大开发以来，中国西部地区物质资本存量快速增长。前面实证分析结果表明，劳均资本存量前系数显著为正。且通过了1%显著性水平检验，这表明劳均资本存量水平对于经济增长具有积极的促进作用，物质资本存量的提高总体上促进了中国西部地区的经济发展。物质资本存量的增加促进西部地区的经济发展及区域差距收敛的可能作用机制主要涉及以下几个方面。

1. 与发展阶段相适应

一般来说，在不同的发展阶段，经济增长的促进因素不同。在经济增长的初始阶段，资本量的增加十分重要。许多学者都把资本积累占国民收入的10%—15%作为经济起飞的先决条件。而在区域经济增长的后期阶段，资本的相对作用在下。事实上，在经济发展的不同阶段，资本形成、劳动投入、科技进步、制度变迁对经济增长的贡献份额相应有所变化。新古典经济增长模型表明，虽然投资率的上升对经济体来说不具有长期增长效应，然而，经济体在趋向长期稳态增长时必然会经历一个资本深化过程。处于转轨进程并不断向长期稳态增长趋向的过程中，资本形成成为中国经济增长的主要推动力之一，且其贡献度呈不断上升趋势，资本深化成为一种必然。西部地区作为中国经济发展较为落后的地区，目前正处在大开发阶段，资本形成必会对其发展起到举足轻重的作用。随着中国经济发展水平的提高以及国内外传统的劳动密集型产品市场竞争程度的加剧，中国经济正逐步由劳动密集型向资本密集型，甚至是技术密集型转换，制造业企业中的资本——劳动比率不断上升。在产业层面，由于劳动力用工成本提高等多方面的原因，近年来包括西部地区在内的中国经济中部分传统劳动密集型产业的资本密集程度显著提高。在西部地区自身的经济增长尚不足以吸引大量投资时，国家的大量投资成为支撑西部地区经济发展的重要力量。

2. 技术进步效应

一般来说，工业的资本有机构成（即资本存量与劳动人数的比率）越高的地区，全要素 R&D 效率越高。近年来，西部地区工业结构正从劳动密集型向资本密集型转化，工业资本有机构成不断增加，有利于企业采用更先进的技术，进而促进地区工业全要素 R&D 效率及生产效率的提高。目前，物质资本积累和人力资本投资成为中国农业经济长期可持续发展的源泉，而农业部门物质资本的深化是该部门技术进步的重要途径之一。作为欠发达地区，农业是西部地区的重要组成部分。西部大开发以来，西部地区各省份第一产业的劳均资本存量年平均增长 12.7%。伴随着第一产业物质资本的深化，在相当程度上推动了农业部门的技术进步，进而促进了西部地区第一产业的增长。

同时，物质资本存量水平的提高，有助于技术引进水平的提高。发展中大国后发地区的技术适应能力不是外生的，而是内生于后发地区的适宜技术选择中。如果后发地区所引进的技术与其现有的技术基础、人力资本和物质资本相适应，其技术适应能力就高，就能够较快地实现经济收敛。可见，物质资本存量的增加，有利于技术引进水平的提高，从而有助于提升西部地区的整体技术水平，这对于整体技术水平较低的西部地区经济发展具有重要意义。

3. 互补效应

通过增长核算研究发现，有形资本的积累是东亚新兴工业化经济增长的最重要源泉，资本深化进程的发生会促进无形资本的投资，随着有形资本水平的提高，无形资本的边际生产率将得到增强，同时有形资本的边际生产率会递减，无形资本的投资因其可获利性的产生而吸引力增强，从而突破了有形资本与无形资本之间的互补性临界水平。近年来，西部地区的有形资本——物质资本存量水平大幅提高，这必将会与无形资本产生重要的互补效应，从而促进技术进步作用的有效发挥，最终促进西部地区生产效率的提高，促进西部地区与其他地区的收敛。

（二）分产业物质资本与西部地区经济发展关系

不同产业物质资本存量对经济增长效应有所不同。就分三次产业资本的有效性来看，第一产业、第三产业的劳均资本存量前系数虽然为正，但并不显著，而第二产业劳均资本存量前的系数显著为正，表明与第一产业、第三产业相比，第二产业劳均物质资本存量水平的提高更能促进中国及西部地区经济增长。

1. 与发展阶段相适应

资本是工业化国家与地区推动经济发展的主导性因素。从中国发展的阶段性来看，目前，中国经济正逐步由劳动密集型向资本密集型，甚至是技术密集型转换，制造业企业中的资本——劳动比率不断上升。西部地区也正在经历类似的变化。目前，西部刚由工业化初期阶段进入工业化中期阶段。在工业化阶段，产业结构转变的重要特征之一是经济重心由初级产品生产向制造业生产转移。在这一阶段，制造业对增长的贡献将高于初级产品的贡献。其中，在工业化初期阶段，产业结构由以落后农业为主的传统结构逐步向以现代工业为主的工业化结构转变，工业中则以食品、烟草、采掘、建材等初级产品的生产为主。而在工业化中期阶段，制造业内部由轻型工业的迅速增长转向重型工业的迅速增长，非农业劳动力开始占主体，第三产业开始迅速发展，这就是所谓的重化工业阶段。重化工业是规模经济效益最为显著的产业，制造业的大规模发展成为支持区域经济增长达到较高速度的重要支撑。这一阶段的产业大部分属于资本密集型产业。同时工业劳动力开始占主体，城市化水平快速提高，市场稳步扩张，投资领域宽广。近年来，西部地区经济中工业所占比重逐年上升，西部地区工业总产值占 GDP 的比重由 2001 年的 31.86% 上升到 2009 年的 39.70%。并且工业中传统产业居多，制造业发展迅速，经济发展处于明显的投资驱动阶段。在这一发展阶段，以工业为主体的第二产业物质资本对于西部地区增长的推动作用较第一产业与第三产业更为显著也就成为必然。

2. 三次产业内部物质资本配置效应不同

有关研究表明，第二产业劳均物质资本存量水平的提高更能促进中国及西部地区经济增长，而第一产业、第三产业的促进作用并不显著，这可能与物质资本在各产业内部的配置有关。三次产业内部投资结构的不同影响到各产业对经济增长的促进作用不同。

中国三次产业的资本边际生产率不同。其中，自 1992 年以来，第一产业和第三产业资本边际生产率出现明显下降。而第二产业资本边际生产率维持在较高水平。由于剩余劳动力的加速转移，使得第一产业资本密集度迅速提高，从而使其资本回报率下降。而在第二产业，由于外溢效应的存在，影响了第三产业资本边际生产率的提高。比如，教育、基础设施等方面的投资通常会提高第二产业的回报率，但在提高第三产业本身的回报率方面具有不确定性。

在第一产业内部，影响农业增长的重要因素包括物质资本投入、土地和化肥投入等。物质资本、人力资本、土地规模、标准化农产品的价格和公共支持是影响农业标准化生产经营决策的主要因素。以农用机械、化肥为代表的物质资本的深化对农业产出具有显著影响。基本建设支出对农业发展的促进作用不显著，而支援农业的生产性支出对农业发展具有积极作用。目前，西部地区第一产业内部的物质资本结构配置并不十分合理，在一定程度上制约着第一产业效率的进一步提高。

中国经济发展过程中工业内部各行业的资本配置效率差异大，具有行业垄断性质的能源资源产业的资本配置效率高，而传统制造业和装备制造业的配置效率低。近年来，西部地区第二产业中的固定资产投资有相当一部分投向了盈利能力好的能源产业（如电力等）、建筑业、高载能产业中，推动了西部地区经济的快速增长。

技术进步对中国服务业增长起着重要的作用，技术进步是服务业增长的主要源泉。目前，制约中国服务业生产率提高的主要因素之一就是其较低的技术水平。西部地区的第三产业中技术含量较低的传统服务业所占比重较大，严重制约了西部地区服务业生产率的提高，其表现之一即为第二、三产业物质资本存量对西部地区经济增长的促进作用不显著。

三 基础设施对区域经济差距的影响机制

基础设施是国民经济运行的基础,其发展水平会直接或间接地影响生产部门的成本和收益,进而影响供给的数量和质量,最终对区域经济产生重要影响。广义上讲,基础设施一般可分为经济、社会和行政基础设施三种类型。其中,经济基础设施也称为自然基础设施,是指交通、通信网络、电力、供排水和灌溉等方面的设施,主要由三部分组成:(1)区域交通系统,包括铁路、公路、水运、管理运输、航空运输及城市交通等。(2)公用事业系统,包括能源、供排水、管道煤气、电信、环境保护等。(3)公共工程,包括防洪工程、灌溉工程、防护林工程等。

(一) 交通基础设施促进西部地区经济发展

交通基础设施的发展总体上促进了西部经济发展。西部大开发以来,西部地区以交通基础设施为代表的基础设施得到了快速发展,其中,铁路营业里程由1997年的20877公里增长到2012年的9.8万公里,同时运行速度和运量都大幅提高;公路里程由1997年的463505公里增加到2009年的1504532公里,同时公路的质量也大大提高。其中,高速公路在1997年仅有358公里,到2009年已增加到18589公里,一级、二级公路由1997年的23156公里增长到2009年的90166公里。交通基础设施的发展促进西部地区经济发展及区域差距收敛的可能作用机制主要涉及以下几个方面。

1. 与发展阶段相适应

区域基础设施结构因区域经济发展水平的不同而不同。一般来说，在落后国家，供水、灌溉和交通等最基本的基础设施十分重要；在中等发达国家，各种交通基础设施占重要地位；在经济发达国家，电力、电信等基础设施在存量和投资中所占比重更加重要。基础设施对发展程度不同的国家和地区的作用不尽相同，其中，道路基础设施对中小城镇经济增长作用重大。中国的交通基础设施与经济增长之间具有很强的空间聚集特征，并形成了由东往西逐步递减的梯度；交通基础设施对经济增长促进作用显著，同时具有明显的区域差异。不同地域基础设施对经济增长的影响存在明显差异。东部地区基础设施对经济增长的作用在降低，而西部地区在逐年增加。东部沿海地区经济之所以发达的主要因素之一便是因为它们有着相对发达的交通基础设施，而大多经济不发达地区经济落后的主要因素之一便是交通基础设施落后。西部地区总体上属于欠发达地区，其基础设施尚不完善，对于目前发展阶段的西部地区来说，基础设施在其经济增长中具有极为重要的作用。总体来看以交通基础设施为代表的基础设施的发展促进了西部地区的经济增长，并且有利于区域经济的收敛。

2. 产业结构效应

一般来说，不同产业对交通运输有着不同的需求，产业结构的变化会影响到交通运输的总需求。阻碍中国农村经济增长的主要因素之一在于落后的农业基础设施。对于中国食品市场的发育来说，基础设施具有显著的正向影响。

基础设施对中国不同行业企业的生产平均成本的影响不尽相同。参考 2006 年 5 月原国务院西部开发办、国家发展改革委、财政部等六部委下发的《关于促进西部地区特色优势产业发展的意见》，把西部的特色优势产业确定为：（1）特色农业及农产品深加工。包括特色轻纺工业、食品工业、烟草工业。（2）能源资源的开发及高载能产业。包括采掘工业、电力工业、有色冶金、黑色冶金、建材、石化和化学工业。（3）重要矿产资源开发及加工。（4）装备制造业。包括交通运输制造业、机械工业、电子工业。（5）高新技术产业。包括新材料、航空航天、中医药等产业。（6）旅游产业。西部地区特色农业及农产品深加工、能源资源的开发及高载能产业、重要矿产资源开发及加工、装备制造业均对交通运输具有极大的需求。旅游业也是西部地区的特色优势产业，交通业作为经济发展的先导性产业，通过对旅游者目的地选择、对旅游资源开发等途径，对旅游业发展产生重要影响。交通设施不完善，会使得交通不便，从而增加旅客的出行成本，限制旅游者在旅游目的地的消费能力和滞留时间，进而影响旅游业的发展。近年来，西部地区大力发展交通基础设施，极大地缩小了与其他地区的差距，从很大程度上缓解了交通不便与运输供给能力不足的压力，促进了西部地区特色优势产业的发展，最终促进了西部地区经济的发展，并促进了西部地区与其他地区的经济收敛。

同时，西部地区大力发展交通基础设施。也为西部地区积极承接产业转移，促进产业结构升级提供了便利条件。交通基础设施的发展，促进了西部地区产业由低附加值向高附加值产业结构转移，从而提高了产出水平，促进了经济发展。从拉动 GDP 增长的角度来看，近年来，出口作为"三驾马车"之一，在拉动中国经济增长的过程中发挥了重要作用，而基础设施建设（网络基础设施除外）对中国企业的出口决策、出口数量均具有显著的促进作用，同时，基础设施还提高了出口技术复杂度。西部大开发以来，西部地区 12 个省、自治区、直辖市出口额由 1997 年 94.2 亿美元提高到 2009 年的 520.4 亿美元，2012 年，西部地区出口总额同比增速最高，达到 37.8％。这在相当程度上得益于西部大开发交通基础设施的不断完善。

3. 生产率效应

交通基础设施作为直接投入促进了生产率的提高。对于企业来说，其生产要素除了土地、资本、劳动力等要素之外，交通基础设施也可以作为企业无报酬的生产要素，与其他的生产要素相结合，一同进入企业的生产过程，从而提高企业的产出与生产效率。企业的技术效率是衡量企业在给定资本、劳动等生产要素规模以及现有生产技术水平下，企业的实际产出与其生产可能性边界的垂直距离，它是企业生产效率的集中体现。基础设施空间溢出效应对不同企业的技术效率影响效应不同，其中对港澳台和外商企业影响最大，对国有、集体企业的正向作用比对私营所有制企业的技术效率影响大。近年来，交通基础设施的发展极大地促进了中西部企业的技术效率，从而提高了产出水平，对西部地区经济的快速发展做出了积极贡献。

交通基础设施能够促进产业比较成本的变化。劳动密集型产业、资本密集型产业的发展，有助于多使用相对丰裕的生产要素，引起比较成本的变化。在西部大开发以前，交通基础设施的落后妨碍了西部地区与外部的人员交流和物资流通。缺乏与发达地区的沟通成为西部经济发展持续相对缓慢的重要原因。在西部大开发之初，西部地区路网密度低，其中高等级公路比重更低，连接东西部以及省区之间的交通通道不畅；通达深度不够，不通公路的乡镇占全国的 85％，使得西部地区的资源得不到合理开发与有效利用，从而导致西部地区能源、资源产业水平不高。交通基础设施的不断完善，极大地改善了西部地区的发展环境，为增强西部的自我发展能力创造了条件，吸引了大批紧缺人才及大量的外部投资，为西部地区因地制宜、发展具有比较优势的产业提供了良好的基础条件，使得西部地区的产业结构更加合理，更能体现出西部地区劳动力丰富、资源富集以及部分地区在部分产业方面具有某些特殊优势的特点，从总体上降低了西部地区的产业成本，进而促进了生产效率的提高。

4. 区位效应

良好的基础设施可以为企业发展创造一个好的外部环境。距离和交通运输设备的发达程度决定着运输成本，一个地区与主要经济中心的运输成本影响着该地区的经济增长。现代化的交通运输可以促使区域间各种资源的自由、便捷地流动，从而在全社会范围内实现资源的优化配置。如果区域拥有较完善的交通运输和其他公用设施，将会大大缩短区域间的空间距离，降低运输成本和交易费用，促进区际经济联系。从而可以降低投入品的成本，提供高品质的货物和服务，增加对区域产出需求，进而促进区域经济增长。西部地区之所以经济滞后，在相当程度上就是受制于其较低的市场接近性。交通和区位因素的限制从而物流成本高，是西部发展特色优势产业的主要限制因素之一。货物进出海港的运输费用是投资者考虑的关键因素之一。西部地区大多数距离沿海有 2000—4000 公里，一方面，区位的限制增加了西部低附加值产品特别是资源密集型产品的运输成本，影响了西部产品的竞争力，缺少对外通道，限制了西部物资的外运，许多矿区只能以运定产，使资源优势大打折扣。如云贵地区有堆积如山的高品质煤炭、品位极高的铝土和磷矿，但因为没有便捷的出海口，矿区只能限产。对内对外的运输距离太长，交易成本太高，使市场这只看不见的手在西部引资中无法发挥其积极的作用。另一方面，区位因素的制约对西部的招商引资也产生了不利影响。高昂的运输成本甚至抵消了内地劳动力成本低廉的优势，这可能使得一些企业宁可关闭也不向内陆地区转移。交通基础设施的发展缓解了西部区位带来的制约，依靠低成本和高回报诱导私人投资，有助于吸引 FDI（对外直接投资），而 FDI 又会通过技术扩散等方式降低企业成本，促进经济增长。同时，交通基础设施发展引起的区位条件的改善，提高了生产率，进而提高工资水平，吸引劳动力进入；良好的交通通信设施意味着较好的通达性，即可以方便地接近医疗、教育以及生产和消费品市场。在这种情况下，企业有望获得廉价的投入和较高的产出价格，工人也将面临着多样化的就业机会，由此实现较高的收入；提高了西部地区部分地区的流动性和通达性，直接增加了个人福利，吸引了劳动力和企业的进入。总之，近些年来，西部地区交通基础设施不断完善，有效地降低了运输、物流成本，降低了交易成本，增加了西部地区相关企业的竞争力，增加了西部地区相关产业的产出。同时，基础设施的发展有助于人力资本的聚集和 FDI 的引进吸收，增加了需求，进而促进了西部地区经济的发展。

5. 溢出效应

交通基础设施对经济增长具有溢出效应。交通基础设施的改善降低了交通成本，从而促进了规模经济和聚集经济，从而有助于经济增长效率的提高，有利于区域经济的协调发展。交通运输的外部收益主要表现为：（1）交通运输有助于将货物出口到区外，促进出口市场的开放。（2）交通运输的发展促进了劳动力的空间流动，使得公司雇佣到合格的劳动力的概率大大增加，从而提高了企业效率。

（3）交通运输的发展使得劳动力流动更加容易，有助于缩小贫富差距，进而增加社会福利。（4）交通基础设施能够有效地克服自然壁垒企业的制约，从而大大促进制造业企业的发展。交通运输的发展使得市场在空间上得以扩展，有利于实现规模经济。同时，交通基础设施建设又通过其他地区的经济增长对本省的溢出效应来间接地促进了西部地区的经济增长。西部大开发以来，交通运输的这几个方面的外部效应在西部地区均有所体现。

一方面，西部地区交通基础设施的发展提高区域可达性，改变了西部地区的区位状况，使西部地区经济增长加快，有利于空间扩散；另一方面，西部地区交通基础设施的发展促进了西部地区资源的合理开发与利用，使得西部地区工业化和现代化进程加快。西部地区资源富集，但目前尚未得到有效的开发利用。随着西部地区交通基础设施不断完善，公路干线的不断建设，大大促进了交通干线沿线土地资源、旅游资源、矿产资源及其他资源的合理利用，促进了产业结构的调整及升级。同时，交通运输基础设施建设，拓展了西部地区产业布局的扩展空间，使得西部地区生产地域分工格局更加合理。直接促进了西部地区经济增长带的形成。运输成本的下降为交通经济带空间范围的扩大、产业的集聚与扩散提供了可能性，在交通运输沿线产生集聚效应，使得相互之间不断加强的交通联系逐步转化为稳定而牢固的经济一体化的纽带。近年来，成渝、关中—天水和广西北部湾等具有全国影响的经济增长极初步形成，西部地区的新经济增长带——呼包银、新疆天山北坡、兰西格、陕甘宁等经济区呼之欲出，均得益于西部地区交通基础设施的快速发展。

（二）不同类别交通基础设施与西部地区经济发展关系

不同类别基础设施对经济增长效应有所不同。以高速公路为代表的高等级公路对西部地区经济增长具有明显的促进作用，并有利于区域经济的收敛，而以等外公路为代表的低等级公路并没有对西部地区的经济增长起到显著的促进作用，甚至还与西部地区的经济发展呈现出较为明显的负相关关系。铁路、内河航道对经济发展的促进作用也并不明显。虽然铁路和公路基础设施存量的增加都提高了中国全要素生产率，但其中带动作用最为明显的是高速公路和二级公路，并且随时段不同其作用有所不同。同时，其他等级公路的影响并不明显。对中部地区的城镇化贡献率最高的交通基础设施是以高速公路为代表的高等级公路，而低等级公路的贡献不显著。

一般来说，不同类型的交通基础设施的适用范围与对象不同。汽车运输具有方便灵活、快速便捷的优势，其中，高速公路作为最有效率的中长途及短途的交通运输方式而备受青睐。事实上，从第二次世界大战后，虽然铁路仍然是最重要的交通运输方式之一，但存在着长途客运被航空运输所取代，中长途及短途客货运输被公路所取代的趋势，铁路的地位在发达国家都有不同程度的下降。交通运输基础设施建设是西部大开发的重点任务之一。中国西部地区的能源、原材料工业仍然占有很大比重，与沿海地区相比，货运量的需求弹性较高。实际上，随着地区产业结构的升级。经济发展对货运量的需求逐步下降，这是经济发展的一般规律。这一规律反映在中国区域经济发展中，就表现为较为发达的沿海地区货运量的需求弹性低，而产业结构层次较低的中西部地区货运量的需求弹性高。

西部大开发后，西部地区产业结构不断升级，深加工工业和技术密集型产业化比重逐步提高，经济发展对笨重货物长途运输量的需求绝对下降，对运送轻便货物的运输逐渐增加，为发挥公路运输优势尤其是高速公路优势提供了更加广阔的空间。高等级公路发挥着较强的骨干、集散功能。可以扩大市场范围、提高生产能力，能促使各层级城镇的极化和扩散效应得到更好的发挥，并且能够在促进吸引外资、增加出口等方面发挥积极作用；而随着经济的不断发展，低等级公路尤其是等外公路不断减少，主要用来加强山区和广大农村之间、农村之间及农村与城市之间的联系。因此，高等级公路的外向型特征明显，有利于强化西部地区与外界的联系，而低等级公路仅有助于内向联系，其主要作用在于有利于西部地区内部的联系。在国内外产业转移步伐加快，国内外区域经济一体化趋势加强的情况下，前者可能更为关键，更有助于西部地区经济的快速发展。同时，从要素投入驱动区域经济发展的机制来看，存在着两个杠杆：一是投入高效率产业的杠杆；二是投入高效率地区的杠杆。将不同的要素投入不同的地区，其生产的效率相差很大。如果将有效的生产要素资源都投入到那些具有高效率的地区和部门，区域的经济增长必然会十分明显。之所以以等外公路为代表的低等级公路与经济增长呈负相关关系，可能的原因还在于经济发展基础较好的地区已经基本实现了公路的高等级化，而现在新增低等级公路的地方是发展基础较差的地区，这些低等级公路的建设，连通的地区对整个区域经济增长的边际贡献很小。即在修建公路，尤其是高等级公路时，优先考虑的是具有一定发展基础的地区，而这也最有可能促进区域经济增长，而增长效应较差的地区则被放在了其次。也就是说，随着公路交通基础设施建设进程的推进以及公路等级的变化。

存在着边际效应递减现象。因此，总体而言，以高速公路为代表的高等级公路对西部地区经济增长具有明显的促进作用，并有利于区域经济的收敛，而以等外路为代表的低等级公路并没有对西部地区的经济效率的提高起到积极的促进作用，二者甚至还呈现出负相关关系。

从铁路的角度看，前面的实证结果表明铁路对经济发展的促进作用并不明显，其原因可能在于：一方面，铁路建设周期长，且对经济的影响具有较长的滞后期，在短时间内尚不能完全显现出来；另一方面，西部地区山地、高原多，平原较少。铁路所经地区多为距城市经济、生活中心较远的无人或少人地带，对人们日常生活的影响小。如青藏铁路的建设从理论上来说，将会促进西藏矿产资源的开发，促进其工业、旅游业等产业的发展，优化产业结构，还会使进出西藏货物的运输成本得到降低，促进西藏的对外开放和市场机制发育，加强与其他地区的经济交流与合作，但目前青藏铁路的经济促进效应尚未完全体现。

从内河航道的角度看，内河航道对经济发展的促进作用也并不显著。其原因可能在于：西部地区航道多数处于自然状态，通航能力低，水系之间不能沟通，干支不能直达。同时，西部地区港口存在港口规模较小且吞吐量不足、港口码头设施简陋、基础技术状况较差、港口功能不齐全、信息技术应用水平较低、港口运营机制不够完善，运行效率低等方面的问题，再加上运输市场的竞争，产业布局不尽合理、内河航运设施落后等因素的制约，内河航运并没有对西部地区经济增长发挥明显的作用。

四　政府规模对区域经济差距的影响机制

关于政府与市场的关系，传统西方经济学理论认为市场配置具有经济效率。然而，由于公共产品、外部效应、自然垄断、市场不完全、信息不充分、经济周期波动以及公平问题等现象的存在，使得市场失效，这就需要市场以外的非价格机制来干预，从而为政府的存在与干预经济提供了依据。然而，许多研究认为，政府对经济体的干预、变化无常的法规措施、低效的公共服务、政府官员的腐败与寻租等均会降低经济体的交易效率。因此，市场失灵是政府干预的必要条件，而政府衍生成本小于政府不干预时的市场交易成本则是政府干预市场资源配置的充分条件。一旦考虑到市场和政府的摩擦性，市场失灵和政府失灵都有可能出现。一般认为，政府规模影响着政府运行的效率和经济增长。政府规模前系数在多数情况下不显著，从一定程度上说明政府活动对经济发展的促进作用具有一定的不确定性。从西部地区经济发展过程的某些角度来看，政府的活动有助于经济的发展，而从另一些角度来看，政府的活动又在一定程度上抑制着经济发展。西部大开发中政府对西部地区经济发展及区域差距收敛影响的可能作用机制如下。

（一）政府参与经济的广泛性影响着西部地区经济的发展

在中国，政府对经济的参与程度全面而有力。不论是中央政府还是地方政府都愿意采用积极的手段来刺激经济的增长，其表现即为政府对经济的深度干预。一般而言，就对政府职能的需求来说，地区发展越落后，需求越大；而越是发达的地区，市场功能越完备，市场将会在更大领域内发挥作用，反而对政府职能的需求越小。从某种程度上来说，目前西部地区经济发展模式属于政府主导的经济发展模式。中国中央政府及西部地区地方政府对经济的参与范围广，参与程度深，如在项目的引进、开发区筹建与管理等方面，均有政府的广泛参与。政府干预往往并不是再分配意义上的，一方面，政府可以直接参与市场经济活动，手段主要是通过其掌控的国有垄断部门中的大型企业达到其目的；另一方面，由于中国目前的政绩考核标准基本上仍离不开 GDP 增长率为先，在此前提下为了获得晋升，地方政府官员通常会通过扩大公共投资来拉动 GDP 增长。

适度的政府活动降低了交易费用。中央和地方政府运用财政政策和货币政策通过加大基础设施投入、招商引资等来推动本地区的经济增长。同时，中国的人力资本发展等诸多方面更多依赖政府投入。为了促进中国西部地区经济发展，中央及地方政府因地制宜出台了许多政策措施，涉及财税、投融资、土地等方面，而这些政府措施的出台及政府在建立基础设施、提供教育机会、制定法律以及财产权保护等方面的工作为"经济人"的活动提供了良好的经济预期，有效地降低了经济发展过程中的交易成本。这些活动均需要政府人员的积极参与及配合。因此，从这个意义上来说，政府对于西部地区的经济发展具有举足轻重的意义，适度的政府规模有助于西部地区经济的发展。但同时，政府对经济体的过度干预、低效的公共服务、政府官员的腐败与寻租等均会降低经济体的交易效率，从而在一定程度上抑制了经济的发展。

（二）政府的工作效率影响地方经济发展

政府规模与经济增长之间存在一种倒"U"型关系。由于政府不能无限地替代市场，适度的政府规模有助于建立产权保护制度，弥补市场失灵，增进社会需求，促进经济增长，否则会挤出私人投资，导致社会寻租，从而损害经济增长。就西部地区目前的发展阶段来看，作为落后地区，西部地区经济的发展需要政府的多方参与。如西部地区的硬环境、软环境、产业配套条件尚有欠缺，仅依靠市场机制尚不足以吸引国外及中国东部地区的投资，这时政府的参与、信誉担保可以在一定程度上弥补这些欠缺，为企业的生存提供良好的外部环境。

政府工作效率的提高对经济发展的作用毋庸置疑，然而，政府工作的低效率也会对经济发展带来负面影响，如"官老爷"作风、"衙门"作风对经济会产生相当的负面影响。目前，中国一些地方党政机关机构膨胀、人员臃肿，增加了社会负担，这是当前影响正常的市场活动的一个较突出的问题。一定数量的政府工作人员是必要的，但超过了合理界限的政府规模就会导致对正常市场活动的不良影响。由于中国政治体制改革滞后，行政管理制度不完善，政府行政管理成本一再膨胀，政府规模的盲目扩大会增加地区腐败案件的发生率，同时使得公共资源低效率使用。

当政府行为缺乏有效约束时，政府任意解释并执行相关的法律和政策，将会对私营企业发展产生显著的抑制作用。而这些均会导致资源配置的扭曲，最终会导致经济增长效率的降低。

同时，近年来在中国经济快速发展过程中出现地区性行政垄断现象，即地方政府运用行政力量限制或排斥市场竞争的行为，造成了市场的非整合状态。这一现象的出现阻碍了商品和要素在全国范围内的自由流动，削弱了市场机制优化资源配置的有效性，不利于发挥地区比较优势和形成专业化分工，也不利于获得规模效益，往往导致地区间重复建设、投资效率低下、地区经济结构趋同等问题，还会导致市场无序竞争。同时政府规模越大，越倾向于实施行政垄断。从这个意义来看，过度扩张的政府规模降低了经济增长效率，不利于中国各区域经济的发展。

第十章

国外区域经济发展的经验与启示

一 当代中国西部大开发可借鉴的国外经验

区域发展不均衡并非中国独有，而是一个世界性问题。追溯世界经济发展的历史我们发现，许多国家在不同的历史时期都曾对不发达地区进行过大规模的开发，从而促进了国民经济的发展，提高了综合国力，并由此实现了现代化。在世界近现代时期，美国、苏联等国家由于实行对不发达地区的大规模开发，而获得了问鼎世界强国的实力。历史上美国、苏联也曾经面临与我国相似的问题，因此，这些国家在实践中积累的经验和教训，都值得我们理性地借鉴和吸收。

（一）美国西部大开发

在世界各国对不发达地区开发的案例中，美国是唯一一个采用市场经济手段进行开发并且收益最大的国家。西部的开发史，展现了美国实践从移民、垦荒、定居到发展的强国之路。这种由浅及深发展模式的成功实践，使美国从此迈上了世界经济和政治强国之路。

对于美国西部迅猛发展的特殊意义，马克思也曾反复加以论述。马克思非常赞赏年轻的美国"在不断运动中不断更新自己"的壮丽史诗，说那里"开辟新世界的物质生产"，无疑激发了"狂热而充满青春活力的进展"。并提醒经济学家注意："在英国需要整整数百年才能实现的那些变化，在这里只有几年就发生了。但是研究者的注意力不应当放在比较老的、大西洋沿岸的各州上，而应当放在比较新的（俄亥俄是最显著的例子）和最新的（例如加利福尼亚）各州上。"

站在历史今天，再回顾美国人民在西进运动中形成的不断冒险与敢于进取的独特民族精神，我们不得不承认，它对美国的经济发展发挥了无可替代的作用，并成为美国文明得天独厚的资本。这也是尤其值得人们关注并深入研究的。

美国的西部开发是在自由市场经济背景下进行的，是一种具有典型意义的资本主义开发范例。从经济学角度看，美国西部开发完成了东西部政治经济的一体化发展，对美国国民经济的起飞产生了深远的影响，基本实现了美国政府的战略目标，效果十分显著。其成功的开发方式历经三个历史阶段，即：农业开发阶段，始于1763年，经过美国独立战争到19世纪50年代。这一时期以土地开发为重心，为美国资本主义的发展及工业化奠定了物质基础，因此，也可以称为初级开发阶段。工业开发阶段，从19世纪50年代到20世纪二战结束之前。这一时期兴起的开矿热潮和中西部地区大批城市的兴建，使美国的工业中心大规模西移，并最终实现工业化，为美国奠定了成为世界经济大国、强国所必需的工农业基础，因此，也可以称为中级开发阶段。科技开发阶段，从二战结束前后直到现在。这一时期以美国远西部的加利福尼亚州为开发中心，建立了一些以理工科研究为重点的著名高校，源源不断地产出世界顶级的高科技、新技术。为美国占据全球竞争优势打下基础，因此，也可以称为高级开发阶段。

美国的西部大开发也体现这样几个主要特点。

1. 重视基础设施建设

美国在西部开发的过程中，十分重视基础设施的建设，特别是交通运输设施的建设。西部大批城市在兴建后正是随着基础设施和交通网络的发达而进一步发展的。因此，联邦政府把西部开发置于一个发达的交通运输基础上，从一开始就致力于交通运输业的建设和改良是一个值得认可的良策。据统计，1830—1915年美国铁路里程曾以每年3415英里的速度递增，铁路建筑长度以平均每5年翻一番的速度发展，到19世纪末，美国修筑铁路总长度达26.3万英里，基本形成全国铁路运输网。这对美国西部开发和经济跃起产生了巨大的影响，众多经济学家把19世纪的美国历史称为是一部"铁路成功史"。交通运输业的优先发展，促进了西部经济的地区专业化和全国统一市场的形成了，使西部铁路沿线及附近地区步入了早期的繁荣，也为西部其他部门、行业的发展创造了条件。

2. 优惠的土地开发利用政策

灵活优惠的土地开发利用政策是美国政府开发西部的又一成功经验。从1862年5月20日美国国会通过的《宅地法》开始，19世纪美国联邦政府为了鼓励更多的人向西部迁移，还相继出台了《鼓励西部植树法》、《沙漠土地法》、《田纳西河流域管理法》等规定，极大地推动了西部开发的进程。《宅地法》规定凡年满21岁的美国公民或宣布愿意成为美国公民的人，只需交纳 10 美元手续费就可以免费获得无人居住的政府所有土地 160 英亩；只要定居和开垦 5 年，土地就永远归其所有，并且可以出售；也可以在居住 6 个月之后，按照当时的最低价格每英亩 1.25 美元购买等。使拓荒者可以把原先用于购买土地的大笔资金作为投资资本，减轻了经济负担，促进了西部土地开发的大规模展开。

《鼓励西部植树法》、《沙漠土地法》、《田纳西河流域管理法》等法规规定，只要在西部地区种草植树或修筑灌溉沟渠达到一定面积和一定时间，就可低价或免费获得一定面积的土地。这使西部开发从一开始就纳入法制化轨道，为西部大开发战略的顺利实施提供了有力的政策法规保证。同时，不断放宽的土地政策，吸引了大批农民西进，有利于西部建立自由农民土地制度，有利于美国以商品化生产为特征的农业经济的蓬勃发展。

美国政府还采取了大规模的财政补贴，转移支付和有区别的税收政策。因地、因时制宜地赋予西部各州更大的自主权，允许各州和地方政府采取适合本地实际情况的灵活措施，以激励、吸引企业进入，巩固了美国西部开发的经济基础。

3. 依靠教育科技促进开发

在美国西部的开发中，教育科技起了至关重要的作用。美国政府始终把教育科技作为促进西部经济发展的龙头和强有力杠杆，在政策上给予极大支持。同时，美国政府也把教育升格为战略产业加以扶植，大大吸引了专业人才向西部及南部地区进驻。正是得益于历史上美国政府对西部教育科技发展的积极支持，才使现在美国的中西部地区汇聚了全美 2600 多所四年制本科大学中的绝大多数。

其次，美国西部地区土地价格低廉、资源丰富、气候温和、劳动力价格相对便宜，非常适合高新技术工业的发展。早在西部开发初期，联邦政府就十分重视对农业科技的研制和运用，制造和改进生产工具，引进和改良品种，建立科技普及网络。到 19 世纪末，西部农业发展水平超过东部，率先实现了农业机械化和农业现代化。随着蒸汽机的问世和广泛运用，特别是电动机的运用和产业革命的兴起，美国西部开发进入了以工业化开发为主的新时期。到 20 世纪初期，美国西部的工业产值超过农业产值，大大加快了美国的工业化进程。

二战以后，西部抓住美国大量军事工业转为民用的契机，迅速发展了宇航、原子能、电子等高科技产业。美国几个最著名的高新技术工业科研生产基地，如加利福尼亚州的"硅谷"、北卡罗来纳州的"三角研究区"等都位于西部和南部。正是依靠教育科技的不断进步，才使美国西部开发取得了如此惊人的成就。

4. 以发展极带动区域开发

以发展极带动区域开发是美国西部大开发的一大特征。美国对西部的开发，无论是市场选择的结果，还是政府主动的行为，都是有重点、有区别、有先后的，是循着拓荒—农业发展—中心城市出现—农工贸齐头并进—工业现代化这样的模式进行。在美国长达 100 多年的西部开发过程中，兴起了一大批层次不同、功能各异的增长中心，我们也可以把这些增长中心称为发展极。

在西部大开发的历史进程中，这些增长中心都是开发、发展的重点地区。发展极对美国西部开发的影响，既表现在通过商品流、移民流、文化流、信息流的扩散对经济施加影响的扩散效应上，也表现在通过中心城市的经济文化联系使经济活动趋向增长中心的聚集效应上。发展极的扩散效应和集聚效应使美国西部及周边地区发展成就斐然。

（二）苏联时期的西伯利亚开发

西伯利亚地区指欧亚分界线乌拉尔山脉以东至太平洋沿岸之间的地区。它北濒北冰洋，东抵太平洋，东北角隔着狭窄的白令海峡与美国阿拉斯加相望，南邻中国、蒙古，西南与中亚接壤。该地区总面积达 1277 万平方公里，占苏联领土的 57%，现俄罗斯面积的 70%，亚洲陆地面积的 1/3 以上。在苏联时代，西伯利亚按其地理位置被划分为西西伯利亚、东西伯利亚和远东 3 个经济大区，18 个行政区划单位。从遥远北部海岸冰天雪地的冻土带往南过渡到一望无垠的原始森林，再到南部属土壤肥沃、气候温和的草原带和森林草原带，广袤的西伯利亚地区蕴藏着举世公认的丰厚资源。英国学者斯图尔特·柯尔比教授在《苏联的远东地区》一书中曾发出这样的感慨："俄罗斯远东是世界上最富饶的开发区。"西伯利亚资源的丰厚突出表现为"种类最全，数量最多，品质最好"：开发经济需要的资源几乎应有尽有，地上的资源、地下的宝藏、燃料动力资源、有色与黑色金属矿藏、贵重金属、森林及有重大价值的动植物、水资源和淡水资源等，在西伯利亚都有分布；各种资源的储量丰富，拥有苏联所有资源的 1/3 以上。从探明的已知储量来看，西伯利亚能源已知储量占世界的 1/3，其中煤已知储量占世界的 1/2 左右，天然气占 1/3 以上，石油占 1/5—1/4：资源富含的质量优良。开采价值高，以原油为例，绝大部分是轻质、含硫量少，有的气田纯甲烷含量达到惊人的 89%—99%。

对西伯利亚地区的开发最早可追溯到 16 世纪末沙皇时期"惩罚式垦殖"的移民政策，把西伯利亚当作"罪孽的袋子"——苦役流放地，移民的主要成分是被放逐的罪犯、农民和奴隶等。但这种移民的速度明显非常缓慢，直到十月革命以前，西伯利亚地区的总人口不过800万，农场200万个，耕地2100万亩，牲畜3700万头，并且以农业为主，工业则仅限于农产品的加工和采矿等。

赫尔岑在《往事与随想》中对19世纪中叶的西伯利亚作了形象的描绘："人们只是把它看作一个地下室，里画藏有很多黄金、很多皮货和别的好东西，不过那里很冷，给埋在雪里，生活资料贫乏，没有纵横交错的公路，没有居民。"十月革命后，在国家百废待兴且面临西方威胁的严峻形势之下，苏联政府决定实行工业东移政策，开始有计划有步骤地对西伯利亚地区进行开发。二次大战期间和战后初期，在西部资源日趋枯竭的情况下，苏联政府更是加快了工业东移的步伐，确立了西伯利亚开发的基本战略目标，国家对西伯利亚地区的投资规模一直保持在占全苏总投资30%左右。20世纪50年代以后，西伯利亚不仅成为苏联重工业的生产基地，也成为各种高科技产业的重要研发基地。可以说，没有西伯利亚大开发，就没有苏联完整的工业化，苏联也不可能实现综合国力的突飞猛进，与美国一决雌雄。

苏联对西伯利亚地区的开发虽然没有获得美国西部大开发那样的成就，但由于其开发与我们国家的西部大开发有些相似，因而值得我们深入研究借鉴。综观苏联对西伯利亚地区的开发历程，其主要有以下几种开发方式。

1. 统筹规划，逐步推进

西伯利亚地区地域辽阔，自然条件恶劣，大部分地方了无人烟。为了给日后大规模开发西伯利亚提供充分可靠的科学依据，苏联从20世纪20年代建国后不久就开始加强对西伯利亚的地质普查和勘探工作，对西伯利亚的原料、燃料、水资源和森林资源等进行了详细勘察，先后发现了一批大型或特大型矿场、煤田、油田以及天然气田。在此基础上，苏联国家计委、部委联合科学家，提出了几十项开发西伯利亚的规划，如20世纪30年代库兹巴斯和伊尔库茨克—奥姆霍灌的区域开发规划、50年代叶尼赛—安加拉地区的9个工业区规划、60年代秋明油田的重点开发规划、70年代贝—阿铁路沿线近200万平方公里地区的配合建设规划、80年代整个西伯利亚的综合发展长远规划等。这些规划确立了西伯利亚综合开发的中长期目标，充分体现为从西往东、由南向北循序渐进的开发趋势。总而言之，根据不同时期国民经济发展的需要，有计划、有重点地分步推进西伯利亚开发战略是苏联成功开发西伯利亚的一条重要经验。

2. 重点发展铁路交通运输网

东西西伯利亚之间相距数千里，交通运输网络的稀疏成为开发西伯利亚的一大困境。20世纪30年代，随着第一条西伯利亚大铁路的初步改建和全线复线工程顺利完工以及多条通往矿区铁路支线的新建，缓解了以往原材料和工农业产品运输的重重困境，沿线地区的资源开发因此效率倍增。如新西伯利亚—库兹巴斯铁路建成之后，库兹巴斯1940年的煤炭产量猛增至2250万吨，是1917年的17倍多。即便如此，交通网络的运力远远不能满足西伯利亚大开发向纵深发展，货物滞运严重。

二战后苏联政府为改变窘境，采取了多种措施：一方面，继续对西伯利亚大铁路进行电气化改建，从1978年起全程铺设双轨并修建南西伯利亚铁路东段和中西伯利亚铁路以及勒拿铁路等。铁路的新建与扩建工程对资源的开发与利用起到了积扳作用，但没有从根本上解决运输紧张的问题。另一方面，是历时10年修建贝阿铁路。

这条铁路全长 3145 公里，它的修建是苏联国民经济建设中一项具有重要经济意义的工程，它不但将铁路沿线与工业中心连接起来，为东西货物尽快运输创造了有利条件，而且对加速开发西伯利亚的自然资源创造了条件。贝阿铁路的建成，标志着西伯利亚开发进入新阶段，表明苏联已将西伯利亚开发列为整个国家经济发展的战略组成部分。同时，为了配合西西伯利亚油、气区的大规模开发，自 20 世纪 60 年代中期以来，相继建成了一系列大口径输油、气管。这些铁路及油、气输送管道运输线路的建成。对西伯利亚油气区在 1970—1982 年原油及天然气产量的大幅度增长（分别增长了 11 倍和 20 倍），具有决定性的意义。

3. 重视科技人才的作用

重视充分发挥科技人才在促进经济发展中的作用是西伯利亚大开发的又一突出的特点。苏联政府在作出开发西伯利亚地区的决策以后。一直采取措施发展这些落后地区的科学事业，1926 年建立了研究西伯利亚生产力发展的科学研讨会议制度，吸收全苏的科学家和经济学家参与，为西伯利亚开发的重大决策提供方向性和科学性建议。后来基本是每隔十余年就举行一次，根据当时苏联经济发展的目标和科技发展要求对西伯利亚大开发策略做出适时调整，使之更具科学性，充分发挥了专家在制定规划和管理经济中的智囊、参谋乃至决策的作用。

1957 年，苏联政府针对科技力量主要集中在经济发达的莫斯科、列宁格勒和基辅等城市、而西伯利亚地区科技力量薄弱的情况，采纳苏联科学院三名院士的建议，决定在新西伯利亚市郊建立苏联科学院西伯利亚分院（即后来享誉世界的"科学城"），走出科技力量东移的重要一步。到 20 世纪 80 年代末，西伯利亚分院已发展成为苏联科学院最大的分支机构，拥有 60 多个研究所和设计院、1.5 万名科技工作者，其中院士和通讯院士共 70 余名、博士和副博士数以千百计。西伯利亚分院在推进西伯利亚大开发中起着不可替代的重要作用：（1）联合有关单位及部门研究提交了《西伯利亚到 1990 年的生产力发展问题)、《西伯利亚能源动力发展综合设想》、《西伯利亚生物和资源保护》等一系列有关西伯利亚开发的规划及研究报告，均被苏共中央、苏联部长会议采纳，成为苏联制定国民经济发展五年计划的重要依据；（2）为国民经济重大建设项目提供科学论证，如在修建贝阿大铁路时提供了《贝阿铁路沿线地区地质构成及地震活动特点》、《贝阿铁路开发建设对生态环境的影响》等论证报告；（3）创办了国立新西伯利亚大学，在促进科研与教学、科研与实践的结合以及培养西伯利亚大开发所需人才等方面做出了卓越贡献。历史证明，苏联的西伯利亚开发过程，就是科学技术转化为经济社会前进动力的过程。

4. 组建地域生产综合体

地域生产综合体是依据国民经济长远计划的要求，有目的地组建起来的部门协调的地域单元，它可能跨越几个经济区，主要位于资源密集或交通条件优越的地方。苏联在西伯利亚共建立了地域生产综合体：西西伯利亚的秋明、库兹巴斯生产综合体；东西伯利亚的克拉斯诺亚尔斯克、萨彦、布拉茨克——乌斯季伊利姆斯克，下安加尔斯克生产综合体；远东的南雅库克生产综合体。比较这些地域生产综合体，我们不难看出，它们大多建立在丰富的自然资源的基础上，通过重点发展燃料动力工业与耗能耗材的加工业。逐渐形成以专门化部门为主导、部门有机结合的工业带和工业体系。

组建地域生产综合体，是西伯利亚开发的重要形式。1924——

1979 年，西伯利亚共新建新城 125 个，其中有 92 个城市是为组建地域生产综合体而建立。西伯利亚开发的经验表明，地域生产综合体的组建，可以使各种资源的利用合理化，以最少的人力、财力、物力投入获得最大的经济效果，它不但促使本地区形成了专门化的经济中心、促进了基本经济区的发展，而且构建了工业生产和社会生活的基础设施，极大推进了西伯利亚大开发的深入发展。

二　欧美老工业基地复兴的启示

对老工业基地进行改造并实现经济转型是每一个国家在发展进程中必然会遇到的共同课题，具有相当的普遍性。虽然具体到各国来讲，国情不同，区域经济发展问题会表现出不同的特征，但特殊性总是包含在一般性之中。

欧美等发达国家在工业化发展的过程中建立起来的一系列工业生产基地对地区经济发展都曾经起到重要的推动作用。但是，进入 20 世纪 50 年代以后，随着产业布局的变化、产业结构一体化趋势日益显现，区域资源优势递减加快。由于市场消费结构变化，产品市场竞争能力不断下降等诸多因素使这些老工业基地相继进入了发展滞缓、增长乏力的严重衰退期。随着全球经济一体化和新经济的发展，这些老工业城市的经济发展"再振雄风"。20 世纪 90 年代，这些老工业城市利用自己独特的优势，加快城市改造和转型，逐步向高技术产业和第三产业方向发展，成效显著。这些老工业城市在产业结构方面与我国东北老工业基地尤为相似，它们改造传统产业的经验对于再造一个"新东北"无疑具有重要借鉴作用。

（一）美国：经济转型与自我改造，催生"锈带复兴"

美国的中西部集中了曾是"重工业城市"的克利夫兰和芝加哥、有"钢都"与"煤炭基地"之称的匹兹堡以及被称为"汽车城"的底特律等大工业城市。从20世纪70年代开始，这一地区大量工厂倒闭，失业率骤增，被遗弃的设备锈迹斑斑，比比皆是，被形象地称为"铁锈地带"。为了改变这种状况，上世纪80年代中后期，"锈带复兴"运动拉开帷幕。"锈带复兴"运动受到美国乃至世界经济界的高度赞扬。

尽管美国"锈带复兴"借助了当时能源价格较低以及美元贬值等有利的外部条件，但更主要的是依赖于经济结构调整和制造业的自身改造。首先，培植自身优势产业、推动合理的工业布局，使老区工业成功复苏。"锈带复兴"进程改变了从20世纪中期到70年代初汽车工业分散发展的态势。通过技术改造、产品升级、集中生产、提高效率等措施，整合传统汽车制造业，推动美国的汽车工业向底特律地区汇聚。这一举动，不仅使底特律成为美国的汽车工业中心，也使美国的工业布局更加合理，并带动了中西部地区经济的快速发展。

其次，对整体产业布局作出相应调整是"锈带"老工业区复兴成功的重要举措。一方面，减少对制造业的惯性依赖，大力发展金融、通讯、医疗、旅游等服务业，推动经济增长和促进就业。另一方面，增加传统制造业的技术含量，探索多样化发展路径，力求找到新的经济增长点。如伊利诺伊州过去是主要的重工业州之一。拥有芝加哥这样著名的工业城市。经过调整，制造业的多样化成为该州经济的重要特点。在2000年该州制造业1020亿美元的产值中，高居首位的是此前不大起眼的食品加工业，产值高达 140 多亿美元。作为信息技术产业标志的电脑和电子产品的产值也达 87 亿美元。

再次，在"锈带"老区的复兴过程中，出口型经济格局的构建对经济转型起着关键的作用。根据美国联邦储蓄委员会所属芝加哥联邦储备银行 2003 年发表的有关"锈带复兴"的报告，1993 年以前，中北部地区的出口增长指数低于全国平均水平，此后即开始高于全国平均数。美国商务部的统计显示，2000 年美国出口额前十的州中，"锈带"老区所在的州就占了 3 个。"锈带"老区对外出口的特点是提前打入发展中国家市场，尤其是亚洲市场。

最后，"锈带"老区政府在财政支持和基础设施建设方面大有作为。中西部各级政府增加了在教育、就业培训等方面的投入。据统计，20 世纪 90 年代后期，美国中西部几个州的财政开支、债务水平均低于美国其他州，而用于教育、公共福利、公路建设的投入则高于其他地区。这些措施都大大地促进了"锈带"老区经济成功转型与复兴。

此外，在制造业生产率日益增长和用工数量不断缩减的情况下，中西部地区大力发展服务业（包括金融、通信、旅游、医疗等）。从整体上看，中西部城市第三产业的发展创造了大量的就业机会，改善了城市面貌，同时改变了中西部城市过分依赖制造业的状况，拓宽了产业领域，对中西部城市经济初步好转发挥了重要的作用。

（二）英国：产业调整与政策扶植，激活"新型经济"

曾经是世界工业的样板和头号经济强国的英国，依托原有优势、新旧结合进行调整改造。一方面，削减那些生产过剩、竞争能力差、企业效益低下的传统工业部门。如煤炭业，国家煤炭委员会运营的煤矿在19世纪80年代初时期多达172座，到90年代初时只留下15座；另一方面，培育新兴产业，拉动城市产业转型。政府通过追加资金投入的方式，利用新技术、新工艺改造"夕阳产业"，把发展高科技经济与改造传统工业生产方式有机地结合起来，以提高产品质量、降低生产成本、增强竞争能力，逐渐形成一套适应新经济发展的较为合理的产业布局。新的产业调控，除了使日渐颓秃的"夕阳产业"重放光彩，成长为活力焕发的"朝阳产业"外，很大程度上催生了新的经济模式。如伯明翰充分利用汽车制造中心区和交通枢纽这两大地域优势，除了对雄厚的工业基础进行革新和转型外，还大力发展展览经济。现在展览中心一带已经发展为一个整合了车站、国际机场、旅馆与展览场馆的庞大建筑群，每年频繁不断的各种国际性工业、艺术展会给城市带来了生气也带来了商机。至今，伯明翰的工业产值仍占全国产值的1/5。

其次，英国政府积极推行国企的股份制改革，尤其是老工业基地传统产业的国企改制。英国政府对老工业基地国企的股份制改革，历经四个阶段：第一个阶段，由政府主管部门对国有企业改革方案进行可行性研究并作出决策。第二阶段，对包括调整国有企业内部结构在内的企业经营管理体制进行变革，这是在公司内部进行的经营机制调整。第三阶段，是出售国有公司股权并为股票上市做好准备工作。在这一阶段中，资产评估——上市定价——持股购股方案是关键性的流程。英国政府在对国企进行股改时，职工的持股量均在10%左右。第四阶段，国有企业股票上市以及国有股权的逐步出售。以钢铁业为例，英国从1988年开始对老工业基地的钢铁产业进行大规模的私有化。使生产效率和产品质量获得双赢。英国政府选择政策扶持的方式，先后废除160多项对经济活动的限制规定，以舒展政策的弹性来提高老工业基地的经济活力。针对产业衰退和地区衰退问题，英国各级政府积极扶植中小私营企业的发展。政府为此制定了《企业扩张计划》为中小企业提供资本和技术咨询。减少小企业应缴的所得税、投资特别税、法人税及附加税、资本让渡税、资本所得税等。英国政府的扶植政策增强了中小私营企业的发展势头，促进了老工业基地经济的发展。

此外，英国政府利用政策的倾斜变废弃的工业区为时尚的新区，使投资环境焕然一新。如利兹市原先几近破落不堪，老工业城区改造使该市的金融保险业得到长足的发展，占 GDP 的比重达到 1/3，现已成为英国第二大金融中心，吸引了众多国际性金融机构来此落户。曾经因为制造业发达而成为世界最大港口城市的伦敦，经过几十年的改造，传统制造业和老港口运输基本消失，凭借其发达的金融保险业、繁荣的文化产业、雄厚的科教力量和活跃的旅游业，成为名副其实的现代国际大都市。

（三）法国："转型计划"与财政政策，创造"新竞争力"

法国的北加莱地区曾经在本国甚至全球经济中占有举足轻重的地位。粗放型的经济发展模式使该地区伤痕累累，挑战重重。20 世纪 60 年代初始，由于煤炭开采成本上升，产量逐年下降，煤矿企业关停无数，钢铁厂成批外迁，失业率也随之骤增。实施"转型计划"是可供选择的唯一出路。

然而，工业结构调整，企业的停产、转产、兼并、转移、转型，职工安置和培训、社会保障、发展接续和替代产业，废房地开发，环境整治等，需要支付巨额的调整资金，这是企业和企业所在地区的财力所不能及的。当时的法国政府不得不采取果断措施，在财政上提供最大限度的保障，投入巨额资金援助和贷款，引导煤炭行业平稳渡过发展的"冰冻期"，平和应对转型的挑战。1984年，法国政府出资成立矿区工业化基金，1990—2000年每年提供1500万欧元，帮助矿区改善基础设施和发展高技术产业。自1994年起，法国煤炭行业的"转型计划"全面铺开，在逐步减少煤炭采掘的同时，公司的业务重心逐步从煤炭开采转向供电和工程设计，并相继与法国电力公司和法国煤气公司合作，兴办了以煤田副产品为原料的化工企业，积极参与现代化燃煤设施的设计和建造。伴随着转型的成功，其产品和服务很快打入海外市场，在世界上谋得立足之地。此外，法国政府还组建了"既不是银行又不是信贷机构"的"矿区再工业化金融公司"，作为国家支持转型地区的资金渠道。该公司创建后十多年来，资本从1000万法郎增加到1.2亿法郎，为230个企业提供了2.8亿法郎贷款，新创就业机会2.1万个。

"他山之石可以攻玉"，美国、英国、法国等老工业基地振兴的经验为我国东北老工业基地的振兴提供可供选择的路径和措施；为我国东北地区更好地利用后发优势，并事前防范、规避可能出现的转型危机，在一定程度上减少改革成本提供有益参考。

三　中部崛起的国际借鉴

实际上，"中部"（或"腹地"）的问题，不仅是中国面临和需要解决的问题。不少发达国家都有类似的经历，他们在促进"中部崛起"的过程中都做了有益的探索。这些探索，对我国在选择"中部崛起”路径时，具有一定的启示和借鉴意义。

（一）美国中部的交通改善和产业调整

美国的中部地区实际上已被划归北部大区中，包含中央东北区和中央西北区。其中，中央东北区主要指与加拿大接壤的五大湖地区，面积仅占国土的 6.9%，但人口却占全国总人口的 18%，城市人口比重达 74%。这里地势平坦，土地肥沃，气候温和，雨量充足，煤铁资源丰富，借助五大湖以及俄亥俄河和密西西比河的航运优势，打通了同南部和西部的联系。该地区在东西水陆交通线上建立了一系列商业点，兴建了运河和稠密的铁路和公路网，降低了运输成本，缩短了运输周期，为工业和城市的发展创造了条件。这一点非常值得我们借鉴。虽然我国中部地区交通条件有所改善，但还没有形成密集便捷的“大交通”格局。因此，中部崛起，交通仍是发展的关键之一。充分发挥武汉、郑州等特大城市的交通枢纽的核心作嗣，也是实现区域产业梯度转移的必要条件。

美国中央东北区在首先疏通运输通道的同时，铆足全力发展现代制造业。打造中部产业高地。20 世纪初，世界少有的大铁矿——苏必利尔湖区铁矿开始大规模开发，所采矿石经过五大湖和铁路线向东运往五大湖沿岸各大港口。同时，以初级产品为基础，开发产品再加工和深加工产业，在大湖沿岸形成了一系列大的工业中心，有力地推动了该地区现代制造业特别是汽车制造业的发展。由此可知，如果忽视加快工业化进程，满足于“农业致富”的现状，就会丢掉中部原来较好的工业基础。所以，遏制住中部工业衰退的步伐，大力发展现代制造业，重振中部的钢铁、汽车等制造业是当务之急。

美国中央西北区东起密西西比河，西到落基山麓，包含 7 个州，境内大部分地区以平原为主。该区开发较晚，是一个以小麦等农产品生产为主的地区又是东部工业中心的农矿原料基地。由于该地区在农牧业基础上，发展了农副产品加工业，延长了农业产业链，提高了农产品附加值，推动了产业升级，因而该地区成为国内工农业生产居于突出地位、工农业密切结合的地区。这点值得我国的中部借鉴，也是崛起的关键。

（二）意大利中部的小集群和大市场

抛开地域特征相似这一前提的限定，我们单就中部地区产业发展遇到的"瓶颈"，来研读意大利在创新型产业集群发展中的有益经验。

意大利是一个自然资源高度匮乏的国家，能源和原料大多依赖于进口，就连食品进口也呈现入超状态。意大利平均工业企业从业人员仅为43人，是日本的1/4、德国的1/3。不到美国的1/3，平均每个企业创造的产值也是位居工业化国家之末。就是这样一个资源匮乏、企业规模偏小的国家，经济总量按美元兑换率计算名列世界第五，按购买力平价计算列全球第七，这主要应归功于其特有的产业集群优势。

首先，重视中小企业的作用。一个国家欲获得国际竞争优势，不能只靠本国的全球性大企业，还要靠那些扎根于本土的中小企业集群。因此，许多国家都非常重视中小企业的发展。意大利素有中小企业王国之称，许多创新型企业都是中小企业，即使是创新型大企业也是从中小企业发展而来。意大利中小企业的特色是地域同业中小企业集群，被称之为"第三意大利"现象。以小企业、大容量，小产品、大市场，小集群、大协作而闻名的产业区，在意大利经济中占有十分重要地位，它提供了意大利制造业70%以上的增加值，

80%以上的就业容量。50%以上的出口总额。为此，意大利制定了许多鼓励中小企业发展的法律：如《意大利宪法》明确规定了国家对中小企业的支持；1952年通过的《莎巴狄尼法案》从信贷、担保等方面明确了促进中小企业发展的措施；1977年第675号法律规定，在中央中期信贷银行内设立中央担保基金，为中小工业企业贷款提供担保；1986年第64号法律专门制定了鼓励年轻人开办小企业的政策措施；1991年第317号法律进一步加强了对中小企业创新的财政支持；1998年的第192号法寨为防止大企业控制小企业作出了专门规定等等。

其次，充分发挥行业协会的作用。由于产业集群是企业和产业在一定区域范围内分工协作不断深化的产物，而维护企业间分工协作关系的重要手段便是积极发挥行业协会的作用，因此，国外创新型产业集群的发展离不开行业协会及相关组织的支撑。意大利对外贸易协会、产业区俱乐部等在创新型产业集群发展中发挥了重要作用。如为了促进产业区的持续发展，意大利最重要的汽车及零部件产业区——皮安蒙特，由皮安蒙特商会和都灵商会联合推广实施了"从概念到汽车"的项目。意大利的产业区俱乐部虽然但是民间组织，但它以增强与政府有关部门在产业政策方面协调、树立意大利产业区的整体形象、促进产业区之间的交流与合作、加强产业区的学习和研究为宗旨，大力发展俱乐部会员，每年编辑出版《意大利产业区指南》，展示意大利产业区的发展现状与变化趋势，为意大利创新型产业集群创建了平台、提升层次、拓展了空间。

最后，强调服务机构的作用。意大利政府和世界上许多产业集群发达的国家政府一样，非常重视各类培训、金融机构在创新型产业集群发展中所起的积极作用，斥资建立、完善各类不同层次和不同类别的职业技能培训机构，无偿对就业人员进行培训。技能培训的对象由在职人员延伸至申请创办企业者和失业者，其中，对申请创办企业者要求其必须首先参加为期五周的培训；对失业者要进行反复多次培训，直至其就业。这种"智力补偿"的方式为意大利带来了可观的产值。与此同时，各类服务中心为创新型产业集群发展提供了重要条件。意大利政府依照法律规定，建立大批公有的产业区服务中心，专门为中小企业提供服务。服务中心由生产商协会、地方政府和企业共同所有，提供信贷担保、出口保险、组织展会、提供信息、处理投派品质监控、商标推广和集中采购等系列服务，良好的条件和周到的服务为广大中小企业的生存与发展提供了广阔的空间。

意大利产业集群的经验，对于中部经济的崛起具有很好的借鉴意义。当然，我们不应机械地照搬某种模式，而应把握其中的精髓。中部在发展的过程中不要一味追求企业的"大而强"，而是要立足现状，发展中小企业集群，提高从业者技能，拓展产业服务中心的功能。中部的崛起要紧围绕中部发展的核心任务，依托中部的发展基础和优势，按照全国经济社会发展对中部的要求和中部在全国的功能与地位。针对中部存在的问题和面临的困难，制定相应的政策措施。

四　国外生态建设与区域发展的联动案例

（一）美国：田纳西河流域开发的生态战略

田纳西河位于美国的东南部，是密西西比河的主要支流之一，由发源于弗吉尼亚西南部的霍尔斯顿河和发源于北卡罗来纳西部的弗伦奇布罗德河在田纳西州诺克斯维尔汇合而成。该河全长 652 公里，流域面积 4.09 万平方公里，地跨弗吉尼亚、北卡罗来纳、亚拉巴马、佐治亚、田纳西、肯塔基和密西西比 7 个州，其中，田纳西州占据一半。18 世纪初，该地曾是印第安部落交战和狩猎的场所，之后在英法争夺西南部的斗争中又起了重要作用，它还是移民向西迁徙的重要路线，因此开发较早。自从 19 世纪后期以来，尤其是到了 20 世纪初，由于长期对土地进行的不合理开垦和耕种，致使森林破坏，水土流失严重，环境日趋恶化，土地日益贫瘠，使得仰仗这片土地为生的居民不可避免地陷入了贫困，人均收入不足 100 美元，还不到当时人均收入的一半，是美国最为落后的地区之一。威尔逊和哈丁两位总统曾经尝试去解决这个问题，均未获得成功，只好无奈地把在困境中挣扎的人民留给了下一任总统——富兰克林·罗斯福。在经济大萧条的历史背景之下当选美国总统的富兰克林·罗斯福，为了摆脱资本主义的经济危机，推行新政，其中，田纳西河流域管理局（简称 TVA）的成立，对当地资源的综合开发与利用、经济结构的改善与调整起到了重大作用，影响深远。

1933 年 4 月，罗斯福总统向国会提交了《田纳西河流域管理法案》并获得通过。《法案》规定，要"实现与总目的一致的田纳西河流域盆地及附近地区的特殊目的有益的如下立法：最大限度地控制洪水；为了通航的目的大力开发田纳西河；为了控制洪水和通航而大力发电；合理使用界内土地；在该流域盆地宜于重新造林的所有土地上采取适当方法重新造林；居住在该流域盆地的人民经济和社会福利……"根据该法案成立了田纳西河流域管理局，旨在"改进通航、并为田纳西河的洪水控制做准备；确保重新造林和合理使用田纳西河流域限界的土地；保证该流域地区工农业的发展；并通过建立股份公司，来经营亚拉巴马州的马瑟肖尔斯及附近地区的政府财产，为国防做准备及其他目的……"

TVA 成立以后，取得了规划、开发、利用、保护流域内各项自然资源的广泛权力，包括防洪、航运、水电、工农业用水、环境保护与维护自然生态平衡等方方面面。它同时还拥有一支包括规划、设计、施工、科研、生产、运营和管理等方面的专业队伍。TVA 既是联邦政府机构，又是综合性的经济实体，具有相当的独立性和自主性。

田纳西河流域开发之所以能取得成功，主要得益于流域生态化区域发展政策。针对田纳西河流域降水丰富、河流落差大、易发洪涝灾害等特点，TVA 把对当地水资源的开发与使用摆在首要位置，采取修建大坝及其他水利设施和发电站的措施，以达到防洪、蓄水、提供能源、改善航运的目的。1933—1941 年期间，修建大坝 6 座，改建 11 座，到 1952 年，又修建大坝 14 座，形成了统一有效的水库防洪调度系统，流域防洪标准达到百年一遇。自此以后，田纳西河流域就再无大的洪涝灾害，平均年防洪减灾效益约 1.47 亿美元。此外，TVA 还充分利用田纳西河丰富的水能资源生产大量的廉价电力，带来了巨大的经济效益。在整个 20 世纪 40 年代，TVA 基本完成了流域规划的水电开发，建成水电站 30 座，装机总量（包括抽水储能）609.3 万 kw，"1933—1978 年，该流域的总发电能力从 80 万千瓦增为 2800 万千瓦。而实际发电量则从 15 亿瓦小时，增为 1180 亿瓦小时"。

因为对水资源的综合治理，田纳西河流域的航运业也迅速发展起来。田纳西河干流已建成 9 座梯级船闸，通过大坝控制河流水位，完成了航道渠化整治，通航里程 1050 公里，加上支流通航里程达 1240 公里，通过俄亥俄河和密西西比河，可以与美国 22 个州和五大湖相通，每年平均通航船只 34000 艘，水运通航效益每年约 4 亿美元。至 1980 年，田纳西河流域的航运量比 1933 年提高 31 倍，达到 3200 万吨。

在水资源的开发与利用获得巨大成就的同时，TVA 因地制宜，始终立足于资源保护与开发，全面发展生态产业，形成生态产业的良性循环链条。第一，农业方面，改变落后的耕作方式，依托充足的电力发展农业灌溉，改善农业生产条件；大力推广化肥的施用，提高土壤肥力；发展禽畜养殖业等关联产业，利用电厂余热，在发电厂附近开辟温室蔬菜生产基地，有效提高农业现代化水平。1929—1949 年，田纳西河流域的农民增收 200%，农业人口则由 1933 年的 62% 下降到 1982 年的 5%。第二，工业方面，随着洪水威胁的解除和航运事业的兴旺，流域内工业取得长足进展。TVA 先后追加了约 35 亿美元的工厂企业投资，建成了美国最大的肥料生产基地和研究中心，产品远销欧、亚、拉美。第三，旅游业方面，充分利用区域内丰富的野生生物资源与风景资源，大力培育生态旅游。全流域共建成 110 个山区公园和 24 个野生动物管理区，并在风景区建有配套的露营地。第四，林业方面，TVA 加强与民间自然资源保护组织的合作，在荒山谷地植树造林。到 20 世纪 70 年代末，田纳西河流域森林覆盖率已超过 50%，有效地解决了该地区存在的水土流失等一系列生态问题。而且与森林相关工业产品的开发，如树脂产品等，使得该流域的林业产值大大提升，到 1983 年时，已经超过

20 亿美元。

（二）德国：鲁尔工业区再开发的生态战略

鲁尔工业区位于德国西部的北莱茵威斯特法伦州，面积4430平方公里，人口540万，是欧洲最大的工业经济区域，也是欧洲人口最稠密的地区之一。从18世纪末奥伯豪森市建立第一个炼铁厂开始，鲁尔区凭借丰富的煤炭资源、便捷的水陆交通以及离铁矿区较近、水源充沛等优势，逐渐成为德国最重要的工业重地。1831年杜伊斯堡内河港口的建立，使鲁尔区进一步发展壮大，曾开创出生产数量占全德国80%煤炭和钢铁的记录，极大促进了区域经济的发展。自20世纪50年代开始，由于煤炭需求的减少、煤炭开采成本过高，以及鲁尔区面临的严重空气污染，昔日的王牌老工业基地风光不再，江河日下。针对鲁尔区的衰落，德国联邦政府、北莱茵—威斯特法伦州政府、鲁尔区政府采取了一系列措施，生态治理提上日程。

在欧洲，北起英国伦敦，经过荷兰、比利时、法兰克福、苏黎世、米兰而形成的香蕉型经济发展带中，鲁尔工业区居于中心地带。作为传统的经济中心，鲁尔区生态产业结构调整具有先天的区位优势，也具有重要的先导意义。德国前联邦总理勃兰特在1961年把鲁尔区的生态治理列为政治决策议题，并要求重现"鲁尔河上空为蓝色的天空"。针对鲁尔区的衰落现状，1966年成立了鲁尔煤管区开发协会，1969年又制定了《鲁尔区域整治规划》，提出"以煤钢为基础，发展新兴产业，改善经济结构，拓展交通运输，消除环境污染"的整治目标，同时制定了整治方案："稳定第一地带"，指沿鲁尔河一带的煤钢集中区域；"控制第二地带"，指中部重新规划区；

"发展第三地带"，指鲁尔河东、西部的新兴工业和第三产业区。

作为传统的煤钢工业基地，鲁尔区把产业结构调整的目标定位在向服务型为主的城市转变，为达到这一目标，其主要任务就是对煤钢产业结构进行调整。鲁尔区一方面对煤钢产业进行了极大的压缩，如埃森市关闭了最初的 22 个矿井，停止了钢铁生产。仅保留鲁尔煤矿公司、鲁尔电力公司、鲁尔燃气公司等国际公司的总部办公地。另一方面，为了保持鲁尔工业区的传统区位优势，保证该区域的可持续发展，实施了一系列区域政策和具体措施。如"1968—1973 鲁尔区的开发计划"，工作重点是煤钢的现代化、采矿业整改、高校建立、城市—交通—环保；"1980—1984 鲁尔区的行动计划"：1987—1989 年的非工业化、革新与技术、资格培训与新职业、基础设施建设；"1989 年区域化的发展理念"，强调区域化的结构政策、区域间的基础设施建设、经济和职业需求；"2000 可持续的行动计划"，调整具有专业才能的经济个性特征和行业结构。

在鲁尔区众多的矿区城市当中，波鸿市的转型具有典型的代表意义。该市位于鲁尔区中部，面积约 145 平方千米，人口有 40 万，曾以煤炭和钢铁工业著称。在转型的过程中，波鸿市注重发挥政府的指导作用，"经济促进局"就是专门从事矿业公司关闭、新型公司设立、就业职工安排、产业发展等指导工作的政府机构。在"经济促进局"的指导下，经过 40 多年的努力，波鸿市关闭大型钢铁厂 5 家，安置职工 2 万余名；关闭大型煤矿 14 家，安置职工 5 万余名。1960—2000 年，就业格局发生明显变化，工业就业比重从 1960 年的 50% 下降到 2000 年的 38%，服务业就业比重则相应地从 1960 年的 40% 升至 2000 年的 60%。

企业转型是城市转型的基础。鲁尔区主要以资源型企业为主，确立生态的发展战略、实现可持续发展是资源型企业的唯一出路。鲁尔区企业转型成功的案例很多，其中以鲁尔集团最为典型。鲁尔集团的前身是鲁尔矿业股份公司，成立于1969年，成立之初由26个私营煤矿公司联合组成，拥有煤矿52座、炼焦厂29座、电厂20座，年产煤炭1.18亿吨。由于煤炭开采煤层薄、采深大、成本高等原因，鲁尔矿业股份公司面临的首要难题就是合并烟煤矿区。截至1998年，原有的企业公司和矿山企业整合为1个烟煤股份公司，11个矿山企业，大大缩减了成本开支，提升了企业生态效益。同时，鲁尔集团在巩固传统优势项目（如采矿技术、采矿设备制造、燃煤发电、在矿区复垦土地上发展房地产业等）的基础上，加大在增长率高和前途较好业务上的投入，扩展公司规模，从20世纪90年代后期开始向国外扩张，并以并购方式进入化工、电子、橡胶和信息技术等行业，形成多元化的经营格局。2003年，鲁尔集团以128亿欧元的营业额跻身世界500强，下辖450家分公司，在世界各地共拥有240家参、控股公司，成为一家跨国的采矿与技术大企业集团。

　　目前，鲁尔区的大部分煤井已被关闭，过去的工业场所成为文化中心，信息、物流、能源、环保技术、媒体、文化领域等生态特征突出的产业取代煤钢产业，吸纳了大部分的就业者，从事第三产业的人数占就业总人口的65%。几十年来的区域生态发展战略制定和生态产业结构调整证明，对于区域经济发展——尤其是老工业基地的再开发而言，生态要素能起到至关重要的作用。在振兴鲁尔工业基地中发挥重要作用的生态战略，应该对中国的区域经济发展有所启示。

第十一章

中国经济增长格局与未来重心的演变

改革开放以来，中国区域增长的格局发生了巨大的变化，这既是改革开放带来的整个中国经济社会运行机制深刻变迁的必然结果，也是影响未来中国经济社会发展尤其是区域发展的重要因素。本章讲解改革开放以来中国区域增长格局的演变，造成这些演变的宏观背景和原因以及中国区域增长格局未来的变化趋势。

一 改革开放以来中国区域增长格局的演变

（一）四大板块增长格局的变化

改革开放以来，中国经济实现了快速增长，国内生产总值从1978年的3645亿元增加到2006年的210871亿元，按可比价格计算，28年间增长了12.3倍，年均增长9.69%。2012年，中国国内生产总值为519322亿元，比2011年增长7.8%。

然而，全国经济总量的增长并不是在地区间平衡分配的，中国区域增长的格局自改革开放以来发生了深刻的变化。东部地区从改革开放初期（1978 年）的 1514 亿元增加到 2006 年的 128593 亿元，增长了 23.5 倍（按可比价格，以下同）；同期东北地区从 486 亿元增加到 19715 亿元，增长了 10.4 倍；中部地区从 750 亿元增加到 43218 亿元，增长 14.3 倍；西部地区从 722 亿元增加到 39527 亿元，增长 13.4 倍。

经济总量增长的差异导致了四大板块在全国经济增长格局中地位的演变。从四大板块的角度，改革开放以来中国区域增长格局演变的最大特征是：东部地区在全国经济增长中占有了越来越重要的地位，其经济总量在全国的比重不断上升，而东北、中部和西部三大板块 GDP 在全国的比重则有不同程度的下降。东部地区 GDP 在全国的比重由 1978 年的 43.6% 上升到 2006 年 55.7%，整整上升了 12.1 个百分点，而同期东北地区的比重从 14% 下降到 8.5%、中部地区从 21.6% 下降到 18.7%、西部地区从 20.8% 下降到 17.1%，东北、中部和西部地区的比重分别下降了 5.5、2.9 和 3.7 个百分点。2012 年，东部地区 GDP 在全国比重下降至 50% 左右，而中部、西部地区所占比重有所上升。

从时间上看，中国区域增长格局的变化也不是平稳演变的。20 世纪 90 年代以后中国区域增长格局发生了加速变化。在 1990 年之前，四大板块所占比重变动不大，但自 1990 年之后东部地区占全国经济的比重开始显著地上升。从 1978 年到 1990 年，东部地区所占全国 GDP 的比重只上升了 2.3 个百分点，期间年均上升 0.19 个百分点；而同期东北地区 GDP 比重下降 2.1%、中部地区比重上升 0.2%、西部地区比重下降 0.4%。可以说，从改革开放到 20 世纪 80 年代末，中国区域增长格局的主要变化是东部地区重要性有所上升和东北地区地位的相应下降。而中部和西部地区的变化并不大。

但从1990年至今，东部地区GDP比重上升了9.7个百分点，年均上升0.61个百分点，同期东北、中部、西部的比重分别下降了3.4%、3.1%和3.2%。在1990年之前的时期，四大板块的GDP增速互有高低，尽管东部地区的GDP增速总体来说高一些。但与其他三个地区并没有拉开十分明显的差距，然而进入到20世纪90年代以来，东部地区的GDP增速开始持续地高于另外三个地区，从1991到2006年这16年间，东部地区的GDP增速都是最高的（仅除1996年）。从1990年至今，东部地区GDP年均增速为13.5%，而同期东北、中部、西部地区的GDP年均增速则分别只有10.0%、11.0%和10.8%。从20世纪90年代至今，中国区域增长格局发生的变化是东部地区地位显著持续上升，而东北、中部和西部地区则均有相应的下降。近些年来情况有些好转，但总体不容乐观。

（二）各省份增长格局的变化

改革开放以来，全国31个省在区域增长格局中的地位发生了较大的变化。其中省份GDP比重增加的有9个省份，排在前三位的是广东、浙江和山东，其比重增加都在3%以上，省份GDP比重下降的有22个省份，排在最后三位的是黑龙江、辽宁和上海，其比重下降在2%以上。比重上升较多的省份主要集中在东部地区，而比重下降较多的省份多数位于东北和中部地区；与此同时，由于比重上升省份的个数少于比重下降省份的个数，说明改革开放以来，少数发达的省份吸引了更多的经济活动，总体来看全国经济集聚的程度在不断提高，发达地区在中国区域增长整体格局的地位在不断提高。

大格局——变动中的中国区域发展战略布局

二 未来的中国区域增长格局

（一）中国区域增长格局的近期演变

1. 近年来中国区域增长格局的新变化

近些年来，中国经济的运行进入了一个新的周期，居民的消费结构进入新一轮升级，以汽车、住房为代表的商品逐渐成为居民消费的热点，伴随着居民消费结构的升级，中国经济的生产结构也发生了显著变化，能源重化工产业快速发展，进而导致对能源原材料需求的快速增长，拉动了能源原材料大省采掘业和关联产业的快速发展，煤炭、电力、钢铁、有色金属、石油化工等产业发展明显加快，极大地带动了包括内蒙古、山西、山东、河南、陕西、江西、辽宁、河北等能源原材料大省的经济增长。与此同时，随着土地、劳动力等要素供求矛盾的加剧，汇率调整和外贸环境的趋紧，沿海发达地区传统的以外向型和劳动密集型加工业为特征的经济结构面临着较大的压力，导致了这些地区企业利润空间的缩小和投资扩张速度的回落，也在一定程度上制约了这些地区经济的快速增长。另一方面，先后实施的西部大开发、东北等老工业基地的改造和振兴战略，以及逐步成型的促进中部崛起的战略，为中西部和东北地区的发展提供了支持，总体来看，2003 年以来全国经济总体上继续保持快速增长，东南沿海地区增速依然较快，北部沿海地区和部分中西部省份增速则明显加快；环渤海地区增长势头最为强劲，部分中西部能源原材料大省加入到快速增长的第一梯队。随着各大板块增长趋势的变化，中国区域增长的整体格局也呈现出了经济重心逐渐向北、向西移动的趋势。各大区块之间的增长差距也有所缩小。

2. 未来一段时间内中国区域增长格局的演变趋势

纵观改革开放以来的中国区域增长格局的变化，可以发现 2 个明显的特征：全国整体经济增长的波动越来越小；各地区之间增长的差距逐渐缩小。

中国整体经济增长的趋稳和各地区增长速度差距的缩小成为当前中国经济运行和整体区域增长格局近期演变的两大重要特征。这些特征说明中国市场经济运行的整体框架和调控体系愈来愈趋于完善。过去那种"一放就活，一活就乱、一乱就收、一收就死"的大起大落现象得到了有效治理。中国宏观经济整体运行的平稳对区域之间的均衡增长起到了重要作用；反过来区域之间的均衡增长也促进了宏观经济整体的运行平稳，两者互相作用，互为因果。

从目前中国宏观经济整体运行来看，结合国内外因素，未来几年中国的整体经济增长将逐渐有所放缓，经历一个趋稳的过程。考虑到从历史的经验来看，各地区区域增长的差距往往在整体经济加速的情况下有所放大，例如，1985、1992、2003 年，而在整个经济增长放缓的情况下各地增长差距有所缩小，例如，1989、1996、2001 年。因此，在中国整体经济增长趋缓的大背景下，未来几年中国区域增长的差距将有所缩小，中国区域增长的总体格局也将更为均衡。

（二）中国区域增长格局变化的长期趋势

经济活动最突出的地理特征就是向某个空间范围内的持续集中，而这种经济活动的集中背后是市场的根本力量所导致。长期以来，

大格局——变动中的中国区域发展战略布局

美国大部分的制造业集中在其东北部相对小的区域内，加拿大工业多集中在其安大略省的一部分，而欧洲大陆著名的"制造三角"集中了大量的工业活动。就中国而言，改革开放以来中国区域增长格局的总体演变也反映出是这种经济活动集中的根本力量在起作用，东部地区对全国区域增长格局的影响越来越大，反映的正是在市场配置资源的条件下，经济活动越来越向收益更高地区集中的状况。

从目前来看，中国的改革开放仍将继续，改革与开放这两大根本力量还将继续推动区域增长格局的演变，与此同时，中国经济整体的市场化、工业化远未完成，因此，经济活动的集中在相当长的时间内仍将继续。在这种条件下，在未来相当长的时间内，中国区域增长的整体格局仍将越来越偏向更为发达的地区，不同地区的在全国区域增长格局中的地位差距仍将继续拉大；与此同时，由于中国整体发展战略的调整，更为强调区域之间的协调发展，那种发达地区的发展一骑绝尘，大大超过其他地区的现象不再可能发生，因此，尽管各个地区之间的绝对差距还在拉大，但增长之间的差距将会有所缩小。长期来看，中国区域增长格局将会呈现出地区之间的绝对差距拉大，但增长速度之间的差距有所缩小的局面。

第十二章

中国区域经济发展的未来趋势新思考

改革开放以来30多年的快速发展，使中国的现代化站到了新的历史起点上，进入了新的历史阶段；也使中国的区域经济发展站到了新的历史起点上，进入了新的历史阶段。在新时期新阶段，中国区域经济发展的内外部环境明显地不同于30多年前，经济社会整体发展对于中国区域经济发展的要求也明显地不同于30多年前。这些不同规定着中国区域经济发展的方向和趋势，影响着中国区域经济发展战略和政策的选择。展望中国区域经济发展的趋势，我们提出关于促进区域经济义好又快发展的政策思考，包括三个部分：（1）影响中国区域经济未来发展的若干重要因素；（2）中国区域经济发展的趋势；（3）关于促进区域经济又好又快发展的政策思考。

一　影响中国区域经济未来发展的若干重要因素

近30多年的改革和开放，不仅打破了中国旧有的"自成体系"的区域经济格局，而且使中国的区域经济越来越具有开放型经济的特征。这种区域经济既与国内其他地区的经济发生着千丝万缕的联系，又与世界其他国家和地区的经济发生着牵丝挂藤的联系。这些联系既有产品流动方面的，也有要素（包括资本和劳动）流动方面的，还有信息流动方面的。可以说，中国的区域经济已被嵌入国内的生产和贸易的网络之中，也已被嵌入到全球的生产和贸易的网络之中。因此，影响中国区域经济发展的因素必然是多重的，而不是单一的。这里只能在进行理论分析的基础上择其要者加以讨论。

（一）在全球化时代，影响区域经济发展的因素繁多复杂

从理论上说，在全球化背景下，一个国家之内的区域经济除了受当地的资源禀赋结构、经济结构、物质基础设施状况、人力资本和社会资本状况等因素的影响外，还受到国家经济发展及其相关政策、全球经济运行及其治理、全球产业技术革命及其扩散、跨国公司全球产业布局及其区域布局战略等因素的影响。

国家经济社会发展及其相关政策的影响。首先，国家经济社会发展状况影响区域发展的要素供给条件。国家越富裕，资本供给越充裕，资本价格越低，发展资本密集型产业越具有条件。国家所处的发展阶段越高，劳动者劳动技能越娴熟、创新能力越强，同时，劳动力价格也越高，发展知识密集型产业越具有条件，而发展劳动密集型产业越不具有竞争优势。其次，国家经济社会发展状况影响区域发展的基础设施条件。国家越富裕，越有能力改善基础设施条件，产品、要素、信息的流动越便利，区域之间越容易形成合理的产业分工格局。其三，国家经济社会发展状况影响区域发展的需求条件。国家所处的发展阶段不一样，国内投资需求和消费需求的结

构也不一样。一个正处于工业化、城市化快速发展阶段的国家，其对钢铁、水泥等基础原材料产品的需求，对装备制造业产品的需求，以及对耐用消费品的需求，都将迅速增长。第四，国家经济社会发展战略和政策，包括中长期发展的战略规划、宏观经济政策、产业及投资政策、区域政策、贸易政策等，影响区域发展的软环境。如国家实施增长优先的战略，那些发展条件较好的地区可能会发展得快一些；国家实施公平优先的战略，那些发展条件较好的地区之发展可能会受到拖累。国家实施进口替代战略，那些制造业基础较好的地区可能会发展得快一些；国家实施出口导向战略，那些通江达海的地区可能会发展得快一些。国家实施扩大国内需求的政策，那些产品主要面对国内市场的地区可能会发展得快一些；国家实施鼓励高新技术产业发展的政策，那些拥有人力资源和信息资源优势的地区可能会发展得快一些。

全球经济运行及其治理的影响。全球经济增长得越快，那些产品主要面向国际市场的地区可能发展得越快；贸易保护主义越盛行，这些地区的发展可能越困难。服务市场越开放，服务贸易越发展，那些智力密集、对外信息联络方便因而具有发展服务外包业优势的地区可能会发展得越快，那些服务业竞争力较弱的地区之发展面临的挑战可能会越大。全球资本和劳动要素流动的障碍越少，那些承接国际产业转移条件较好的地区可能发展越快。全球贸易规则和技术标准越统一，那些产业技术和产品工艺落后地区的发展空间将越受到限制。

全球产业技术革命及其扩散的影响。技术是推动经济全球化进程最主要的因素之一，技术革命将促进经济大面积繁荣，也将引发全球经济地理的重组，为那些具有良好发展基础和条件的区域成为

大格局——变动中的中国区域发展战略布局

"领先的创新产业中心"带来契机。19世纪20年代以来，在技术革命的推动下，世界经济形成了4个完整的以50年左右为周期的经济增长长波（康德拉涅夫波，也称K波）：K1，早期机械化长波；K2，蒸汽动力及机械长波；K3，电气及重型机械长波；K4，福特式大规模长波。每一长波，都有各自清晰的地理特征：K1时期，技术领先的国家是英国、法国和比利时；K2时期，德国和美国成为技术领先国家的新成员；K3时期，德国和美国成为技术最先进的国家；K4时期，日本、瑞典和其他工业化国家跻身于技术领先国家行列。具体到一个国家内部，每个区域成为"领先的创新产业中心"的机会并不相同。一般的说，总是那些发展基础和条件较好的区域（如技术储备雄厚、交通便利的沿海地区）率先享受技术革命的恩泽。

另外，全球性主导产业的技术特征，也会影响生产力的空间格局。在通常情况下，当全球性主导产业具有显著的规模经济特征时，那些本身具有巨大需求潜力或开拓周边市场具有优越条件的区域有可能聚集大量的产业活动。

跨国公司全球产业布局及其区域布局战略的影响。跨国公司是"一个能够对在一个国家以上的经营活动进行协凋和控制的企业，即使它可以不拥有这些经营活动"。它具有协调和控制国家内部以及国家之间生产网络中不同过程与交易的能力，和在国际甚至是全球层次不同区位之间对资源和经营活动进行转换和再转换的能力，能够利用生产要素（如自然资源、资本、劳动力）与国家政策（如税收、贸易壁垒、财政援助等）的地理差异优化其全球生产和营销网络。目前，跨国公司已在全球经济地理的形成中扮演着十分关键的角色，跨国公司投资区位的选择必然影响着国民经济的空间布局。在这种情况下，那些生产成本比较低、政治风险比较小、文化和语言亲和力强因而对跨国公司有着较大吸引力的地区，往往会发展得更快一些。

（二）影响中国区域经济未来发展的若干重要因素

1. 内部因素

（1）经济发展进入新阶段对区域经济发展提出了新的要求。主要体现在四个方面。

第一，随着社会物质财富的增长，社会公平受到越来越多的关注，区域经济发展要实现公平和效率的统一。效率和公平是经济社会发展过程中长期存在的一对主要矛盾。矛盾双方的关系不是亘古不变的，效率和公平孰重孰轻，决定于生产力的发展水平，也决定于因生产力的发展而引发的人们对两者关系看法的变化。改革开放之初的1980年，我国的人均GNP只有290美元。按照当年世界银行的划分标准，我国属于低收入国家，其人均GNP水平与低收入国家的上限值尚有120美元的差距。在这种背景下，"加快发展"成为全社会的共识。由于那时我国新体制尚处于萌芽状态，旧体制时期的平均主义普遍存在，人们关注更多的是如何尽快打破平均主义对于生产力发展的束缚。与这一经济社会发展环境相适应，效率不仅被突出地强调，而且被置于公平之前。现在，一方面，我国在世界经济格局中的地位已非昔日可比。2012年，我国人均GDP已经达到6100美元，早已达到中低收入国家的中间水平。另一方面，城乡差距、地区差距和阶层差距的扩大业已严重影响到社会的稳定和谐，人们对公平正义的诉求与日俱增。

第二，在30多年快速发展过程中被掩盖或被忽略的问题，如资源浪费、生态破坏、环境污染等，日益暴露出来，未来的区域经济

大格局——变动中的中国区域发展战略布局

发展必须注重人与自然的和谐。中国绝大多数资源的人均占有量低于世界平均水平，生态环境也比较脆弱。多年来的粗放式经济发展，削弱了资源环境承载力。2004年以来，中国每年的能源消耗总量都在20亿吨标准煤以上，且呈快速增长之势。2006年，中国的二氧化硫排放量达2589万吨，化学需氧量排放量达1428万吨。2011年，中国的二氧化硫排放量2217.9万吨，化学需氧量排放量2499.9万吨。如果这些问题不能得到有效解决，我国的现代化进程将会受到严重制约。鉴此，"十二五"规划在加快建设资源节约型、环境友好型社会指出，把大幅降低能源消耗强度和二氧化碳排放量强度作为约束性指标，有效控制温室气体排放。

第三，国民经济内外失衡日益严重，区域经济发展要有助于形成消费、投资、出口协调拉动的经济增长格局。中国曾经是一个相对封闭的国家，经济对外依存度不高。随着开放的扩大和开放型经济的发展，中国与外部经济的联系日益密切，且已由一个贸易逆差国变成一个贸易顺差大国，由一个外汇储备不足的国家变成一个外汇储备大国。与之同时，中国内外经济失衡的矛盾也日益加剧。突出表现为，目前，在投资、消费和出口需求这三大拉动经济增长的因素中，出口需要所起的作用过大。2012年，中国外贸依存度为47%，其中出口依存度为24.9%，进口依存度为22.1%。这不仅加大了国内经济运行的风险，也增加了与其他国家发生贸易摩擦的可能性。因此，"十二五"规划指出，坚持扩大内需特别是消费需求的战略，必须充分发掘我国内需的巨大潜力，着力破解制约扩大内需的机制体制障碍，加快形成消费、投资、出口协调拉动经济增长新局面。

（2）统筹区域发展将成为区域战略和政策的主调。面对现代化过程中存在的诸多矛盾和问题，中央提出了科学发展观这一统领经济社会发展的战略思想。科学发展观，第一要义是发展，核心是以人为本，基本要求是全面协调可持续，根本方法是统筹兼顾。根据党的十八大报告，落实科学发展观，需要统筹的方面很多，包括：统筹城乡发展、区域发展、经济社会发展、人与自然和谐发展、国内发展和对外开放，统筹中央和地方关系，统筹个人利益和集体利益、局部利益和整体利益、当前利益和长远利益，统筹国内国际两个大局等。可见，统筹区域发展是落实科学发展观的题中应有之义。另一方面，作为国家整体经济的组成部分，区域经济发展本身也要统筹兼顾。因此，统筹区域发展，不仅要统筹区域之间的发展、区域发展和国家整体发展，不仅要统筹生产力的空间布局，也要统筹某一区域内部的城乡关系、人与自然的关系、当前发展和长远发展，还要统筹某一区域自身的发展和对外开放的推进。

（3）资源和要素价格的变动引导生产力布局的调整。在市场经济条件下，资源和要素价格及其变动，在很大程度上，决定着一个地区产业结构的状况及其调整的方向。在过去30多年的发展中，一些地区（主要是沿海地区）利用国际产业向发展中国家大规模转移的机遇，在低廉的资源（尤其是土地资源）和劳动力价格的支持下，发展了许多低附加值产业。随着经济社会的发展以及随之而来的国家发展政策的调整，资源和劳动要素价格呈现了上扬的态势。数据显示，2002—2006年，全国工业仓储用地价格平均上涨14.6%；城镇单位就业人员劳动报酬平均增长77.8%。沿海地区资源和劳动要素价格上涨得更快。资源和要素价格的上升，将压缩一些地区发展资源密集型和劳动密集型产业的空间，引发国内产业在地区之间的转移，重塑产业区际分工格局。

（4）市场经济体制的完善和交通通信条件的改善将促进要素更加自由地流动。与30多年前相比，目前，中国资源配置的方式已发生根本性变化。在生产决策方面，除极个别情况外，生产什么、生产多少、如何生产，都已由生产者自己决定。纳入国家计划管理的产品，已由最高时的100多种，减少到关系国计民生和国家安全的少量产品。在价格形成机制方面，已取消国家定价，只对少数重要产品实行国家指导价，95%以上的商品由市场定价。在固定资产投资方面，政府掌握的资源已仅限于预算内基本建设资金和用于建设的国债资金，政府投资已由最高时控制全部扩大再生产投资降低到占全社会固定资产投资的5%左右。这一切都将为生产要素跨区域自由流动创造更加便利的软条件。

另一方面，经过30多年的发展，中国的基础设施条件也得到了极大的改善。2012年，中国铁路营业里程已达9.8万公里，比1978年增加4.63万公里；其中国家电气化铁路里程已达4.8万公里，增加4.7万公里。公路里程已达400.82万公里，是1978年的4倍多。同年，移动电话交换机容量已达11.1亿户，互联网宽带接入端口已接近26836万。这一切将有助于形成全国统一市场，为生产要素跨区域自由流动创造更加便利的硬条件。

2. 外部因素

（1）交通和通信技术继续发展。20世纪50—60年代以来，以交通和通信技术为代表的"空间压缩"技术迅猛发展，它们的发展克服了产品、要素、信息流动的时空障碍：商用喷气式飞机的使用，极大地方便了人们的全球旅行；陆运和海运集装箱的使用，极大地方便了货物从一种交通方式到另一种交通方式的转变，增强了货物运输的安全性，大大地减少了货物运输的成本和时间；卫星、光纤和互联网技术的发展，改变了地理距离和信息传递成本之间的关系，便利了思想、指令、形象等形式的信息在全球的传播。有理由相信，随着时间的推移，"空间压缩"技术将继续进步。"空间压缩"技术的进步，使世界更加"扁平化"，将为欠发达地区实现跨越式发展创造更多的机会。

另一方面，由于"空间压缩"技术发展的区域不均衡性，时空压缩对一些地方的影响要比另外一些地方的大，给一些地方带来的发展机会要比另外一些地方多。如交通运输技术的进步，一方面大大缩短了各大城市时间距离，另一方面却使落后的小城镇和农村的发展区位与大城市相比更加不利。再如，从通信技术创新中受益最大的地方通常是那些本来就"重要"的地方。这是因为，以市场为导向的通信技术新投资往往投向回报几率高的地方，强化某些通信路径，提高这些路径之上某些节点（城市）的重要性。

（2）国际服务贸易发展迅速。服务贸易是指"服务业提供者从一成员国境内向其他成员国境内的服务消费者提供服务并取得收入的过程"。传统上，大部分服务是不可贸易的。因为，大部分服务产品的交易只有买者和卖者同时在一个地点时，才能完成。有些服务交易，如信息的交换、储存、加工和获取等，虽然不需要买者和卖者离得很近，但是由于技术、习惯和风俗的限制，也需要买者和卖者面对面才能完成。随着信息和通讯的进步，这种状况有了极大的改变。信息和通讯技术可以将知识编码化、标准化和数字化，而知识的编码化、标准化和数字化又可以将更多的服务产品的生产细分成更小的环节，这些环节可以在成本最小、质量最高和规模经济效益最大的地方生产。这使得在一个地方生产某种服务，在另一地方同时地或异时地消费这种服务成为可能。结果，出现了范围相当广泛的服务产品出口，从简单的附加值低的计算机数据录入到复杂的附件值高的建筑设计、金融分析、研究开发、软件设计等。

近年来，伴随着全球经济的增长，在信息和通讯技术改革的推动下，全球服务贸易不断增长。据统计，"十一五"期间，我国服务贸易出口年均增长15.9%。

新技术不仅使服务产品可贸易化，而且可能使服务产品的生产在空间上更加集中，从而使产业的空间布局发生变化：那些经济发达的国家和地区可能更多地专注于服务产品的生产，那些经济欠发达的国家和地区可能更多地专注于物质产品的生产。当然，由于"空间压缩"技术的发展，在经济欠发达的国家和地区，也有可能成长出一些能向全球提供服务产品的区域，如印度的班加罗尔。

（3）服务业国际转移速度加快。伴随着对外直接投资的迅速增长，对外投资的产业领域也发生了显著变化。20世纪50年代，对外直接投资主要集中在第一产业和资源密集型的制造业；60和70年代，主要集中资本密集型的制造业；20世纪80年代以来，随着新技术革命的蓬勃发展和由此而带来的全球性产业结构调整，以及经济全球化的不断深入，服务业逐渐成为最重要的对外投资领域。

在过去的将近30年中，第一产业、制造业和服务业领域的外商直接投资（FDI）的绝对量都有显著的增长。然而，二三大领域FDI的增长速度并不相同，服务业领域增长最快，第一产业领域的增长次之，制造业领域的增长最慢。

服务业的国际转移，为欠发达国家和地区服务业的跨越式发展创造了新的机遇。在这些国家和地区服务业发展基础和条件优越的区域，有可能形成若干个服务业尤其是现代服务业的增长极。

（4）对外直接投资的来源和流向日益多元化。长期以来，发达国家一直是对外直接投资的来源地。从 20 世纪 50 年代到 70 年代中期，美国企业的对外直接投资占世界总量的比重一直在 40%—50%。1960 年，美国和英国跨国公司的对外直接投资占世界总量的 2/3。不过，随着时间的推移，发达国家在全球对外直接投资中的相对重要性在不断下降。1960 年，美国、英国、日本、德国、法国、荷兰、加拿大、瑞士、意大利和瑞典等 9 个国家的对外直接投资总额占全球的比重为 93.0%，到 2000 年时，这一比重降为 74%。与之同时，越来越多的国家和地区（包括发展中国家和地区）加入到了对外直接投资输出国（地区）的行列。1985 年，对外直接投资超过 100 亿美元的经济体只有 10 个，2000 年，这样的经济体达到了 33 个。1985 年，发展中国家和地区对外直接投资占全球的比重仅约为 3%，到 2000 年，这一比重达到 12%。2006 年，发展中国家和转轨国家对外直接投资占全球的比重接近了 16%。据统计，2012 年，发展中国家和转轨国家对外直接投资占全球的比重已经超过了 20%。

发达国家也一直是对外直接投资的目的地。2000 年，全球对外直接投资存量的 67% 流向了发达国家；2006 年，甚至有 70% 流向了发达国家。2012 年，这一比例有所减少，减少的比例则流向了新兴发展中国家。在对外直接投资主要流向发达国家的同时，其在空间上也呈现了分散化的趋势。资料显示，对外直接投资吸收存量超过 100 亿美元的国家，1985 年仅有 7 个，到 2000 年则增加到了 22 个。截止目前，则超过了 30 个。

对外直接投资的来源和流向的多元化，一方面，为欠发达国家和地区利用国际资本创造了更多的机会，另一方面，也使得欠发达国家和地区为争取对外直接投资不得不付出更大的成本，从而使其他方面的发展受到影响。例如，一如果为争取外资而降低环保标准，就有可能影响人与自然的和谐发展。

（5）国家之间的竞争不仅不会被企业之间的竞争取代，而且会越来越激烈。在全球化迅速推进的过程中，在日益强大的跨国公司面前，国家并不像有些预言家所说的那样正在消失，而依然是塑造世界经济格局的一股非常重要的力量。在所有国家的经济社会发展中，政府都通过对于贸易、外资和产业的管制，不同程度地干预市场的运作。与其说国家正在消亡，不如说国家越来越以世界经济发展中竞争者的面目出现。

与企业的目标是为了最大利益不同，国家的目标是为了社会物质利益的最大化。为了实现这一目标，在日益一体化的世界经济中，国家之间展开了日益激烈的竞争。国家为在国际贸易中处于优势地位而竞争，为吸引生产性的投资而竞争。在迈克尔·波特看来，国家不仅参与了竞争，而且愈来愈多地参与了竞争优势的创造，"随着用来庇护缺乏竞争力的国内公司的贸易障碍越来越少，母国呈现出的重要性越来越大，原因在于国家是用来支撑竞争优势的技能和技术的来源"。

当然，为了实现社会物质利益的最大化，国家作为合作者的面目也日益清晰。各种各样区域合作组织的涌现，充分说明了国家的这一角色。

国家之间竞争与合作关系的存在及其强化，使得区域经济格局形成过程的复杂性与日俱增。在这种情况下，一个区域的发展，不仅受企业选址的影响，也受国家政策的影响，还受政府之间、公司之间以及政府与公司之间"权力博弈"的影响。

二　中国区域经济发展的趋势

区域经济发展既受其内在规律的影响，也受到各种主客观因素所形成的外部环境的影响。由于影响区域发展的主客观因素经常处于不断的变动之中，有些现在能看到，有些现在还看不到，对于区域经济发展趋势的判断不可能是精准的，而只能是轮廓性的。在综合考虑现在能够考虑到的因素的基础上，我们对中国区域经济发展趋势作出了如下八点判断。

（一）发展差距难以缩小，公共服务水平趋同

改革开放以来，地区差距总体上呈不断扩大之势。扭转地区差距扩大的趋势是未来中国区域政策的基本取向。但是，地区差距的扩大或缩小，不仅取决于政策取向和人们的主观愿望，还受制于诸多复杂的现实因素。应当说，正如前面分析的那样，经过近30多年的快速发展，中国具备了更好的扭转地区差距扩大趋势的物质技术条件，但是，要缩小地区差距，并非易事。首先，在知识经济时代，一个地区的经济发展越来越不依赖于其自然资源禀赋，而越来越决定于其创新能力的大小。沿海地区人才济济，科研条件优越，从总体上说，其创新能力显著地强于中部、西部和东北地区，其经济增长因此具有更强的技术推动力。其次，在市场经济条件下，一个地区产业成长的机会和空间决定于市场现实需求和潜在需求。沿海地区人口稠密，城乡居民比较富裕，产业既有规模大、分工细致，交通通信设施发达，不仅内部市场大，而且有着开拓外部市场的便利

条件，其经济增长因此而具有更强的需求拉动力。第三，在全球竞争的时代，一个地区的发展决定于其在国家战略中的定位。中国现已成为中等收入国家的一员，但是，中国仍处于不发达阶段。在这样的阶段，面对强手如林、"虎狼"环伺的局面，中国必须培养若干具有很强的国际竞争力的区域。沿海地区发展基础好，具有参与国际竞争的经验，必将成为国家竞争战略的重点地区，其经济发展因此而依然会获得国家的政策支持。最后，在经济全球化的背景下，一个地区的发展还决定于其承接国际产业转移尤其是服务业转移的条件和机会。由于沿海地区人力资源丰富，具有承接国际服务业转移的良好条件；同时，由于中国正在为转变发展方式而推动产业结构升级，服务产品具有广阔的市场空间，沿海地区的服务业将获得快于内陆地区的发展。据此，可以大体判断，在 2020 年之前，中国的地区差距很有可能维持现有的水平。

虽然地区发展差距难以缩小，但是随着国家调控能力的增强，和国家公共服务体系的建立和完善，地区之间在公共服务水平的差距将趋于缩小。

（二）贫困地区的人民将享受到更多的发展成果

通过实施《国家八七扶贫攻坚计划（1994—2000 年）》和《中国农村扶贫开发纲要（2001—2010 年）》等一系列战略、规划和政策，中国农村贫困人口已从改革开放初期的 2.5 亿减少到 2000 万左右。虽然剩余的贫困人口多聚居在自然条件比较恶劣、对外联系相当不便的地区，摆脱贫困困难大，但依然可以预期，在未来的发展中，中国农村的贫困人口将继续减少，贫困地区的人民将享受到越来越多的发展成果。这是因为：第一，中央从战略上高度重视消除绝对贫困，到2020年基本消除绝对贫困现象已被明确地写入中国共产党第十七次全国代表大会的政治报告，成为中国共产党对全体人民的庄严承诺。第二，根据十八大精神，国家将加大对革命老区、民族地区、边疆地区、贫困地区发展扶持力度，通过改善这些地区的生产生活条件、投资于这些地区人力资源的开发、扶持这些地区特色产业的发展、鼓励发达地区对这些地区进行更多的对口援助，促进这些地区的发展。第三，国家财力的增强，公共服务体系的建立和完善，将使贫困地区能够享受到更多的公共服务。第四，由于中国的贫困地区多集中在中西部地区，西部大开发战略和促进中部地区崛起战略的有效落实，以及社会主义新农村建设的扎实推进，将对贫困地区产生显著的政策外溢效应，带动贫困地区脱贫致富。

（三）产业区际分工更加合理

随着社会主义市场经济体制的建立和全国统一市场的建设，中国原有的各地"自成一体"的产业分工格局逐步打破，地区之间的产业分工日趋合理，各地产业专业化程度不断提高。

展望未来，中国的产业区际分工将更加合理：先进制造业尤其是那些具有规模经济特征的制造业和知识密集型服务业将在沿海地区得到更大的发展；能源、原材料产业以及优势装备制造业和高新技术产业将在中部地区得到更大的发展；消耗少、污染轻、环境友好的特色产业将在西部地区得到更大的发展；装备制造业将在东北地区得到更大的发展。这主要是因为：第一，改革的深化和统一市场的建成，将为资源和要素在空间上的优化配置创造更好的前提。第二，无论是西部大开发战略，还是促进中部崛起战略，无论是振兴东北地区等老工业基地战略，还是鼓励东部地区率先发展，都有明确的重点支持的产业发展领域。在这些战略的支持下，各地的产业发展将更加符合当地的静态和动态的比较优势。第三，推进形成主体功能区战略的实施，也有助于空间开发秩序的规范，空间开发结构的合理化。

（四）中西部地区将出现更多的增长极

在过去的30多年中，在改革开放的推动下，沿海地区形成了三大具有全国意义的增长极——珠江三角洲、长江三角洲和环渤海地区，和若干具有区域意义的增长极——闽东南三角地区、山东半岛、辽东半岛等。在未来的发展中，中国广袤的中西部地区也将会出现具有全国或区域意义的增长极。这主要是因为：第一，虽然从整体上看，中西部的发展条件不如东部地区，但是，中西部也有一些发展基础较好、发展条件优良的地区，如武汉—长株谭地区、中原城市群、成渝地区、关中地区等，这些地区有成为重要增长极的客观基础。第二，国家将高度重视经济圈、城市群的发展。"十二五"规划明确提出，完善城市化布局和形态。遵循城市发展客观规律，以大城市为依托，以中小城市为重点，逐步形成辐射作用大的城市群。第三，成渝统筹城乡综和改革试验区、武汉—长株谭"两型社会"（资源节约型社会和环境友好型社会）试验区的批准成立，《广西北部湾经济区发展规划》的批准实施，将加快成渝、武汉—长株谭、北部湾等地区成为具有全国意义的增长极的步伐。

（五）各地将出现更多具有国际影响力的产业集群

产业集群是在某一特定领域内互相联系的、在地理位置上高度集中的公司和机构集合。它包括一批对竞争起重要作用的、相互联系的产业和其他实体，向下延伸至销售渠道和客户，并侧面扩展到辅助性产品的制造商以及与技能、技术或投入相关的产业公司。各国竞争优势的形态都是以产业集群的形态出现的，可以说，相关产业聚集在一起是产业发达国家和地区的核心特征。改革开放以后，中国之所以能够跻身世界生产基地行列，就是因为其在区域经济发展过程中，形成了大量的以服装业、纺织品业、家具业、钢琴业、电脑业、摩托业和机械设备业等为主的产业集群。据不完全统计，仅在服装业和纺织品业，全国形成了一百多个大型产业集群。可以展望，在未来的区域经济发展中，中国各地将形成越来越多的产业集群。这主要是因为：第一，产业集群受到了各地、各层级决策部门的重视。从各地的发展规划来看，大部分地区都把培育产业集群作为推动区域经济发展的主要战略之一。第二，各级各类开发区的存在，为产业集群式发展提供了空间依托。第三，随着转变经济发展方式的一系列方针政策的落实和国家自主创新战略的实施，在既有的产业集群之外，将成长一批高新技术的产业集群。

（六）一体化程度极高的经济板块越来越多

在区域经济快速发展的过程中，中国各地开展了一系列形式各异、规模不等的区域合作，如珠江三角洲区域合作、泛珠三角区域合作、长江三角洲区域合作、泛长三角区域合作、环渤海区域合作等。这些合作程度不一，有的较为松散，一体化水平低一些；有的较为紧密，一体化水平高一些。但是，可以预期，中国将出现越来越多的一体化程度极高的经济板块。这些板块不仅将实现产品市场的一体化，而且将实现要素市场的一体化；不仅将实现交通通讯等基础设施的衔接与融合，而且将实现经济社会发展规划和政策的协

大格局——变动中的中国区域发展战略布局

调与统一。之所以会出现这样的板块，主要是因为：第一，区域合作将受到中央政府的政策鼓励。"十二五"规划明确提出，要加强和完善区域合作机制，消除市场壁垒，促进要素流动，引导产业有序转移。第二，在市场经济体制的框架之下，地方政府作为竞争者和合作者的角色日益强化，这使得地方政府介入区域合作过程的愿望日益强烈。第三，规模经济和范围经济的发展要求，将推动企业进行跨区域的兼并重组，从而将为区域合作提供强劲的动力。第四，全方位开放的推进，将使企业直接面对国际竞争，从而使企业更加注重跨区域的资源和要素整合。第五，交通、通讯、电力等基础设施的网络化建设，将为区域合作提供更加便利的硬件条件。

（七）区域之间良性互动的格局逐渐形成

改革开放以来，各级地方政府作为利益相对独立的主体越来越多地参与了区域经济的形成和发展。在这个过程中，地区之间既相互合作、相互支持，又相互竞争、相互牵制。在存在相对独立的利益的情况下，地区之间进行竞争是一种正常的现象。遗憾的是，目前，中国地区之间的竞争突破了应有的"底线"，如（1）为吸引外资，各地竞相为外资提供超国民待遇的条件，包括向外资提供价格低廉的土地和其他自然资源、降低环境保护标准和在劳资关系的处理中偏袒资本一方；（2）在生态环境保护方面以邻为壑，一些地方无视当地经济发展对毗邻地区的影响，以牺牲毗邻地区的环境质量换得本地区的经济增长；（3）为保护本地劳动力市场，对外地劳工采取歧视性的就业政策。这不仅造成了国家整体利益的损失，也动摇了各地持续发展的基础。随着时间的推移，这种状况将逐步改变。主要因为：第一，随着中央地方财权事权的进一步明确以及公共财政体制的建立和完善，地方政府对区域经济进行不恰当干预的动机将逐步减少；第二，随着国家资源管理体制的完善和资源税费标准的提高，地方政府以低廉的价格招商引资的可能性越来越少；第三，随着节约资源能源和保护生态环境的法律和政策的完善以及节能减排工作责任制的落实，地方政府以资源的浪费和环境的破坏为代价换取经济和财政收入增长的行为将受到抑制；第四，随着户籍制度的改革和平等就业制度的建立，地方政府设置不合理的劳动力市场进入壁垒的做法将趋于减少。

（八）与周边国家和地区的跨境合作更加深入

区域合作在范围上的不断拓展和内容上的不断扩大是经济社会发展的普遍规律。当前，在经济全球化不断推进的背景下，世界范围内的区域经济合作日益活跃。中国作为一股日益重要的国际经济力量，也正在推动各种形式的跨国或跨境区域合作，包括：中国—东盟"10＋1"自由贸易区合作、环北部湾区域合作、大湄公河次区域合作、东北亚区域合作、大图们江区域合作、中亚区域合作、内地与香港以及与澳门的更紧密贸易安排（CEPA）、大陆与台湾地区的海峡两岸合作等。可以判断，未来各省区尤其是延边各省区将越来越多地参与到中国与周边国家和地区的跨境合作之中——广东将逐步实现与香港、澳门的一体化，广西将深度参与环北部湾经济技术合作，云南将深度参与和南亚地区的合作，西北地区将深度参与中亚经济合作，东北地区将深度参与东北亚区域经济合作。而且合作内容将不断丰富，合作关系不断加深——不仅包括贸易的自由化、投资的便利化，也包括基础设施的衔接、产业发展的协调。这主要是因为：第一，中国与周边国家和地区经济互补性较强，跨境合作

大格局——变动中的中国区域发展战略布局

有着强劲的内在动力；第二，面对日益激烈的国际竞争，相关国家和地区都把区域合作作为提升自身竞争力的重要手段；第三，中国经济实力的增强及其负责任大国形象的确立，有助于形成稳定的区域合作关系，有助于把区域合作引向深入。

三　促进区域经济健康发展的政策思考

（一）在发挥市场配置资源的基础性作用的同时恰当发挥政府的作用

经过 30 多年的改革，中国已基本建立了市场经济体制。未来，中国将进一步完善这种经济体制。毫无疑问，促进区域经济又好又快发展，必须也必将愈来愈多地发挥市场机制的作用。但是，无论从理论上看，还是从实践过程看，仅靠市场并不足以保证区域经济又好又快发展。从理论上看，市场是不完备的，即使是发达国家的市场也是不完备的，市场的不完备为政府干预区域经济运行留下了空间。从区域经济发展的实践过程来看，一方面，理想的市场效果从来没有完全实现过；另一方面，恰当的干预往往能收到明显的成效。比如，欧盟区域政策对于落后地区的支持，就起到了加快这些地区发展的作用。1986—2005 年，在欧盟区域政策的支持下，西班牙 GDP 累计增长了 64.5%，比欧盟多增长了 16.6 个百分点。另外，进入新世纪以来，中国对于欠发达地区的扶持也明显地抑制了地区差距扩大的速度。

因此，问题不在于要不要发挥政府在推动区域协调发展方面的作用，而在于怎样才能使政府的作用得到有效的发挥。为使政府的作用能够得到有效发挥，必须关注以下五个方面。

第一，集中区域政策的作用对象。区域政策有着重要的作用，但是，区域政策作用范围也不是无限的。如欧盟区域政策的制定和实施就主要着眼于解决发展不平衡问题和问题区域的结构转型问题：一方面，欧盟区域政策目标区域的划定主要依据经济发展水平及经济转型所面临的困难；另一方面，欧盟资金大多用于援助经济落后地区和结构转型困难地区。2000—2006年，有2/3以上的结构资金用来支持目标地区（人均GDP低于欧盟平均水平的75%）的发展。至于区域发展过程中出现的其他问题，如资源、环境问题等，则通过资源环境政策等来解决。现阶段，中国区域政策较为零乱，目标不够集中。未来，要根据"十二五"规划和党的十八大的要求，以欧盟经验为鉴，明确区域政策的作用范围，集中区域政策的作用对象。

第二，必须重视区域政策在区域发展中的杠杆作用。所谓区域政策的杠杆作用，就是相关投资带来的私人和公共部门投资的增加。欧盟非常重视区域政策的杠杆作用，在提供发展资金时，明确要求受援国必须提供相关项目的配套资金，必须吸收公私部门参与相关项目的建设和运行。中国是单一制国家，1994年税制改革以来，中央财政集中的收入每年都超过50%，中央政府有条件安排更多的资金用于平衡区域发展。然而，由于中国是个大国，欠发达地区地广人多，中央用于支持欠发达地区发展的资金即使总量很大，分配到各欠发达地区的资金也不会很多。要促进欠发达地区更快发展，必须通过合理的制度设计，鼓励地方政府和各类所有制企业参与到区域发展之中，以充分发挥中央资金的杠杆作用。

第三，应把区域政策的着力点放在营造良好的发展环境上。是否存在有效的交通系统、高速的通信网络和稳定的能源供给决定着发展环境的优劣。相关分析表明，投资于基础设施，无论在国家层面上，还是在区域层面上，对于促进 GDP 增长，都有显著的直接效应。另外，投资于基础设施，也有不可忽视的间接效应。比如，交通基础设施的建设，拉近了地区之间的距离，增强了地区之间的产业竞争和劳动力市场上的竞争，从而为提高区域经济运行效率创造了可能。在当代中国，随着改革的推进，从相对意义上说，市场配置的经济资源将越来越多，政府掌控的经济资源将越来越少，应把基础设施建设作为支持欠发达地区发展的优先领域之一，将有限的资源用在最能带来发展绩效的地方。

第四，要创造条件，让省级以下政府参与国家区域发展管理。目前，中国实行的是等级式区域发展管理体制，省级以下政府不参与围家区域政策的制定，国家区域政策只有通过省级政府才能得到落实。然而，由于中国人口众多，大多数省区的人口都在 2000 万以上（超过了欧盟所谓大国的人口），甚至有些地级市的人口也超过了1000 万；还由于中国地域广阔，有的省区的面积在百万平方公里以上，这种等级式区域发展管理体制显然难以制定切合实际的区域政策，也不利于区域政策的有效执行。因此，中国的区域发展管理要由等级式管理转向参与式管理，让省级以下政府更多地参与区域政策的制定和实施。

第五，要增强区域发展规划的可执行性。发展规划是推动区域协调发展的基础性文件。从国际经验看，区域问题比较多的大国，都比较重视制定区域发展规划，都把区域发展规划作为实施相关政策的依据。作为有着计划经济传统的国家，中国向来重视发展规划在区域经济发展中的作用。20世纪末以来，中国制定了一系列区域发展规划。由于这些规划的制定参与面不广，开放度不高，其可执行性不够强。中国需要进一步扩大规划制定的参与面，在各层次地方政府编制的规划的基础上，制定更具可操作性的规划。

（二）系统设计区域政策，为恰当发挥政府作用创造前提

在改革开放之始及其之后较长的时期内，无论在制度建设方面，还是在经济发展方面，中国都缺乏相应的经验。在这种背景下，中国创立了经济特区，优先开放了沿海城市，大面积设立了名目繁多的开发区，赋予了这些地区改革开放的先行先试权和许许多多的优惠政策。截至目前，中国改革开放已有30多年，社会主义市场经济体制的框架已基本建立，区域经济发展也已有丰富的经验积累。另一方面，随着改革的深入，中央与地方、地方与地方的关系也变得日趋复杂起来。在计划经济时代，地方政府只是被动地执行中央的指示，中央与地方、地方与地方的关系比较简单，也比较容易处理。然而，现在的地方政府不仅要贯彻落实中央的政策，而且要更多地关注本地民众的利益诉求。与之同时，地方与地方之间的关系也不再是单纯的团结互助关系，而越来越呈现为"经济利益交换"关系。区域政策必须兼顾各利益攸关方的利益，否则难以得到有效的落实。因此，在新的历史时期，中国的区域政策必须也有条件进行系统设计。

系统设计中国的区域政策，首先，必须梳理和清理现有的区域政策。现阶段，中国的区域政策主要由四大部分构成：一是以四大板块为依托的区域发展政策，包括西部大开发政策、振兴东北地区

等老工业基地政策、促进中部地区崛起政策和鼓励东部地区率先发展政策；二是支持革命老区、民族地区和边疆地区发展的政策；三是贫困地区扶持政策；四是各类自然保护区的政策。每个类型的区域政策都可能涉及财税、投资、产业、土地等方面的问题。这些政策的作用有些可能相互加强，有些可能相互抵消。如果不予以认真梳理，则难以做到胸中有数，设计区域政策也无从下手。

其次，必须清楚在市场经济条件下政府还掌握哪些政策工具。毋庸置疑，在市场经济条件下，中央政府对于经济资源的掌控能力大大弱于计划经济时代，但是中央政府依然拥有一系列干预区域经济运行的手段。按照阿姆斯特朗和泰勒提出的划分方法，区域政策工具可以分为三大类：一类是微观政策工具，一类是宏观政策工具，还有一类是协调政策工具。

微观政策工具包括劳动力再配置政策（迁移政策、劳动力市场政策）、资本再配置政策（如对资本、土地、建筑物、劳动力等生产要素的投入进行财政补贴，对产品进行税收减免，对技术进步进行财政补助、税收减免等）。

宏观政策工具包括区域倾斜性的税收与支出政策、区域倾斜性的货币政策、区域倾斜性的关税与其他贸易政策。

协调政策工具主要用于微观政策之间的协调、微观与宏观政策之间的协调、中央与区域开发机构之间的协调、区域开发机构与地方政府的协调。

具体地说，在现阶段，中国政府可以掌握的政策工具有：（1）财税政策，包括收入类政策和支出类政策。其中收入类政策大体可以分为税、费、债（含政府信用）和转移性收入4项，支出类大致包括政府投资、公共服务、财政补贴和政府采购4项。（2）投资政策，包括中央财政基本建设支出预算安排、固定资产投资规模控制、重大项目布局。（3）产业政策，包括鼓励性或限制性产业发展指导目录、产业技术标准的设立。（4）土地政策，包括土地价格的控制、土地利用指标的分配等。（5）人口管理政策，包括人口生育政策、人口迁移政策、劳动力培训政策和劳动力市场制度。（6）环境保护政策，包括环保标准的制定和实施、环保禁令的颁布、环保税收的设定、污染排放指标的分配、环境基础设施建设投资的安排等。（7）绩效评价和政绩考核政策，包括指标的设立、奖惩制度安排等。（8）规划政策，包括空间开发规划的制定与实施、经济社会发展规划的制定与实施等以及关于各类规划之间关系的安排等。

第三，必须正确处理三大关系。一是政策的统一性和差异性的关系。一方面，市场经济的健康运行需要政策的统一。如果政策不统一，就会导致发展环境的不公，诱发各地争取优惠政策的竞赛，损害中央政策的权威性和有效性；如果政策不统一，就会形成较大的政策寻租空间，诱发许多寻租行为，导致国家整体利益的损失。另一方面，区情的广泛差异和发展的严重不平衡要求政策具有差异性。如果政策不具有差异性，就会抑制各地发展的积极性，难以形成各具特色的区域经济；如果政策不具有差异性，就难以做到"助优（如帮助发展基础较好的地区进一步提高全球竞争力）扶弱（如支持欠发达地区加快发展）"，难以实现国家的战略意图。统一性和差异性是中国区域政策必须具有的特质。需要深入研究的是，哪些政策必须统一，哪些政策允许有差异。

二是稳定性和灵活性的关系。一方面，政策必须在相当时期内保持稳定。如果政策多变，就会打乱经济预期，诱发短期行为，不利于各地谋划长远发展、推动持续发展。另一方面，政策必须具有

大格局——变动中的中国区域发展战略布局

灵活性。如果政策缺乏弹性，不能适应不断变化的新形势，就不能解决不断出现的新问题、新矛盾，甚至为成为阻碍区域经济发展的因素。稳定性和灵活性是中国区域政策效力得以发挥的重要前提。需要深入研究的是，哪些政策必须长期稳定，哪些政策允许有弹性以及允许有多大的弹性。

三是继承和发展的关系。虽然目前中国的区域政策有些零乱，需要系统梳理，但这不是说，现行的政策全无可取之处。事实上，现行的政策在促进区域协调发展方面发挥了积极的作用。系统设计区域政策，不是另起炉灶，而是要在充分汲取既往经验和教训的基础上，根据落实科学发展观对区域经济发展的新要求以及区域经济运行环境的新变化和区域经济发展的新形势，制定新的政策。这种新政策应是在原有政策的基础上发展出来的新政策。处理好区域政策继承和发展的关系，也有助于区域经济的稳定运行和持续发展。需要深入研究的是，如何用科学发展观的标准，取舍既有的政策，选择将来的政策。

（三）完善体制机制，为有效发挥市场作用奠定基础

在市场经济条件下，市场是推动区域经济发展的基本力量。但是，市场作用的发挥，不是无条件的，而是有前提的。市场是在一定的社会环境运行的，也是在一定的体制框架下运作的。在过去的若干年中，中国区域经济发展之所以出现一些比较突出的问题，就是因为体制机制不健全，使市场的作用发生了扭曲。在新的历史时期，要更加注重基础性制度的建设，为市场正确发挥作用奠定基础。

首先，要清晰界定各级政府在区域发展中的责任和权力，建立区域治理的新架构。中央政府负责协调全国各地的发展、援助遇到

特殊问题的地区，拥有制定和监督执行相关法律法规、战略规划的权力。地方各级政府负责推动当地发展、协调自身内部发展，拥有制定和监督执行相关条例、规划、政策的权力。要规范垂直管理部门和地方政府的关系，在确保中央统一领导、政令畅通的前提下，强化地方政府的管理责任。

其次，要完善财政税收制度，理顺中央和地方的财政关系。一要做到税政统一，维护中央的税收管理权，确保中央对中央税、共享税以及具有重要宏观经济影响的地方税的立法权、开征停征权、税目税率调整权、减免权不受侵犯；二要健全公共财政体制，进一步明确各级政府的财政支出责任，完善中央和省级政府间的财政转移支付制度，理顺省以下财政管理体制。

第三，完善资源管理体制，推进资源价格改革。一要改革资源管理体制，明确资源要素的产权归属，健全资源有偿使用制度，确保国家对矿藏、水流、森林等自然资源的所有者权益充分实现；二要加快建立能够反映资源稀缺性、市场供求状况和环境代价的资源价格体系和价格形成机制，排除各级政府对资源性产品价格形成的不合理干预；三要完善征地制度，切实保障农民的土地权益。同时，发挥市场在配置土地资源的作用，通过价格机制，提高土地资源的利用效率。

第四，要改革户籍制度及与之相关的社会福利等制度，加快建设全国统一市场，为生产要素（资本和劳动）的空间转移创造更加便利的条件。一要进一步改革户籍制度，扩大公共服务（包括教育、医疗、社会救助等）的覆盖范围，提高社会保障体系的统筹层次；二要打破劳动力市场分割，废止各地（主要是大中城市）对外地劳动力就业各种歧视性规定，为劳动者提供公平的就业机会，促使劳动力流向具有更大资源环境承载力的地方；三要废止妨碍资本要素流动的各种行政性规定，促使资本要素流向具有更高回报率的地方。

2012 年 11 月 8 日，党的十八大胜利召开，决议明确提出，继续实施区域发展总体战略，立足实行中国特色社会主义协调发展的全局战略，这是我们党对区域协调发展理论与实践的总结和深化。从我国基本国情出发，在新的发展阶段，要继续坚持全国发展"一盘棋"，加大区域发展总体战略的实施力度，充分发挥各地区比较优势，充分调动各地区发展积极性，深入推进西部大开发，全面振兴东北地区等老工业基地，大力促进中部地区崛起，积极支持东部地区率先发展，切实在推进科学发展中增强区域发展协调性，在区域协调发展中实现科学发展。我国地域辽阔、人口众多，各地区自然条件、社会人文、资源禀赋、经济基础差异很大，区域经济社会发展不平衡是基本国情，区域发展不平衡的现象仍然存在，促进区域协调发展任重而道远。